社会工作精品教材

U0649628

Adolescents' Social Work Theory and Practice

青少年社会工作
理论与实践

（第二版）

于晶利　刘世颖　编著

格致出版社　　上海人民出版社

作者简介

于晶利

青岛理工大学社会工作专业教师、硕士生导师，2001—2018 年社会工作专业负责人。青岛彩虹社会工作事务中心和青青岛社会工作事务中心创办人。山东省人民政府第二届"齐鲁和谐使者"荣誉获得者。主要从事青少年社会工作、家庭社会工作、社区社会工作的教学与服务。

刘世颖

青岛理工大学社会工作专业教师，社会工作专业负责人。青岛彩虹社会工作事务中心和青青岛社会工作事务中心督导。山东省人民政府第三届"齐鲁和谐使者"荣誉获得者。主要从事青少年社会工作、社区社会工作的教学与服务。

目　录

第一章　青少年社会工作概述

通过对青少年、青少年社会工作、青少年社会工作者三个方面的了解与学习,掌握什么是青少年社会工作、青少年社会工作的主要内容、青少年社会工作者的专业素质等,并对青少年权益保护政策框架有一个基本的认识,把握课程学习过程的逻辑与方向。

本章要点

■ 本书青少年的年龄界定于 10—28 岁之间。

■ 青少年权益主要包括生存权、受保护权、发展权、参与权等。

■ 青少年权益保护政策主要包括教育政策、就业政策、健康服务政策、司法保护政策等。

■ 青少年社会工作是指在社会工作专业价值观的指导下,社会工作者根据青少年的生理与心理特点、兴趣爱好、动机需求、家庭背景等情况,充分运用专业的理论、方法和技巧对青少年进行个别或小组辅导,以帮助其解决问题、恢复功能、适应社会,促进青少年全面发展的一种服务活动和服务过程。

■ 青少年社会工作的主要内容包括治疗性的青少年社会工作、发展性的青少年社会工作以及倡导与影响青少年社会政策等方面。

■ 青少年社会工作者应持有社会工作职业证照,具有社会工作专业教育背景,受社会工作伦理道德和职业守则的制约,从属于社会工作专业组织或协会,以社会工作作为职业。

■ 作为青少年社会工作的组织者与实施者,青少年社会工作者在专业素养、能力要求、行为规范和实务原则等方面都有相应的专业要求,同时扮演着多方面的角色。

第一节 青少年

一、青少年的界定

1. 青少年年龄界定

"青少年"是众多学科、机构组织的研究对象。关于青少年的年龄定义很多,且说法不一。世界卫生组织关于青少年的年龄界定范围是"10 余岁"这个时期,即 10—19 岁。其中,10—14 岁为青春期早期,15—19 岁为青春期后期。另外,学术界因对青少年的概念有不同解释,对青少年的年龄段各有不同的划分标准。心理学根据生理和心理的发展特点,一般把青年界定为 13—25 岁之间,并将这一阶段称为青年期。人口学是以人在青春期生理发育的正态曲线分布为基础,把 15—25 岁确定为青年,并据此进行人口统计。法学是以完全承担法律所规定的权利和义务为标准,把 18 岁作为划分成年人和未成年人的界线。社会学从社会化角度看青少年,将其视为社会化的一个必经阶段,他们认为,人生与青少年期告别是以"获得职业、经济自立、建立家庭"为标志的,"青年是从依赖成人的童年到能进行独立的、负责的成人活动的过渡"。由于现代青年的结婚和就业的年龄不断后移,这就使社会学中的青少年概念在年龄范围上有很大的伸缩性,甚至把 35 岁、40 岁以内的人都归为青年人。对青少年的年龄界定需要综合考虑各方面的因素，如青少年的生理发育成熟的年龄、青少年犯罪研究的主要年龄范围、受政府委托管理青少年（青年）事务的共青团的主要工作对象、人口统计方面的规定、社会习惯认为的人的社会成熟的年龄等。目前共青团规定团员的年龄为14—28 岁。

结合世界卫生组织关于青少年期年龄范围界定、共青团团员年龄规定以及社会将结婚作为成年期开始的标注等几个方面，本书将青少年年龄界定为 10—28 岁区间。

2. 不同学科对青少年的界定

在当今社会，对青少年全面的理解来源于各个角度的信息，最重要的主要来自生理学、心理学、社会学、教育学、社会工作等不同学科领域。对青少年的界定确切地说应该是一个综合性的判断。

（1）生理学语境下的青少年。

生理学是以人体的发育为根据来界定青少年的，比如大脑和神经系统的发达、身高体重的变化、心血管系统的完善以及内分泌系统的发育所导致的性成熟等方面。生理学认为，"青春期的最大特点就是性成熟"。青少年期以第二性征开始发育为起点，以性发育完全成熟为终点。根据生理学视角下的内分泌的功能优势的变化，将人的发展分为胸腺期（幼年）、松果腺期（童年）和性腺期（青年）；拉丁文的"青年期""春情期"，本义为"生长达于成熟""成熟年龄""具有生殖能力"。总之，生理学把青春期叫作青春发育期，指的是人的生殖器官开始发育和性机能成熟的过程，也就是人生由童稚之年到发育成熟的过渡年龄。

（2）心理学语境下的青少年。

心理学是以人的智力发展水平为依据，以人的个性的形成，情感特征、自我特征等心理机制的质变为依据来界定青少年。心理学认为"青少年是完成成熟的阶段和形成个性的阶段"，所以青少年期结束的标志是形成了相对独立的自我意识和相对完整的个性，整个青少年期正是发展自我意识和独立个性的时期。

比如心理学家认为"青年期是脱离了儿童时代的认识方式和生活方式,创造新的自我的概念的阶段","青少年由于性的成熟和个性的发展都很显著,因而这个时期也被称为第二次诞生";还有心理学家认为青少年的根本特征有三:"自我"发现、有意识地确定个人生活目标、社会范围扩大等。

(3) 教育学语境下的青少年。

教育学认为,青少年最大的特点是处于学习、受教育的阶段。从这个角度讲,青少年时期就是通过社会的各种教育途径,促使其不断熟悉、接受并且内化这个社会的种种规范,达到个性成熟,最终成为一个能为社会所需要的个体的过程。所以青少年期被认为是"从接受中等教育开始,到就业、独立生活、结婚为止的这段时期"。教育学中最早的青年概念是由 17 世纪著名教育家夸美纽斯提出的,他把人的受教育时期按年龄分为四个阶段:幼儿期(出生至 6 岁);少年期(6—12 岁);青年期(12—18 岁);成年期(18—24 岁)。当然随着社会的发展,教育年龄也是不断变化和发展的。

(4) 社会学语境下的青少年。

从社会学的角度,青少年被看作人社会化的一个必经阶段。从整个社会的正常运行角度看,社会需要按照固定的、大部分人能接受的价值、规范来持续运行,那么就需要通过广泛的社会化的方式,把社会的文化、价值、规范、风俗等内化到每个个体的人格中去。这个社会化的过程,是每个人在一个时段都在潜移默化进行着的。但是我们可以看到,有一个时期,人的生理渐趋成熟,参与社会的程度不断加大,社会化的过程在此时迅速加剧,这个时期就是青少年期。青少年期的很多问题正是源于社会化进程中的变化和发展。

(5) 社会工作语境下的青少年。

从社会工作的角度看,青少年是人类发育过程中的一段时期,介于童年与成人之间。处于这个过渡时期的个体,在生理上走向性成熟,心理上经历"心理断乳期"渐渐发育出独立的人格;社会适应上,从初级社会群体的圈子走向更大范围的社会,并且试图在次级社会群体中找到自己的位置,逐步成为一个真正的社会人。我们可以说,青少年时期是一段改变、转化的时期,它的目的是能够为个体成人角色的转换做准备。

二、青少年的特点

1. 青少年是生理快速发展的时期

生理的快速发展是青少年最明显的特征。个体的身高、体重、骨骼、内脏都有十分显著的发展,性征的发展尤为突出。青少年生理的发展既是量的增长也是质的飞跃,而生理的急剧发展使青少年不同于其他人生阶段,是这一人群最重要的特征。

2. 青少年是一个转折期

青少年是儿童向成人的过渡,从生理上,是由萌芽发育为成人的过渡;从心理上,是从不成熟的自我向成熟的自我的过渡;从社会上,是从一个生理的人向一个社会的人的过渡。在这一时期,人的生理、心理以及社会化方面都有巨大的变化。如果人生发展是一条直线,是一个量变的过程,那么,青少年期就是一种蜕变、一种转折、一种转型。因此,这一时期发生成长问题的几率远远高于其他年龄段。

3. 青少年是一个关键期

关键期指对特定技能或行为模式的发展最敏感的时期或者做准备的时期。正因为青少年是人生发展的重要转折期,因而这一时期的发展对人的一生具有关键性的作用。尽管有不少研究认为婴幼儿的发育对人的影响十分关键,但其影响是基本性的,如体格、智力发育等,而青少年期对人的影响则是全面的,不仅会影响到个人的生理、心理,而且会全面影响其一生,会影响婚姻、家庭甚至下一代等诸多方面。

4. 青少年是一种社会文化现象

青少年作为一个特殊的代群,因为生长发育的特殊性以及在社会生活中的特殊位置,青少年现象逐渐成为一种现代社会文化现象。青少年在参与各种社会活动时会表现出区别于其他代群的价值标准、行为规范、思维方式和人格倾向,形成独特的"青少年文化"现象,这是根植于时代文化基础上的亚文化,是一种极具特征、既有积极意义又包含不安定因素的文化,其明显的"反叛性"常常令成人社会产生烦恼和不安。

综合以上方面,青少年由于年龄和社会地位的特殊性而具有独特的本质属性。首先,成长性和基础性。青少年期是人最具生命力的时期,是身体机能处于人生最旺盛的巅峰阶段。一是身体形态的巨变,即身高突增、体重增加、体形成型;二是体内机能的发育,即青春期心血管系统的发育、青春期呼吸系统的发育;三是神经系统的发达,即大脑的形态发展、神经系统的发育;四是内分泌的发展与性的成熟,青少年期内分泌机能开始成熟,性激素及内外生殖器趋向发达,性欲开始出现,性适应成为这一年龄阶段基本的心理卫生问题。青少年在成长中的这些突变,赋予青少年充沛的体力、旺盛的精力和高度的智力,这些为青少年的成长提供了坚实的自然生理基础。其次,发展性和可塑性。青少年的社会发展贯穿于整个青少年期,涉及青少年生活的所有方面。政治社会化、道德社会化、职业社会化、性别角色社会化。青少年在自身发展的不同时期,接受社会化的内容、方式以及反作用于社会的方式都会有所不同,一般分为三个阶段:青少年前期的社会发展,主要任务是确立积极的自我概念;青少年中期的社会发展,主要在于加强角色学习,建立并塑造健康人格;青少年后期的社会发展,主要是继续社会化和再社会化。

三、青少年权益保护

青少年是社会发展的重要人力资源,在社会发展变革中,青少年起着非常重要的作用。但是,青少年也是需要特殊福利服务和关心照顾的群体。保护和实现青少年的各项权益是青少年社会工作的核心内容,包括对青少年本身权益的教育,也包括通过多种形式面向社会维护青少年的权益。

1. 青少年基本权益保护

(1) 生存权。

每一个青少年都享有生存的权利,不仅指他们有要求自己存活的权利,而且还包括该生命存在所必需的最基本生活保障的权利,如拥有食物、居所等。战争和灾害、贫穷和疾病、缺乏家庭照顾、传统观念及社会流行意识等都有可能剥夺青少年延续生命的权利,青少年是生存权益容易受到侵害的群体,需要对该群体提供更多更有力的保护。

(2) 受保护权。

对青少年特殊价值的尊重,包括保护青少年免受歧视、剥削、虐待、疏于照料等。一方面,青少年由于生理、心理、智力的特点,属于社会上的弱势群体,需要获得成人社会的特别保护;另一方面,由于经济、政治和社会环境因素的影响,青少年的权利会受到不同形式的侵害,他们无力实施有效的自我保护,因此也需要获得特别的保护。每一个青少年,不论其性别、国籍、文化背景或一切其他因素,都有权利要求得到保护。

(3) 发展权。

青少年时期是人的不同发展阶段中非常重要的一个阶段,也是非常特别的一个阶段。成长与变化会出现在各个不同的方面,我们可以把它简单分为生理、认知、人格和社会的发展。青少年拥有充分发展其全部体能和智能的权利,包括有权接受一切形式的教育(正规和非正规的教育),有权享有促进身体、心理、精神、道德和社会发展的生活条件。具体来说,主要包括受教育的权利,享有咨询和信息的权利,娱乐和休闲的权利,参与文化活动的权利,宗教和信仰的权利,性格发展的权利,身份、国籍、健康等方面的权利以及和睦家庭的权利等。

(4) 参与权。

青少年有参与社会生活的权利,有权对影响他们的一切事项发表自己的意见。"应有自由发表言论的权利,此项权利应包括通过口头、书面或印刷、艺术形式或儿童所选择的任何其他媒介,寻求、接收和传递各种信息和思想的自由,而不论国界。"联合国儿童权利公约的这段表述主要指 18 岁以下的青少年,一般认为,他们的此项权利最易受到侵害。

2. 青少年权益保护基本理念

(1) 相信每一个青少年都有与生俱来的价值、尊严和权利。

(2) 每一个青少年都有区别于其他青少年以及任何成年人的独特个性,其独特性应当受到承认和尊重。

(3) 每一个青少年都有着和成年人相同的人类需要,这种需要有权利得到满足;同时青少年有不同于成年人的需要,这些需要也有权利得到满足;另外,青少年之间是有差异的,需要也是有所不同的,应该尊重这种有差异的需要。

(4) 青少年有无限的发展潜力,我们应该帮助其最大化地实现自己的潜力。

(5) 人性有软弱的一面,每一个青少年都有自己的局限性,都需要帮助,都有接受别人帮助的权利,这种接受帮助的权利必须得到尊重。

(6) 在享有接受帮助的权利的同时,青少年也有帮助他人的义务。

(7) 人与人是相互影响、相互依赖的,每一个青少年都必须向他人和社会负责。

(8) 社会有义务去关注每个青少年的发展,有责任保证每个青少年都有机会使用各种社会资源以满足其基本需要等。

四、青少年权益保护政策

青少年的权益和需要越来越引起各国的重视,联合国先后颁布多项国际性青少年政策,各国政府也相继制定了各种青少年政策,为青少年提供广泛的权益保护,确保青少年健康成长。中国也制定了专门的青少年权益保护政策,涉及青少年司法保护、青少年教育、青少年就业、青少年健康服务等多个方面。

1. 中国青少年教育政策

中国教育政策包括基础教育政策、高等教育政策、职业成人教育政策、民办教育政策等方面。基础教育是对国民实施基本文化知识的教育，也是提高公民的基本素质的教育，或者指为继续升学或就业培训打好基础的教育。基础教育是民族素质的奠基工程，它包括幼儿教育、九年义务教育、普通高中教育三个部分。高等教育是指在完成高级中等教育基础上实施的教育。职业成人教育是教育的重要组成部分，能够为接受完初等教育的青少年提供进一步教育的机会。民办教育是国家机构以外的社会组织或者个人，利用非国家财政性经费，面向社会举办学校及其他教育机构的活动。

2. 中国青少年就业政策

青少年完成了一定阶段的学业后，如果不能及时实现就业，就会带来种种矛盾和困难，形成社会问题。如何保护青少年的就业权利，解决青少年的实际困难，必然成为青少年保护的重点。中国青少年劳动就业政策的总的原则是要促进经济增长和发展，提高生活水平，满足对人力的需求，并解决失业和不充分就业的问题，促进充分、自由选择的生产性就业。中国并没有独立的青年劳动就业政策，青年劳动就业政策散见于国家劳动就业的各种政策之中。具体内容包括：准予就业的最低年龄规定、普通高校毕业生的就业政策、孤儿的就业政策、残疾青年的就业政策、对未成年人的劳动保护政策等。

3. 中国青少年健康服务政策

青少年的身心健康水平，不仅关系到其个体自身的全面发展，而且影响着全民族的素质水平与精神文明的程度。青少年健康成长与发展，不仅受自然环境的制约，而且还受到社会环境的强大影响，特别是与社会政治、经济、文化、风俗习惯以及学校和家庭教育等密切相关。因此，根据青少年身心发展的特殊需要，中国制定了一系列的政策，对青少年的健康进行特殊的保护。主要涉及青少年健康服务、青少年健康的家庭保护、青少年健康的学校保护、青少年健康的社会保护、青少年健康的法律保护等相关方面。

4. 中国青少年司法保护政策

青少年司法保护制度的产生是各国基于人道主义立法思想,对未成年人犯罪的刑事责任年龄做了明文规定,对于处理青少年犯罪案件也做出了一些特殊规定。此后逐渐发展成为一套完善的青少年司法保护制度。中国的青少年司法保护制度吸取了国外青少年司法制度的先进理念,根据中国的国情,从青少年犯的刑事审理开始发展起来。中国自1991年通过未成年人保护法之后,开始有了较为系统、专门的关于未成年人的法律、法规,并在立法和法律适用上逐渐加强对未成年人的司法保护。中国青少年司法保护政策的主要内容包括如何预防和减少未成年人犯罪、少年犯罪后如何进行处置、对被实行监禁处置的犯罪青少年的权利的保护等方面内容。

青少年权益保护政策是开展青少年社会工作的政策依据,青少年社会工作的实质就是青少年的权益保护。

第二节　青少年社会工作

一、什么是青少年社会工作

青少年社会工作是指在社会工作专业价值观的指导下,社会工作者根据青少年的生理心理特点、兴趣爱好、动机需求、家庭背景等情况,充分运用专业的理论、方法和技巧对青少年进行个别或小组辅导,以帮助其解决问题、恢复功能、适应社会,促进青少年全面发展的一种服务活动和服务过程。

青少年社会工作通常有狭义和广义之分。狭义的青少年社会工作也叫补救性青少年社会工作,以一般青少年,特别是发展发生偏差的青少年为对象,采取多种服务手段,纠正青少年发展偏差,促进青少年健康成长,也被称为消极的青少年社会工作。广义的青少年社会工作是指社会的方方面面,特别是国家和地方政府为促进青少年健康成长所采取的一切措施。工作对象是所有的青少年,内容包括文教、卫生、医疗、保健、体育、娱乐、社区、家庭服务、职业辅导介绍、婚姻服务、青少年权益保护等方方面面,涵盖了能增进青少年健全发展的各项措施;功能上能防范危害青少年发展因素的预防和保护措施,能保障青少年福利的措施,能协助青少年处理成长和适应过程中的难题的措施,能促进青少年发展潜能的措施,被称为积极的青少年社会工作(陆士桢,2010)。具体而言包括如下几方面。

第一,青少年社会工作是面向青少年的社会工作,这种划分是建立在"青少年"这一特殊群体之上的,即针对青少年期常见的问题,包括从青少年自身角度出现的问题,如青少年吸毒、犯罪、自杀等;针对青少年发展的问题,如青少年学习、交友、择业等。

第二,青少年社会工作以青少年发展为根本目的。和其他人群相比,青少年期的发展任务不但重要,而且十分艰巨,发展的项目多于成年人,复杂性亦十分突出。由于青少年期出现的不适应常常覆盖整个青少年群体,而且易出现较为尖锐的形式,对个体的危害也较为严重,因此,启发个体的才能和潜质,使其在获得正常发展的前提下,发挥其功能的最大化,最终实现青少年个体与社会发展的和谐与一致,是青少年社会工作的重要责任。

第三,辅导是青少年社会工作的本质特征。国外不少著作将青少年社会工作或青少年服务称为"辅导",即通过辅助和指导,发挥青少年的潜能,再予以适合其需要的指示、诱导、说服、纠正、同情、协助和服务,使之获得充分的发展。青少年期不仅是成长问题较多的时期,也是自我意识发展的重要时期,"批判性"是青少年文化的重要特征,青少年一方面为自身的成长所烦恼,另一方面对现实社会不满,批评家庭生活方式,批评学校管理方法,反抗父母师长,甚至会出现激烈的反社会行为。因此,青少年社会工作精神上的辅导重于物质上的服务,特别需要通过适当的辅导以帮助他们顺利度过这一特别发展期,协助他们达到自我决定和自我辅导的境地。教训、管制、惩罚或逼迫就范只会引起青少年的反抗。

第四,青少年社会工作强烈的社会功能。青少年是国家和社会的未来。他们的发展状况直接关系到国家的发展;青少年是社会上一个敏感而又有影响力的团体,青少年问题作为一个社会性的问题,比其他群体的问题具有更大的破坏性和震撼力;青少年的社会适应不良问题归根到底是个体如何积极适应社会的问题,其问题的焦点往往集中在价值观、自我认知、与他人的关系等问题上,青少年潜能的正常发挥、自我健康发展最终表现在与服务社会、贡献国家的辩证统一中。因此,青少年社会工作的社会功能格外突出。

二、青少年社会工作的主要内容

青少年社会工作的主要内容包括发展性、预防性、治疗性、倡导性四个方面。

发展性青少年社会工作是指为青少年提供闲暇场所,举办各种活动,提供信息服务、知识性辅导服务,提供就业信息及就业辅导等。发展性青少年社会工作面向所有青少年,以激发青少年的潜能,帮助学会利用环境资源为目的。

预防性青少年社会工作是指改善青少年家庭生活环境,改善青少年学校生活环境,改善青少年社区生活环境,探索学校、家庭、社区良性互动的青少年社会工作服务模式,倡导有效的青少年服务和发展政策等。

治疗性青少年社会工作是指帮助困难家庭的青少年成长,提供被忽略或虐待的青少年保护服务,提供青少年安置服务,提供治疗性服务,提供矫正服务等。治疗性的青少年社会工作主要面对与回应青少年问题,运用专业方法协助青少年恢复失调的社会功能。这里的治疗性指的是当青少年遇到困难或"出现问题"之后,社会工作者对其实施的服务与帮助。

倡导性青少年社会工作是指倡导与影响青少年社会政策。倡导有利于青少年发展的社会政策,积极发挥青少年社会政策的社会功能;在充分了解青少年需要的基础上,协助政府有关部门制定切合青少年成长需要的各项政策,促进和推动青少年社会政策的发展。倡导性社会工作的主要内容为推动立法、提供建议、促进健康教育、推动社会参与、保护权益。

《社会工作倡导：一个新的行动框架》一书（格致出版社 2011 年版）将"社会工作倡导"在案主倡导、原因倡导、立法倡导和行政倡导这四个领域进行使用。倡导的方法和技巧主要是代表与影响两个方面。

第一，案主倡导。哲学基础是，旨在保护、促进和保障案主的权利、福利、资源、服务和利益。"当社工担任案主倡导者角色的时候，他（她）必须为了案主的利益而说话、争论、积极争取、讨价还价和协商洽谈。在直接服务层面，为了保障案主应得却因某种原因而不能获得的利益或服务，倡导的立场是非常必要的。"

第二，原因倡导。"当人权受到侵犯，某个人或某个家庭受到不公平待遇的时候，社会工作者就有机会动员一些案主或其他互不相识的人们通过倡导加以纠正。即强调问题会影响相同境遇下的更大群体或阶层。"因此而来的原因倡导会"追求法律和公共政策领域的改变，甚至为了促进必要的改变而遭到诉讼"。

第三，立法倡导。社会工作者应当意识到政治领域对于工作实践的影响，在政策和立法层面倡导变革，从而改善满足人们需要的社会条件，推动社会公正（《美国社会工作者协会伦理守则》，1996 年）。如果没有代表案主的社工倡导者在立法领域坚定而持续的介入，解决问题的政策就不可能出台和得到贯彻。

第四，行政倡导。主要是两个方面：机构管理者或其机构积极参与的倡导；行政任命"内部倡导者"负责提高案主服务效果，设法解决危害案主的机构实务或流程。

预防与发展、问题与矛盾、介入与干预相辅相成。本书重点突出青少年社会工作的问题与干预导向，在对青少年问题介入中关注预防与发展、政策与倡导层面。

三、青少年社会工作理论与实践的几个关键点

1. 相关理论与方法的铺垫

青少年社会工作是在社会工作专业价值观的指导下，根据青少年的身心特

点、兴趣爱好、动机需求、家庭背景等情况,充分运用专业的理论、方法和技巧对青少年进行个别或小组辅导,以帮助其解决问题、恢复功能的一种服务活动和服务过程。青少年社会工作是一门整合社会工作理论、价值与方法,运用于青少年群体的实务课程。要做好先行课程的铺垫,对社会工作概论、社会工作价值、人类行为与社会环境、个案小组社区工作、社会心理学、社会调查方法等相关理论方法的回顾与梳理极其重要。

2. 聚焦弱势与边缘青少年是重点

立足问题层面是社会工作的传统,也是社会工作的基础,青少年社会工作也不例外。关注青少年问题,以社会工作的理念与方法帮助青少年应对问题,缓解压力与冲突,更好地适应社会发展是青少年社会工作的主题。突出青少年问题的时代性,聚焦留守、贫困、吸毒、犯罪等问题青少年人群,从问题的现状、归因、介入、反思几个方面循序渐进,将青少年社会工作、青少年事务与社会治理紧密结合起来。

3. 深刻理解青少年全人成长理念

青少年的问题是成长中的问题。如何有效预防和发展,同样需要专业性的帮助和指导。就业创业、生活方式、社会交往与社会适应都是青少年社会工作所要关注的。在社会工作专业理念的指导下,积极探寻适合青少年发展特点的、易于被青少年接受的务实介入方法与手段,积极影响青少年就业观念,引导积极健康的生活方式,提高青少年的社会交往技巧等方面是青少年全人成长的需要,同样是青少年社会工作课程的应有之意。

4. 实现"学习服务与服务学习"有机结合

青少年社会工作实务性很强,理念、价值与方法的整合最终落实于青少年社会工作的实践。操作性学习、服务性学习是青少年社会工作学习的本质要求。青少年个案辅导、青少年小组训练、青少年社区资源的连接等,是一个由理论到实际、由理念到行动、由个人到家庭、由学校到社区综合展开的过程。课程要求既要了解青少年社会工作的相关模式与方法,更要走进青少年群体,积累实务经验,加强专业反思。

第三节　青少年社会工作者

作为青少年社会工作的策划、组织、协调与实施者,青少年社会工作者在专业素养、能力要求、行为规范和实务原则等方面都有相应的专业要求,同时扮演多方面的角色是青少年社会工作者有效开展的前提保障。

一、青少年社会工作者及角色

青少年社会工作者是遵循社会工作的价值观念和专业伦理,运用社会工作的专业方法从事青少年社会服务的人员。青少年社会工作者应持有社会工作职业证照,具有社会工作专业教育背景,受社会工作伦理道德和职业守则的制约,从属于社会工作专业组织或协会,以社会工作作为职业。

1. 服务者

青少年社会工作者最基本的角色就是向青少年服务对象提供社会福利服务。既包括提供物质、资金等方面的服务,也包括心理、精神层面、教育等方面的服务。

2. 支持者

青少年社会工作者凭借自己的专业知识、技能,从客观的立场,给予服务对象心理上的支持与关心,帮助服务对象正确分析、评估个人的处境与问题,引导服务对象思考、解决问题的方向与思维,实现社会工作"助人自助"的宗旨。

3. 教育者

青少年社会工作者的教育角色作用明显,他们一直从事各种形式的教育活动,不仅会直接向服务对象传授相关知识,提供各种信息和情感支持,也会交给他们自我发展的技巧与方法,以提高青少年应付和处理各种问题的能力。主要涉及发展性教育和再社会化教育两个方面。

4. 协调者

青少年社会工作者不仅为青少年本身提供必要的帮助,在一定时候还要能够代表服务对象的利益,作为服务对象的代言人与政府、机构或者其他人进行协调。同时他们也会积极地影响政府部门,给予政府部门一些政策上的建议,制定适合社会需要的政策法规。

5. 资源获取者

社会工作者在助人过程中不可避免要利用各种社会资源,青少年社会工作者同样要灵活地运用周围一切可以利用的环境、机构或人。通常资源意识与资源能力建设是青少年社会工作者能力的重要体现。

二、青少年社会工作者的专业素质要求

1. 专业素养

(1) 确立正确的社会工作价值观和为专业献身的精神。

(2) 努力学习和钻研业务,不断提高专业技术水平和专业服务质量。

(3) 通过参加专业培训和进修,努力实现专业化,提高工作效率和服务技能。

(4) 运用专业的理论知识与方法技能,帮助问题青少年改进和完善社会生活方式,不断提高其社会化水平。

(5) 从基层的集体力量和创造精神中汲取专业营养,促进专业的发展与创新。

2. 能力要求

(1) 社会交往能力。社会交往是人与人之间有目的的相互影响的方式,也是人们为了实现自己的目标而采取的社会活动方式。一个青少年社会工作者必须掌握一定程度的交往与公共关系知识,具有较强的社会活动能力。只有这样才

能为实现自己想要实现的目标而同他人交往。社会工作者工作的过程中,一方面要通过同服务对象交流来了解他们的问题和困惑,另一方面又要通过与社会其他成员及有关部门交流来争取更多的社会资源。这些任务的艰巨性、复杂性要求青少年社会工作者要具有较熟练的社会交往能力,要会与人沟通。

(2)组织协调能力。青少年社会工作是一个涉及多方面的综合性工作,从个人到家庭、从学校到社区,无不需要联系、组织与协调。对青少年社会工作者的这一能力要求最明显的是在青少年社会工作小组活动中。小组工作的实质是一个组织活动,是运用团体动力学的理论将有共同需要的工作对象组织联系起来,在互动与交流中获得成长与改变。可以说,小组工作是青少年社会工作者的组织能力的集中展示。

(3)决断能力。决断是人们对所处情境的判断及对将要采取的行为的决定。决定来自正确的判断。决断不是握有权力者的专利,更不是当官人发号施令的专利,对一般的社会成员,不管职位高低,都需要决断。决断是对自己所处情境的了解、比较、理解和定义,是在此基础上对自己行为的选择,从而得出正确的结论,拿出正确的意见或主张。尽管青少年社会工作者的服务对象都是青少年,但其工作情境变化多样,要求社会工作者针对不同情况做出恰当的回应。社会工作的个别化原则要求工作者采取有差别的处理方法,恰当的、有差别的处理方法对青少年社会工作者的决断能力提出了近乎苛刻的要求。社会工作实践需要青少年社会工作者有良好的判断能力,遇事善于决断,敢于决断。

3. 行为规范

(1)社会工作者应当尊重人、关心人、爱护人、帮助人、坚持人道主义的基本思想。社会工作者要以强烈的社会责任感对案主所面临的各种社会问题和实际困难,寻找解决问题或缓解矛盾的有效办法,协助其恢复和增强社会生活的能力;以创造性的工作为青少年营造良好的成长环境。

(2)社会工作者要有高度的社会责任感,要为维持和增进专业的价值、信誉和尊严而努力工作。社会工作者应当尽心尽责、精益求精,以提高服务的质量,同时严格要求自己,对自己的品质、服务能力和效果做出实事求是的评价,不断提高服务水平。

(3) 社会工作者要以科学的态度从事社会工作和社会工作研究。青少年社会工作是一项直接面对青少年个人及其家庭、学校与社区的工作,社会工作的有效实施可以极大地改变案主的生存状态,极大地影响青少年的成长。因此,社会工作者必须谨慎从事,切实以科学的态度与方法、负责任的工作精神来提供各种服务,勿因自己的一时疏忽而给服务对象带来痛苦与伤害。

4. 实务原则

经过长期的发展和实践,社会工作已经形成了一套社会工作实务原则,即接纳、非批判、个别化、保密、尊重、案主自决等。这些实务原则同样适合于青少年社会工作。

(1) 接纳。接纳原则是指社会工作者要把青少年作为一个有独立意志和权利,受到尊重的服务对象来接受,不以种族、性别、宗教和文化的异同而存有歧视与偏见,承认其独特的个性、气质、观念、态度及行为等。青少年正处在被社会接纳的过程中,接纳对青少年本身就意味着成长、发展、成熟。

(2) 非批判。非批判性是社会工作的一个理念,对于成长中的青少年来说尤为重要。指责和惩罚并不能消除错误,有时甚至会导致更坏的结果。分析、梳理和引导是面对问题的理性思维,批判与排斥一定程度上会阻碍青少年成长的动力。

(3) 个别化。个别化原则也可称为具体情况具体分析原则,即工作者要重视青年个案问题的特殊性,强调青少年的个别差异。传统的青少年工作往往强调青少年发展的共享,而时代的变迁使得青少年的个性更为突出,个性化发展的需求相比其他群体也愈加强烈,个别化原则在青少年个案工作中就显得格外重要。

(4) 保密。保密原则是指社会工作人员应遵守职业道德。青少年本身就是受保护的对象,在青少年个案工作中,必须对青少年的一切资料予以保密,包括录音、录像、书面及电子文本等。如要公开使用,需征得当事人同意。对青少年资料的保密是对他们最基本的尊重和保护。当然保密原则不是无条件的,在保护当事人的前提下,有时候是要灵活掌握的。

(5) 尊重。尊重是一种非控制的、温暖的、关怀的和接纳他人的态度,是一种无条件积极的关怀。尊重就是将每一个人都看作一个具有独特价值的独立个体。

(6) 案主自决。自决即自我决定。在社会工作实践中,自决更多的是对社会工作者而言的,由于其地位关系,社会工作者很容易替案主做决定,犯越俎代庖的错误。自决是提醒社会工作者要尊重案主的自我选择和自我决定的权利。案主自决必须具备两个前提:第一,案主绝对清醒,有自决的意志与能力;第二,自决的方向与后果对案主绝对无害。不具备上述两个条件,社会工作者则要为案主负起一定的责任。

资料1.1　中国青少年权益保护政策概要

一、中国青少年教育政策

青少年教育政策,是党和国家根据社会发展和青少年受教育的需要而制定的有关青少年教育的目标、途径和方法的总体规定,它体现在党和国家的教育指示、决议、教育法律和法规之中。中国的教育政策分为基础教育政策、高等教育政策、职业成人教育政策和民办教育政策。

(一) 基础教育政策

基础教育是民族素质的奠基工程,它包括幼儿教育、九年义务教育、普通高中教育三个部分。

1. 幼儿教育政策

幼儿教育是指对3周岁以上学龄前幼儿进行的保育和教育。中国幼儿教育事业的发展方针是动员全社会的力量,多种形式、多渠道地发展。中国目前有关幼儿教育的具体政策主要包括《幼儿园管理条例》《幼儿园工作规程》《幼儿园教育指导纲要(试行)》《关于改进和加强学前班管理的意见》和《学前班工作评估指导要点(试行)》等法律、法规、规章。

2. 义务教育政策

义务教育是基础教育的重中之重。1986 年颁布了《中华人民共和国义务教育法》。国家保证义务教育的经费,比如"国家对接受义务教育的学生免收学费。国家设立助学金,帮助贫困学生就学"。"实施义务教育所需事业费和基本建设投资,由国务院和地方各级人民政府负责筹措,予以保证。国家用于义务教育的财政拨款的增长比例,应当高于财政经常性收入的增长比例,并按在校学生人数平均的教育费用逐步增长。"国家保障受义务教育学生的人身安全和人格尊严,如"学校和教师不得对学生实施体罚、变相体罚或者其他侮辱人格尊严的行为;对品行有缺陷、学习有困难的儿童、少年应当给予帮助,不得歧视"。国家为保证青少年的校外活动,出台了《2000—2005 年全国青少年学生校外活动场所建设与发展规划》《关于加强青少年学生活动场所建设和管理工作的通知》和《关于合理安排中小学生课余生活加强中小学生安全保护工作的通知》等政策。同样,残疾青少年儿童接受义务教育的权利也得到相应的保障。

3. 普通高中教育政策

普通高中在中国社会主义教育体系中处于十分重要的位置,是联系义务教育和高等教育的纽带。普通高中教育能够适应普及九年义务教育后,人民群众对高中阶段教育日益增长的需求,对于缓解初中升学压力、创造全面推进素质教育的良好环境、提高民族素质、落实科教兴国战略具有十分重要的意义,同时,也是增加居民消费、带动与教育相关产业的发展、减轻就业压力、稳定社会的重要举措。中国关于普通高中的教育政策主要有《关于积极推进高中阶段教育事业发展的若干意见》和《关于大力办好普通高级中学的若干意见》等。

在权利保障方面。就经费问题,国家规定:"高中阶段教育属于非义务教育。要在充分考虑当地群众承受能力的基础上,经物价部门批准,区别不同地区和不同类型学校,适当调整学费标准,提高高中阶段学费在培养成本中的比例。""任何单位不得违反国家规定向学校乱收费、乱摊派。"在学习生活上,国家规定:"要转变教育思想,更新观念,克服应试教育倾向,继续深化教学领域的改革,鼓励教学方法改革的实验和探索,提高课堂教学质量,切实解决课业负担过重、忽视学生个性、影响青少年健康成长等弊端,让学生真正成为学习的主体,活泼地、主动地学习,发展兴趣、爱好和特长,培养较强的自学能力和动手能力、初步的研究能力和创造能力。要重视体育、美育和劳动教育,开展生动活泼、丰富多彩的文体活动,组织学生参加生产劳动和社会实践。"

(二) 高等教育政策

高等教育,是指在完成高级中等教育基础上实施的教育。相关教育政策主要见于 1998 年 8 月 29 日通过的《中华人民共和国高等教育法》和 1999 年《教育部关于实施〈中华人民共和国高等教育法〉若干问题的意见》。

《中华人民共和国高等教育法》规定,高等教育"必须贯彻国家的教育方针,为社会主义现代化建设服务,与生产劳动相结合,使受教育者成为德、智、体等方面全面发展的社会主义事业的建设者和接班人"。其任务是"培养具有创新精神和实践能力的高级专门人才,发展科学技术文化,促进社会主义现代化建设"。同时还规定了高等教育的数项原则,包括积极发展高等教育原则、提高质量效益原则、帮助少数民族原则、平等原则、学术文化自由原则、民主原则和交流协作等原则。还制定了相应的高校管理体制、学制分类和修业年限以及学业证书和学位制度等基本制度。

(三) 职业成人教育政策

职业教育和成人教育都是现代教育的重要组成部分,都能够为对于接受完初等教育的青少年提供进一步教育的机会。相关的政策法规主要有《中华人民共和国职业教育法》《高等教育自学考试暂行条例》等。

在总的发展目标上,《中国教育改革和发展纲要》提出,职业技术教育是现代教育的重要组成部分,是工业化和生产社会化、现代化的重要支柱。各级政府要高度重视,统筹规划,贯彻积极发展的方针,充分调动各部门、企事业单位和社会各界的积极性,形成全社会兴办多种形式、多层次职业技术教育的局面。到

20世纪末,中心城市的行业和每个县,都应当办好一两所示范性骨干学校或培训中心,同大量形式多样的短期培训相结合,形成职业技术教育的网络。《到2000年及其后世界青年行动纲领》也规定,各国政府和教育机构应与区域和国际组织合作,建立或加强适应目前和未来就业条件的职业和技术培训。必须对青年人提供获得职业和专业培训以及学徒制方案的机会,协助他们获得具有升迁机会的工作,并且获得适应劳动力需求变化的能力。

(四) 民办教育政策

民办教育是国家机构以外的社会组织或者个人,利用非国家财政性经费,面向社会举办学校及其他教育机构的活动。对于民办教育,现阶段最重要的就是已由中华人民共和国第九届全国人民代表大会常务委员会第三十一次会议于2002年12月28日通过,自2003年9月1日起施行的《中华人民共和国民办教育促进法》。

二、 中国青少年就业政策

青少年完成了一定阶段的学业后,如果不能及时实现就业,就会带来种种矛盾和困难,形成社会问题。如何保护青少年的就业权利,解决青少年的实际困难,必然成为青少年保护的重点。但中国并没有独立的青年劳动就业政策,中国的青年劳动就业政策散见于国家劳动就业的各种政策之中。

(一) 青少年劳动就业的相关政策

1. 所签订的国际公约

主要包括《就业政策公约》(1964年第48届国际劳工组织大会通过,1997年5月9日第八届全国人民代表大会常务委员会第二十五次会议决定批准)、国际劳工组织的《最低就业年龄公约》等。

2. 中国的劳动法律

主要包括《劳动法》《矿山安全法》《职业教育法》等。

3. 由劳动部或劳动部会同有关部门制定颁布的劳动行政规章

主要包括《劳动就业服务企业管理规定》《职业指导办法》《职业介绍服务规

程》《劳动力市场规定》《关于禁止使用童工的规定》《未成年工特殊保护规定》《劳动争议处理条例》《职工工作时间的规定》等。此外,由劳动部或劳动部会同有关部门制定颁布的劳动行政规章有 90 多部。

4. 各地方制定的地方性劳动行政法规和规章

中国各地方制定的劳动行政法规和规章共有 120 多部。

(二) 中国青少年劳动就业政策的内容

1. 总的原则

青少年劳动就业政策的总的原则是要促进经济增长和发展,提高生活水平,满足对人力的需求,并解决失业和不充分就业的问题,促进充分、自由选择的生产性就业。

2. 对青少年劳动就业的特殊政策规定

中国的劳动就业政策中还对青少年劳动就业进行了特别的规定,主要内容包括:

(1) 准予就业的最低年龄规定。

全国人民代表大会常务委员会批准《准予就业最低年龄公约》(1998 年 12 月 29 日通过),同时声明,在中华人民共和国领土内及中华人民共和国注册的运输工具上就业或者工作的最低年龄为 16 周岁。

(2) 普通高校毕业生的就业政策。

党和政府历来高度重视毕业生就业工作,制定了一系列重大决策,毕业生就业工作取得了重大进展。中国普通高校毕业生的就业政策主要见《普通高等学校毕业生就业工作暂行规定》(国家教育委员会 1997 年 3 月 24 日颁发)。该暂行规定是为了做好普通高等学校(含研究生培养单位)毕业生(含毕业研究生)就业工作,更好地为经济建设和社会发展服务,维护毕业生和用人单位的合法权益而颁布。该规定对普通高等学校毕业生就业工作中国家教委、国务院有关部委主管部门,省、自治区、直辖市主管部门,高等学校,用人单位的主要职责,以及毕业生就业工作程序做出了规定。《共青团中央、教育部、全国学联关于进一步做好促进高校毕业生就业工作的意见》(中青联发〔2003〕20号,2003年3月26日)要求各级共青团组织、教育行政部门和学联组织要做到:①大力加强思想政治工作,引导毕业生树立正确的择业观、就业观和成才观。②切实做好大学生就业指导和就业信息服务。③全面推进大学生素质拓展计划,不断提高大学生就业创业本领。④积极扶持大学生通过自主创业实现就业。⑤努力开辟灵活、临时的就业渠道。

(3)孤儿的就业政策。

孤儿是中国青少年群体中一个不容忽视的特殊群体。中国对孤儿的就业政策做出过特别的规定。《民政部、公安部、人事部、劳动部关于妥善安排中国SOS儿童村孤儿就业的通知》(民福发〔1995〕4号)规定:安排儿童村孤儿就业的原则是"从哪里来,回哪里去"。即从某个省市选送的孤儿,到劳动年龄时由儿童村送回到那个省市安排就业,并希望各省市有关部门采取积极态度,安排好他们的就业。儿童村孤儿原籍所在市、县民政部门要热情接收儿童村送回的孤儿;原籍所在市、县公安机关根据民政部门的接收证明,按照户口审批程序签发户口准迁证,为孤儿办理落户手续;当地人事、劳动部门要采取积极措施,妥善安排他们就业。

(4)残疾青年的就业政策。

中国并没有对残疾青年的就业做出特殊的规定,但中国对残疾人的就业政策惠及残疾青少年。《中华人民共和国宪法》、《中华人民共和国残疾人保障法》、《中华人民共和国劳动法》等法律以及《关于进一步做好残疾人劳动就业工作的若干意见》(劳动保障部、国家计委、民政部、财政部、人事部、税务总局、工商局、中国残联1999年8月31日发)、《民政部、劳动部、卫生部、中国残疾人联合会关于发布"社会福利企业招用残疾职工的暂行规定"的通知》(1989年8月17日民福发〔1989〕37号)等对残疾青少年就业政策做出了规定。

3. 对未成年人的劳动保护政策

对未成年人的劳动保护政策是对未成年人保护政策的重要方面。中国对未成年人的保护政策主要有《禁止和立即行动消除最恶劣形式的童工劳动公约》(1999 年 6 月 17 日经第 87 届国际劳工组织大会通过,2000 年 11 月 19 日生效,全国人民代表大会常务委员会 2002 年 6 月批准)、《中华人民共和国劳动法》、《未成年工特殊保护规定》《禁止使用童工规定》(1991 年 1 月 18 日国务院第七十六次常务会议通过,1991 年 4 月 15 日中华人民共和国国务院令第 81 号发布)、《使用童工罚款标准的规定》(1992 年 5 月 13 日劳动部、财政部发文,劳力字〔1992〕27 号)等。这些政策规定国家对女职工和未成年工实行特殊劳动保护。未成年工是指年满 16 周岁未满 18 周岁的劳动者。《未成年工特殊保护规定》对未成年工不得从事的工作和患有某种疾病或具有某些生理缺陷(非残疾型)的未成年工不能从事的工作进行了规定,并规定用人单位应按相关要求对未成年工定期进行健康检查,用人单位和各级劳动行政部门还应对未成年工的使用和特殊保护实行登记制度。中国还制定了使用童工的罚款标准和对使用童工的个人和单位的行政处罚措施。

4. 劳动合同相关政策

中国国家机关、事业组织、社会团体和企业的主要用工制度都是劳动合同制。作为普通劳动者的青少年一旦与中国国家机关、事业组织、社会团体或企业签订劳动合同,建立劳动合同关系,就受劳动合同相关政策的约束。中国劳动合同的相关政策主要包括《中华人民共和国劳动法》《集体合同规定》等法律法规。这些政策对劳动合同的定义、原则,劳动合同的订立、解除及无效合同都做了基本规定,并对集体合同的主体、内容、程序也做了规定。这些政策是在公平、公正的基础上保护劳动者和用工单位的利益。

三、中国青少年健康服务政策

(一) 中国青少年健康服务的相关政策

青少年的身心健康水平,不仅关系到其个体自身的全面发展,而且影响着全民族的素质水平与精神文明的程度。青少年的健康成长与发展,不仅受自然环境的制约,而且还受到社会环境的强大影响,特别是与社会政治、经济、文化、风俗习惯以及学校和家庭教育等密切相关。因此,根据青少年身心发展的特殊需要,中国制定了一系列的政策,对青少年的健康进行特殊的保护,主要包括:《中国儿童发展纲要》(2001—2010 年)、《全民健身计划纲要》;相关法律,如《未成年人保护法》《婚姻法》《义务教育法》《中华人民共和国传染病防治法》等;有关行政规章,如《关于减轻小学生课业负担过重问题的若干规定》《学校体育工作条例》《学校卫生工作条例》《保护学生视力工作实施办法》《关于创造良好的社会教育环境保护中小学生健康成长的若干意见》《关于整顿、清理书报刊和音像市场严厉打击犯罪活动的通知》等。

(二) 中国青少年健康服务的政策内容

1. 主要目标

《中国儿童发展纲要》(2001—2010 年)(国务院 2001 年 5 月 22 日发布)规定中国儿童健康发展的总目标是:"坚持'儿童优先'原则,保障儿童生存、发展、受保护和参与的权利,提高儿童整体素质,促进儿童身心健康发展。儿童健康的主要指标达到发展中国家的先进水平;儿童教育在基本普及九年义务教育的基础上,大中城市和经济发达地区有步骤地普及高中阶段教育;逐步完善保护儿童的法律法规体系,依法保障儿童权益;优化儿童成长环境,使困境儿童受到特殊保护。"

2. 青少年健康服务

(1)《全民健身计划纲要》。

《全民健身计划纲要》(1995 年 6 月 20 日国务院发布)第七条规定,全民健身计划以全国人民为实施对象,以青少年和儿童为重点。

青少年和儿童的健康成长关系到国家的富强和民族的昌盛,要发动全社会关心他们的体质和健康。各级各类学校要全面贯彻党的教育方针,努力做好学校体育工作。要对学生进行终身体育的教育,培养学生体育锻炼的意识、技能与习惯。继续搞好升学考试体育的试点,不断总结完善,逐步推开。盲校、聋校、特殊教育学校要重视开展学生的体育活动。要积极创造条件,切实解决学校体育师资、经费、场地设施等问题。

（2）青少年健康的家庭保护。

《中华人民共和国未成年人保护法》对未成年人父母或者其他监护人的行为做了规定，以保护未成年人的身心健康。规定父母或者其他监护人应当依法履行对未成年人的监护职责和抚养义务，应当尊重未成年人接受教育的权利，应当以健康的思想、品行和适当的方法教育未成年人，不得允许或者迫使未成年人结婚，不得为未成年人订立婚约。父母或者其他监护人不履行监护职责或者侵害被监护的未成年人的合法权益的，应当依法承担责任。

（3）青少年健康的学校保护。

《中华人民共和国未成年人保护法》第三章"学校保护"规定，学校应当全面贯彻国家的教育方针，对未成年学生进行德育、智育、体育、美育、劳动教育以及社会生活指导和青春期教育，并保障未成年人的身心健康。学校保护的具体措施包括：

① 加强学校卫生工作。

《学校卫生工作条例》(1990年4月25日国务院批准，1990年6月4日国家教育委员会令第10号，卫生部令第1号发布)规定，学校卫生工作的主要任务是：监测学生健康状况；对学生进行健康教育，培养学生良好的卫生习惯；改善学校卫生环境和教学卫生条件；加强对传染病、学生常见病的预防和治疗。

② 加强学校体育工作。

《学校体育工作条例》(1990年2月20日国务院批准，1990年3月12日国家教育委员会令第8号，国家体育运动委员会令第11号发布)规定，学校体育工作的基本任务是：增进学生身心健康，增强学生体质；使学生掌握体育基本知识，培养学生的体育运动能力和习惯；提高学生运动技术水平，为国家培养体育后备人才；对学生进行品德教育，增强组织纪律性，培养学生的勇敢、顽强、进取精神。学校体育工作应当坚持普及与提高相结合、体育锻炼与安全卫生相结合的原则，积极开展多种形式的强身健体活动，重视继承和发扬民族传统体育，注意吸取国外学校体育的有益经验,积极开展体育科学研究工作。

③ 对学生进行健康教育。

《中小学生健康教育基本要求》(试行)(1992 年 9 月 1 日卫生部、国家教委、全国爱卫会发布)规定,健康教育是以传授健康知识、建立卫生行为、改善环境为核心内容的教育。在中小学校中,以处于生长发育过程中的儿童青少年作为主要受教育者,开展适宜、适时的健康教育。健康教育要使儿童青少年掌握一定的卫生知识,认识个人卫生习惯、营养、体育锻炼、防病保健、环境卫生、心理卫生、安全措施等诸因素与个体健康的相互关系及影响作用。逐步自觉地形成对自己健康负责的卫生观念。培养儿童青少年良好的卫生习惯和健康的心理状态,使其正确了解自身生长发育的不同阶段,特别是青春期生理和心理的变化特点及影响因素,改变不良行为,建立健康行为,改善环境,促进身心健康发育。

④ 建立学生体质健康监测网络。

教育部关于印发《全国学生体质健康监测网络工作实施方案》的通知(教体艺函〔2002〕1 号)(2002 年 3 月 21 日)规定,建立全国学生体质健康监测网络,每两年开展一次学生体质健康监测工作。

⑤ 加强学生心理健康教育工作。

中国先后颁布了《关于加强中小学心理健康教育的若干意见》(教育部 1999 年 8 月 13 日颁布并实施规定)、《教育部关于加强普通高等学校大学生心理健康教育工作的意见》(2001 年 3 月 16 日教社政〔2001〕1 号),规定中小学和高等学校对全体学生开展心理健康教育,使学生不断正确认识自我,增强调控自我、承受挫折、适应环境的能力;培养学生健全的人格和良好的个性心理品质,并对少数有心理困扰或心理障碍的学生,给予科学有效的心理咨询和辅导,使他们尽快摆脱障碍,调节自我,提高心理健康水平,增强发展自我的能力。

⑥ 加强学校治安。

中央社会治安综合治理委员会、教育部、公安部《关于深化学校治安综合治理工作的意见》规定,学校治安综合治理工作的主要任务是在地方各级党委和政府的统一领导下，各有关部门充分发挥职能作用，密切配合，依靠学校广大师生员工，保持良好的教学、科研和生活秩序，维护学校稳定，为培养和造就社会主义事业的建设者和接班人创造良好的育人环境。具体措施包括：加强领导，坚持"属地管理"原则，切实维护好学校及其周边地区治安秩序；学校要建立、健全并认真落实治安综合治理责任制；有关部门齐抓共管，进一步净化学校周边地区的治安环境；加强综合治理工作机制建设，建立定期检查制度。

（4）青少年健康的社会保护。

中国对青少年健康的社会保护政策主要见《中华人民共和国未成年人保护法》、《关于创造良好社会教育环境保护中小学生健康成长的若干意见》（国家教委、广播影视部、文化部、新闻出版署、全国总工会、共青团中央、全国妇联、中国科协），中共中央办公厅、国务院办公厅《关于加强青少年学生活动场所建设和管理工作的通知》（2000年7月3日）、《关于开展加强娱乐服务场所管理，严厉打击卖淫嫖娼赌博吸毒贩毒等社会丑恶现象专项行动的意见》（国务院办公厅、公安部、监察部、文化部、工商局2000年6月30日颁布并实施）、《关于规范"网吧"经营行为加强安全管理的通知》（公安部、信息产业部、文化部、国家工商行政管理局1998年12月25日颁布并实施）等。其主要措施包括：

① 各级教育、文化、科研、新闻出版、体育、广播影视等部门、群众团体和学校，要在当地人民政府的领导下，为未成年人健康成长创造良好的社会环境。

② 国家各有关部门和群众团体要千方百计地为青少年组织各种健康有益的活动。

③ 新闻出版、广播影视、文化、教育、科技等一切从事精神产品生产的部门，要努力为广大青少年提供更多更好的精神食粮。

④ 要继续认真整顿文化市场，严禁编写、制作、出版、发行、销售、播放、租借对青少年有害的书刊、图片和音像制品。

⑤ 文化和工商管理部门要加强对公共文化教育娱乐场所的管理，严禁对少年儿童有害的演出、展览和各种形式的赌博活动。中国专门颁布了对电子游戏

经营场所的专项治理的政策,加强娱乐服务场所管理,严厉打击卖淫、嫖娼、赌博、吸毒、贩毒等社会丑恶现象,规范"网吧"经营行为,加强安全管理。

⑥ 加强青少年学生活动场所建设和管理工作。要从当地实际出发,依靠社会力量,把青少年活动设施的建设纳入城乡建设规划,努力使中等以上城市都建有一定规模和数量的少年宫(家、站)、少年儿童活动中心、少儿图书馆、少年科技中心(馆、站)、儿童公园和剧院等少年儿童校外教育活动基地。

⑦ 重视家庭教育工作。帮助家长提高家庭教育水平,纠正错误的教育方法。

⑧ 各地要充分发挥各条战线先进单位、先进人物、退(离)休的老干部、老专家、老教育工作者、老工人的作用。

⑨ 要运用法律手段,有效地保护中小学生健康成长。

⑩ 公安、司法部门要根据有关法规对滋扰学校、破坏学校正常秩序的违法犯罪分子予以严厉打击。

(5) 青少年健康的法律保护。

中国对青少年法律保护的主要政策为:①完善有关儿童的立法,强化执法,有效保障儿童权益。②司法保护。③法律宣传与服务。通过宣传教育和为儿童提供法律服务,动员全社会重视和保护儿童权益。

四、中国青少年司法保护政策

(一) 我国青少年司法保护的相关政策

少年司法保护制度的产生是各国基于人道主义立法思想,对未成年人犯罪的刑事责任年龄做的明文规定,对于处理少年犯罪案件也做出了一些特殊规定。此后逐渐发展成为一套完善的少年司法保护制度。联合国 1985 年通过的《联合国少年司法最低限度标准准则》(北京准则),以及 1991 年通过的《联合国预防少年犯罪准则》(利雅得准则)、《联合国保护被剥夺自由少年规则》(东京规则)三个文件从少年犯罪的预防、处罚及监禁待遇三方面对少年司法进行了规定,形成了一套比较完整的少年司法制度。中国的少年司法保护制度,吸取了国外少年司法制度的先进理念,根据中国的国情,从少年犯的刑事审理开始发展起来。中国自 1991 年通过未成年人保护法之后,开始有了较为系统、专门的关于未成年人的法律、法规,并在立法和法律适用上逐渐加强对未成年人的司法保护。

1. 中国所签订的相关国际公约中的规定

如《联合国预防少年犯罪准则》(利雅得准则)、《联合国少年司法最低限度标准准则》(北京准则)、《联合国保护被剥夺自由少年规则》(东京规则)等。

2. 中国相关法律的规定

《刑法》《刑事诉讼法》《未成年人保护法》《预防未成年人犯罪法》中的相关规定。在建立和完善保护未成年人权益的法律制度时,中国非常重视借鉴其他国家在这一方面的成功经验和做法,并且努力把中国的法律、政策与贯彻有关保护未成人的国际公约紧密结合、统一起来。《联合国少年司法最低限度标准规则》《联合国预防少年犯罪准则》《儿童权利公约》《联合国保护被剥夺自由少年规则》等国际公约所确立的基本原则、标准和规范,在中国法律中都通过相应的条款得到了充分的体现和切实有效的贯彻。

3. 中国公检法的有关司法解释、意见和通知

如《关于办理少年刑事案件的若干规定(试行)》《关于办理少年刑事案件建立配套工作体系的通知》《关于审理少年刑事案件聘请特邀陪审员的联合通知》等。

4. 各省市相关的地方法律法规

包括全国地方人大、政府颁布的法律文件。如 1987 年的《上海市青少年保护条例》是中国第一个青少年保护法规,它第一次把少年法庭写入法律之中。

(二) 中国青少年司法保护政策的主要内容

1. 如何预防和减少未成年人犯罪

(1) 预防的基本原则。

在青少年社会化的过程中预防青少年犯罪:青少年通过从事合法、有益社会的活动,对社会采取理性态度和生活观,就可以形成非犯罪型的态度。要成功地预防青少年犯罪,就需要整个社会努力,确保青少年的均衡发展,从其幼童期起

尊重和促进其性格的发展。青少年应发挥积极作用,参与社会活动,而不应被看作仅仅是社会化的或控制的对象。所有的预防政策都应该以青少年幼年开始的福利为重心。应采取各种措施避免对未造成严重损害其发展或危害他人行为的青少年给予定罪和处罚。在防止少年违法犯罪方面,应发展以社区为基础的服务和方案,特别是在还没有设立任何机构的地方,正规的社会管制机构只应作为最后的手段来利用。

(2)具体的预防措施。

具体而言,预防青少年犯罪的措施包括:

① 事前预防。

事前预防的主要手段是指在社会化的过程中预防青少年犯罪。预防政策的重点是促使所有儿童和青少年,尤其是要通过家庭、社区、同龄人、学校、职业培训和工作环境,以及通过各种自愿组织,成功地走向社会化和达到融合。应对儿童和青少年适当的个人发展给予应有的尊重,并应在其社会化和融合的过程中,把他们视为完全平等的伙伴。

② 事后预防。

事后预防包括对未成年人严重不良行为的矫治和对未成年人重新犯罪的预防两种。

对未成年人严重不良行为的矫治:根据中国《预防未成年人犯罪法》规定,"严重不良行为"是指严重危害社会,尚不够刑事处罚的违法行为。对具有本法律所规定的严重不良行为的未成年人,其父母或者其他监护人和学校应当相互配合,采取措施严加管教,也可以送工读学校进行矫治和接受教育。对未成年人重新犯罪的预防:对犯罪的未成年人追究刑事责任,实行教育、感化、挽救方针,坚持教育为主、惩罚为辅的原则。

③ 未成年人对犯罪的自我防范。

未成年人应当遵守法律、法规及社会公共道德规范,树立自尊、自律、自强意识,增强辨别是非和自我保护的能力,自觉抵制各种不良行为及违法犯罪行为的引诱和侵害。

2. 少年犯罪后如何进行处置

中国关于少年犯罪后如何处置的规定主要见于《联合国少年司法最低限度标准准则》以及中国相关法律,主要是《刑法》《刑事诉讼法》《监狱法》等,还有国内相关部门人民法院、人民检察院、司法部、公安部所制定的相关规定。这些规定主要包括:《最高人民法院关于办理未成年人刑事案件适用法律的若干问题的解释》(1995 年 5 月 2 日颁布实施)、《最高人民法院关于审理未成年人刑事案件的若干规定》(于 2000 年 11 月 15 日由最高人民法院审判委员会第 1139 次会议通过,自 2001 年 4 月 12 日起施行)、《人民检察院办理未成年人刑事案件的规定》(2002 年 3 月 25 日最高人民检察院第九届检察委员会第 105 次会议通过)、《最高人民法院最高人民检察院公安部司法部关于办理少年刑事案件建立互相配套工作体系的通知》(1991 年 6 月 1 日颁布并生效)、《公安机关办理未成年人违法犯罪案件的规定》(公安部 1995 年 10 月 23 日颁布并生效)等相关政策法规。

(1) 基本原则。

保护少年与保护社会相统一的原则;教育为主、惩罚为辅的原则;预防为主、减少司法干预的原则;共同参与、综合治理的原则。

(2) 少年刑罚的适用。

中国少年刑罚适用的基本原则有两条:相称原则,即在对少年决定采取刑法措施时,应当综合考虑少年犯罪的罪行因素、少年犯罪人的具体因素、社会救济需要,以在刑法规定、少年需要、社会需要三者之间达到最佳的平衡。从宽处罚原则,即少年犯罪应当相对成人犯同样罪从宽处罚,主要包括从轻、减轻与免除刑事处罚三个方面。

(3) 少年司法程序。

在中国,对于大部分少年案件采用的是非司法性处理方法或者是由公安机关、教育行政部门处理,只有很少一部分案件才会正式进入少年刑事司法程序,而且在少年刑事司法程序的前期阶段(侦查、起诉阶段)还会消化掉一部分,因此真正进入到少年法庭审理的少年案件很少。这就避免了对少年的过度司法干预,有利于对有犯罪或不良行为的少年的挽救和保护。中国的少年司法程序方面也有许多有别于成人司法制度的特色性做法。如在少年检察方面的分案起诉、暂缓起诉,在少年审判工作方面也有专门的少年法庭,并制定管辖、暂缓判决、监管令、社会服务令、圆桌审判模式等。

3. 对被实行监禁处置的犯罪少年的权利的保护

对于被实行监禁处置的犯罪少年权利的保护的有关政策主要见于《联合国保护被剥夺自由少年规则》、《中华人民共和国监狱法》、《公安机关办理未成年人违法犯罪案件的规定》(公安部 1999 年 10 月 23 号发布并生效)、《未成年犯管教所管理规定》(中华人民共和国司法部令第 56 号,1999 年 12 月 18 日发布并生效)等。

中国对于被实施监禁处置的犯罪少年的权利保护的基本原则包括:第一,少年司法系统应维护少年的权利和安全,增进少年的身心福祉。监禁办法只应作为最后手段加以采用。剥夺少年的自由应作为最后的一种处置手段,时间应尽可能短,并只限于特殊情况,同时不排除早日释放的可能性。第二,对被剥夺自由的少年,应进行教育改造,让他们为重返社会做好准备。中国《未成年犯管教所管理规定》规定,未成年犯管教所贯彻"惩罚和改造相结合,以改造人为宗旨"和"教育、感化、挽救"的方针,将未成年犯改造成为具有一定文化知识和劳动技能的守法公民。

§思考和练习

1. 社会学、心理学、教育学等不同学科对青少年界定的侧重点有哪些不同?

2. 谈谈你对青少年社会工作主要内容的理解?

3. 青少年社会工作者的角色特征是什么？

4. 结合自己的理解，谈一下青少年社会工作者在助人过程中的实务原则。

§小组讨论

对"认识青少年的本质属性，将有助于深入和引导青少年的健康成长，有利于青少年工作者把握工作的伦理价值和专业技能"开展小组讨论。每个小组选一名代表分享小组讨论情况。

第二章　青少年社会工作机构与服务

随着经济社会的快速发展,青少年在学习生活条件总体改善的同时,成长过程中也面临着新的困难和问题,迫切需要专业化、个性化的社会工作服务。中国《中长期青年发展规划(2016—2025年)》把青少年社会工作服务纳入政府购买服务指导性目录。大力推进青少年社会工作机构发展,实施涵盖重点群体、重点领域、重点环节的青少年社会工作服务被提上议程。

本章要点

- 社会工作机构有"五个强调"。首先强调以社会工作者为主,第二强调宗旨助人,第三强调专业伦理规范,第四强调专业知识方法和技能,第五强调困难救助领域,最后强调民办非企业单位基本定位。

- 社会工作机构的作用:提供服务、促进社会和谐、推动政府智能转换、促进社会工作职业化发展、对接社会工作教育人才培养。

- 青少年社会工作机构以照顾青少年的特点和利益、优化青少年的成长环境、服务青少年的紧迫需求、维护青少年的发展权益、促进青少年的全面发展为目标方向。

- 青少年社会工作服务的主要内容:思想引导服务、身心健康促进服务、婚恋交友服务、就业创业服务、社会融入与社会参与支持服务、社会保障支持服务、合法权益维护服务、青少年违法犯罪预防服务。

第一节　社会工作机构

截至 2017 年底，中国初步建立了综合政策引领、专项政策配套、地方政策支撑的社会工作制度框架。根据民政部 2017 年社会工作情况通告，社会工作专业人才队伍迅速壮大，规模总量达到 102 万人，其中持证社工近 32 万人。相关事业单位、群团组织、社区和社会组织的社会工作专业岗位超过 30 万个，社会工作服务机构达到 7 500 余家。

一、民间组织与民间组织类型

1. 民间组织

民间组织在中国指的是政党和行政组织以外的，为了追求和实现一定的宗旨或目标，依照有关的法律、法规，以公民或团体的身份自愿结成并按其章程自我管理、开展活动，不是经营或不以营利为目的的社会组织。民间组织对应于国际上所称的"非政府组织"（NGO）、"非营利组织"（NPO）、"第三部门"等概念。

民间组织的特点，一是组织性，也就是其有内部规章制度，有负责人、经常性活动，并根据国家法规注册，有合法身份；二是民间性，它不是政府的一部分，也不是企业单位的一部分，但这不等于它不能接受政府的资金支持，中国社会工作机构主要通过政府购买其专业服务的方式来运作；三是非利润分配性，就是说它不是为其会员积累利润，它可以进行营利活动，但所得必须用于为组织宗旨服务，不能在其成员中进行分配；四是自治性，它能控制自己的活动，约束成员的行为;五是志愿性,成员自愿参加,自觉为组织工作。

2. 民间组织的类型

中国民间组织主要分为基金会、社会团体、民办非企业单位三类。

基金会是指利用自然人、法人或者其他组织捐赠的财产,以从事公益事业为目的,按照本条例的规定成立的非营利性法人。基金会分为面向公众募捐的基金会(以下简称"公募基金会")和不得面向公众募捐的基金会(以下简称"非公募基金会")。公募基金会按照募捐的地域范围,分为全国性公募基金会和地方性公募基金会。基金会成立条件:为特定的公益目的而设立;全国性公募基金会的原始基金不低于 800 万元人民币,地方性公募基金会的原始基金不低于 400 万元人民币,非公募基金会的原始基金不低于 200 万元人民币;原始基金必须为到账货币资金;有规范的名称、章程、组织机构以及与其开展活动相适应的专职工作人员;有固定的住所;能够独立承担民事责任。基金会资助的主要范围:慈善、教育类、科技研究类、卫生类、社会服务类、文化类、体育类、生态环境类、法律类、国际及其他涉外组织类等。

社会团体是指中国公民自愿组成,为实现会员共同意愿,按照其章程开展活动的非营利性社会组织。国家机关以外的组织可以作为单位会员加入社会团体。社会团体成立条件:50 个以上的个人会员或者 30 个以上的单位会员;个人会员、单位会员混合组成,会员总数不得少于 50 个;有规范的名称和相应的组织机构;有固定的住所;有与其业务活动相适应的专职工作人员;有合法的资产和经费来源,全国性的社会团体有 10 万元以上活动资金,地方性的社会团体和跨行政区域的社会团体有 3 万元以上活动资金;有独立承担民事责任的能力。社会团体涵盖的主要范围:工商服务业类、科技研究类、教育类、卫生类医学会、社会服务类、文化类、体育类、生态环境类、法律类、宗教类、农业及农村发展类、职业及从业组织类、国际及其他涉外组织类等。

民办非企业单位是指企业事业单位、社会团体和其他社会力量以及公民个人利用非国有资产举办的,从事非营利性社会服务活动的社会组织。民办非企业单位成立条件:经业务主管单位审查同意;有规范的名称、必要的组织机构;有与其业务活动相适应的从业人员；有与其业务活动相适应的合法财产；有必要的场所。民办非企业单位的主要范围：工商服务业类、科技研究类、教育类、卫生类、社会服务类、文化类、体育类、生态环境类、法律类、宗教类、农业及农村发展类、职业及从业组织类、国际及其他涉外组织类等。

二、社会工作机构

中国提供专业服务的社会工作机构大部分为民办非企业单位，全部是非营利性的民间组织。

1. 社会工作机构界定

社会工作机构是以社会工作者为主体，坚持"助人自助"宗旨，遵循社会工作专业伦理规范，综合运用社会工作专业知识、方法和技能，开展困难救助、矛盾调处、权益维护、心理疏导、行为矫治、关系调适等社会服务的民办非企业单位。社会工作机构有"五个强调"：首先强调以社会工作者为主，第二强调宗旨助人，第三强调专业伦理规范，第四强调专业知识方法和技能，第五强调困难救助领域，最后强调民办非企业单位基本定位。

社会工作机构发展，对于推进社会工作及其人才队伍建设，预防和解决当前社会发展中存在的各种矛盾和问题，推动政府转变职能，创新社会管理和公共服务方式，加强以改善民生为重点的社会建设，促进社会和谐，具有重要意义。

社会工作机构是吸纳社会工作人才的重要载体，是有效整合社会工作服务资源的重要渠道，是开展社会工作专业服务的重要阵地。从港台地区及国外的社工的就业角度来看，香港社会工作专业的人才有70％都在民办社工机构里，全世界的这个数字都在60％—80％，也就是说，社工主要是通过民办专业机构形式来服务社会。

2. 社会工作机构的特点

社会工作机构在获得政府与社会其他部门的资助与支持的基础上开展运

作。与其他非营利组织相比,社会工作机构具有以下几个方面的特性。

(1) 社会工作机构主要涉及的是社会服务领域,其服务对象主要是处于弱势地位的社会群体,如儿童、青少年、妇女、老年人、残障人士及外来务工人员等,主要职责就是帮助有需要的个人、家庭、群体、组织和社区,整合社会资源,协调社会关系,预防和解决社会问题,恢复和发展社会功能。

(2) 社会工作机构有核心的专业的社会工作理念,即遵循"助人自助"和"利他主义"的价值观,运用社会工作专业方法和技巧为服务对象提供专业性的社工服务。这也是社会工作机构区别于其他福利机构的专业体现。

(3) 社会工作机构不以营利为目的,其主要工作经费来源于政府对服务的购买和一些社会团体的捐赠,并不依靠服务对象所缴纳的费用。

(4) 社会工作机构的主要成员需要由具有社会工作教育背景的人员组成。如今民间社会工作机构的创办者虽说有一部分属于企业人,但是负责提供服务的一线人员要求由专业的社会工作者承担。

3. 社会工作机构的作用

社会工作机构借鉴、吸收港台地区和国外社会工作发展的先进经验,结合中国国情和自身的现实情况,以其专业性的社会工作服务,在成立较短的时间里,在整合社会资源、服务弱势群体、维护社会稳定等方面发挥了重要作用。社会工作机构的服务在一定程度上弥补了政府和市场的不足,促进了社会的公正和谐,在中国社会服务领域越来越显示出其巨大的发展潜力。

(1) 提供服务。

社会工作服务机构的一项重要功能就是为社会提供服务,这是社会工作服务机构的立身之本。从发达国家和地区社会工作的实践经验看,专业化的社会工作服务机构在社会服务领域担当重要的角色,承担重要的作用。专业的社会工作是以服务的视角,平等地接纳和对待服务对象,用"以生命影响生命"的专业知识为服务对象提供帮助。社会工作服务机构也将大部分的资源和工作重点都放在了提供专业社会工作服务上。

（2）促进社会和谐。

中国正处于快速社会转型时期，各种社会矛盾出现、各类利益主体的多元化，必然会产生多样化的利益诉求。目前中国的政治制度化水平还不够高，利益表达、政治沟通渠道有限，再加上贫富差距扩大，城乡矛盾凸显，制度外参与甚至采取过激手段进行表达已经成为影响社会和谐的主要问题。在这种情况下，单靠政府来扩大利益表达渠道、缓解社会矛盾已明显不足以解决所有问题。社会工作机构在解决社会问题、缓解社会矛盾方面尤其具有独特性。社会工作服务机构通过在儿童、青少年、老年人、妇女、残疾人、矫正、社会救助、医务等领域开展预防性和解决性的服务，缓解了社会差距带来的社会矛盾，促进了社会的和谐与稳定。

（3）推动政府职能转变。

中国为实现"小政府，大社会"的目标，政府需要精简政府机构，提高办事效率，并将原来由政府承担的部分公共服务剥离给民间组织去承担。广大民间组织包括社会工作机构在社会活动领域的贡献，也使其成为政府能力建构的一个重要补充。社会工作服务机构可以承担大量社会事务，其活动范围涉及社区建设、教育、扶贫、社会福利、环境保护等诸多方面。特别是在新的社会保障体系的建构下，社会工作服务机构开启了巨大的社会资源网络，整合了分散于民间的各种社会资源，提供了大量的服务给低收入阶层，减轻了政府"办社会"的不少负担，促使政府职能趋向转变。同时，社会工作服务机构一直以来谋求较高的自主性与独立性的发展，积极吸纳优秀社工人才，建立起多元化的筹资渠道，开拓多种服务项目。

（4）促进社会工作职业化发展。

社会工作服务机构在发展过程中，非常注重专业的社会工作培训，社会工作者一边实践，一边接受系统的专业的培训，对社会工作职业化发展做出重要贡献。2006年人力资源社会保障部和民政部联合发布的《人事部、民政部关于印发〈社会工作者职业水平评价暂行规定〉和〈助理社会工作师、社会工作师职业水平考试实施办法〉的通知》,推动很多社会工作服务机构承担了专业实务的培训任务。社会工作服务机构的成立,还为高校社会工作专业的学生实习提供了专门的场所,为社会工作专业学生提供了良好的实习平台,在实践中促进了社会工作专业学生的专业成长,弥补了他们课堂学习的局限性。另外,社会工作服务机构之间的学习与交流也为社会工作职业化发展起到不可替代的作用。民间社工服务机构按照"引进来,走出去"的策略,做好国内、国外两个交流,不断吸收借鉴国内外发展的先进经验,推动中国社会工作职业化建设,提高服务质量。

(5) 对接社会工作教育人才培养。

社会工作机构的发展,需要大量的社会工作专业人才,这对于全国三百余所招收社工专业的大专院校的学生来说,不失为一个就业、创业的重要途径。中国社会工作发展的特点是教育先行与职业发展的滞后。使得一段时间社会工作专业毕业生很难找到对口的工作。近年来,社会工作机构的快速发展对接了高校社会工作教育人才培养,使得更多的社工专业毕业生有机会进入到专业机构从事专业社会工作。

应该指出,自 2006 年党的十六届六中全会做出建设宏大社会工作人才队伍的决策以来,中国社会工作主动顺应工业化城市化市场化发展大势,紧密服务经济社会发展大局,积极回应人民群众多样化、个性化需求,已逐步从中心城市拓展到边远农村,从经济发达地区拓展到经济欠发达地区,从社会福利、防灾减灾、社会救助等传统领域逐步拓展到司法矫治、医疗卫生、教育辅导、禁毒戒毒、职工帮扶、信访维稳、脱贫攻坚等社会治理重点领域,日益成为政府关心、社会需要、百姓欢迎的新型社会服务业态,在助力保障改善民生、创新社会治理、促进社会和谐、夯实党执政基础等方面发挥了重要作用。

鉴于社会工作机构巨大的社会作用,2012 年中组部、民政部等 19 部门联合发布了十年中长期规划提出,"到 2020 年,培育发展 8 万家民办社会工作服务机构,中国社会工作人才总量达到 300 万人,并逐步建立 50 个国家级民办社会工作服务机构孵化基地"。

三、社会工作机构部门框架

1. 机构部门

社会工作机构部门的组织图如下。

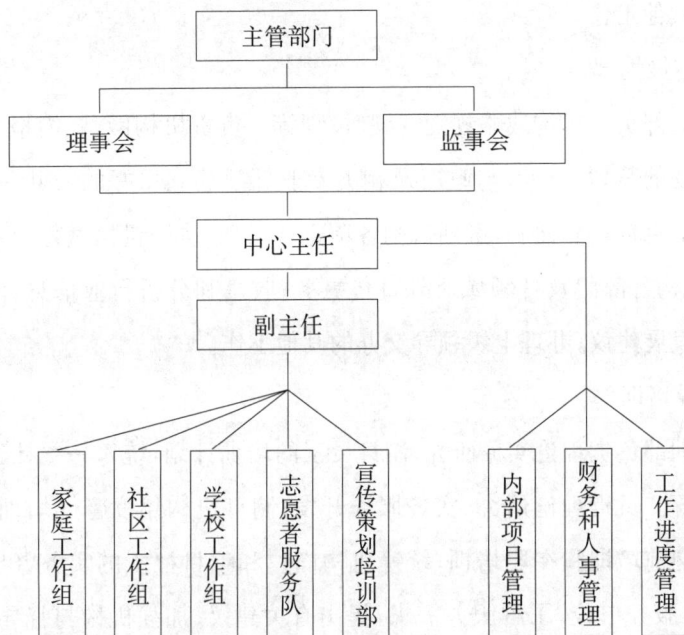

图 2.1　社会工作机构部门框架

2. 部门职责

(1) 理事会。

理事会是机构的最高决策机构。理事会行使下列事项的决定权：修改章程；决定业务活动计划；负责年度财务预算、决算方案；决定增加开办资金的方案；决定机构的分立、合并或终止；聘任或者解聘机构主任及其提名的机构副主任及财务负责人；罢免、增补理事；决定内部组织的设置；从业人员的工资报酬。

(2) 人事行政部。

人事行政部负责机构内部人事管理和行政管理，传达上级指示，协助领导开展活动方案的审批等。具体执行机构人事招聘、调动、辞退事务;负责机构行政管理、员工档案管理、绩效考核管理;负责来访接待、会务安排、文件收发及下达;负责机构设备设施及物品采购、使用和管理;传达并跟进上级部门及用人单位的指示、信息及意见;落实机构各项规章制度执行情况;负责收集机构内部员工建议和满意度调查;协调各部门行政关系,负责重大事务的跟进及协调;办理上级领导交办的其他工作。

(3)宣传策划部。

宣传策划部负责机构战略规划、品牌策划等。负责机构网站、简报、年刊、折页等宣传刊物的策划、设计;与政府及相关专业部门建立良好的公共关系,争取各种可能的信息资料和便利;策划机构各项宣传活动,协助机构做好形象和品牌建设;负责机构各部门及各领域对外宣传事务;收集和分析行业信息,向上级部门提出机构发展建议;办理上级领导交办的其他工作。

(4)督导培训部。

督导培训部负责理论实务研究、制订员工的培训计划,统筹一线社工的督导和培训工作等。负责理论研究、实务服务开发;制订机构年度督导培训计划;组织员工参加岗前培训和在职培训;统筹机构岗位和项目社工的实务督导工作协调;定期走访服务单位,了解服务需求,提出有关建议;加强机构与督导、督导助理的沟通;负责组织实务交流学习小组;办理上级领导交办的其他工作。

(5)项目拓展部。

项目拓展部主要负责项目的研发与拓展、课题研究等。发掘社会需求,组织人员策划、撰写和申报项目和课题;根据机构的拓展计划,密切关注行业发展动态及可拓展的项目,收集、整理、分析并保存相关资料,为机构决策提供依据;根据机构项目成本控制要求,负责拟定项目拓展费用计划,控制拓展成本;根据机构其他部门要求,协助和配合各部门的工作;完成机构领导交办的其他工作。

(6)项目执行部。

项目执行部主要负责机构各个项目的统筹与执行,合理运作项目等。在机构领导带领下,负责机构项目全过程的统筹和管理;制定年度项目实施方案,做好组织安排工作;合理安排项目人员,协助人事行政部对项目人员工作进行督导培训;指导并监控机构项目实施,负责对项目人员的日常工作进行考核、监督、评估;参加项目交流会,汇报项目开展情况;认真完成机构领导交办的其他工作。

(7)财务管理部。

财务管理部主要负责机构财务相关工作,包括员工工资的核算和发放、机构印章证件保管、现金和财务账目核算管理等。做好年度财务规划及年终审计报告;负责机构员工工资的核算、发放等相关工作;负责机构现金和账务管理;妥善保管机构印章、证件、银行票据等;负责资产登记、管理工作;负责税务申报、纳税及财务报表申报;负责费用的核算、报销;办理上级领导交办的其他工作。各部门应明确各自职责,做好各岗位工作,机构将严格落实工作责任制。

第二节　青少年社会工作机构与服务

中国正处于经济社会转型期,体制转变、观念更新对国民,特别是对青少年有着越来越大的影响,转型时期的多元文化对青少年的价值观形成了巨大的冲击。城市化、市场化、信息化、全球化构成了青少年成长的全新环境。青少年在成长过程中遇到了许多发展中的新问题,解决这些问题需要创新的理念和方法。积极发展青少年社会工作专业机构,培育和使用青少年社会工作专业人才队伍,深入推进青少年社会工作服务是社会发展的必然要求。

一、青少年社会工作机构

青少年社会工作是在专业的价值观指导下,根据青少年的身心特点、动机需求、兴趣爱好,社会工作者充分运用专业的理论、方法和技巧,以帮助青少年解决问题、克服困难、恢复功能和获得全面发展的一种服务活动和服务过程。青少年社会工作机构的愿景、宗旨和服务要体现青少年社会工作的本质要求。

青少年社会工作机构以照顾青少年特点和利益、优化青少年成长环境、服务青少年紧迫需求、维护青少年发展权益、促进青少年全面发展为目标方向;以青少年为服务对象,帮助解决青少年成长发展过程中面临的实际困难与加强对广大青少年正向成长引领,推动社会工作服务供给与青少年实际需求有效对接为主要内容;以社工专业价值创新服务理念,以社工专业理论深化服务内涵,以社工专业方法提升服务水平为基本定位。

青少年社会工作服务机构应制定相关规章制度并根据需要进行修订。青少年社会工作服务机构应对本机构内的服务进行质量管理,确保达到预期标准,符合青少年的需要。青少年社会工作服务机构应建立社会工作督导制度,开展督导工作。青少年社会工作服务机构应加强服务档案管理。

二、青少年社会工作服务

青少年社会工作服务应尊重青少年的主体地位,承认与接纳青少年的独特性与差异性,充分照顾青少年的特点和利益,开展有针对性的服务。开展青少年社会工作服务的社会工作者应具备获得国家颁发的社会工作者职业水平证书,或具备国家承认的社会工作专业专科及以上学历。民政部 2018 年最新的《青少年社会工作服务指南》征求意见中要求各级共青团组织及青少年服务组织和机构,各级政法委机关、审判机关、检察机关、公安机关、司法行政部门等根据要求设置青少年社会工作岗位。

1. 青少年社会工作服务的主要内容

(1)思想引导服务。主要包括开展理想信念教育;开展社会主义核心价值观宣传教育;开展国情政策教育和党史、国史、改革开放史教育;开展网络素养教育。

（2）身心健康促进服务。主要包括为青少年提供社会实践教育和学业支持服务；开展青少年文化体育兴趣和爱好的培养活动、青少年文体交流活动；引导青少年珍惜生命，尊重生命，帮助青少年学习保护生命的方法；帮助青少年掌握应对风险的方法，引导青少年对风险形成正向认识；帮助青少年了解青春期相关生理和心理知识，积极应对心理困惑，增强解决问题的信心和能力；帮助青少年自我认识，并实现自我肯定；帮助青少年形成健康的人格，践行健康的生活方式。

（3）婚恋交友服务。主要包括帮助青少年树立文明、健康、理性的婚恋观，提供婚恋教育和指导，开展婚恋交友服务；帮助青少年树立正确的家庭观，传承优良家风家教；开展性健康和优生优育宣传教育服务；协助青少年建立良好的人际关系。

（4）就业创业服务。主要包括开展就业创业政策宣传服务；协助链接就业创业资源；帮助提升就业创业能力；开展就业创业指导及职业生涯规划服务。

（5）社会融入与社会参与支持服务。主要包括协助青少年建立良性社会支持系统；提升青少年社会融入和社会参与的能力，帮助青少年积极有序地参与政治生活和公共事务；营造青少年社会融入的良好环境；提升青少年参与社会公益和志愿服务的意识与能力。

（6）社会保障支持服务。主要包括开展残疾青少年关爱和扶持保障服务；开展困境青少年帮扶服务；开展青少年社会救助服务。

（7）合法权益维护服务。主要包括开展青少年权益保护相关政策法规宣传教育服务；拓展青少年权益表达渠道，支持普遍性利益诉求表达和反馈；开展侵害青少年合法权益行为的预防和干预服务；协助青少年提升自我保护能力；营造家庭、校园和社区的安全环境。

（8）青少年违法犯罪预防服务。主要包括开展法制宣传教育；协助开展青少年社会文化环境、网络环境优化和整治服务；开展重点青少年群体服务管理工作；提供青少年司法社会工作服务。

另外，开展青少年社会工作服务的政策倡导及咨询研究，开展青少年社会工作专业人才培训、督导及青少年社会工作服务机构发展培育,开展受委托的其他青少年社会工作服务等也是青少年社会工作的应有之义。

2. 青少年社会工作的主要方法

(1)基本方法。

综合运用个案工作、小组工作、社区工作等社会工作直接服务方法,社会工作行政、社会政策和社会工作研究等间接服务方法。

(2)针对特定需要的介入方法。

以多专业合作方式对青少年面临的最迫切问题,特别是可能危及自身和他人生命安全的问题实施紧急干预,遏制危险发生;通过协调整合资源,以中途之家、类家庭、收寄养等方式为不适合家庭居住的青少年提供安置服务,进行综合援助。

(3)家庭治疗。

以家庭为介入单位,探索青少年问题背后的家庭结构和互动关系,促进家庭内在系统的改变,优化青少年成长的家庭环境。

(4)外展服务。

深入青少年经常出入的场所,主动与青少年接触并发现其问题和需求;对处于风险状态的青少年进行保护、辅导和安置。

(5)历奇辅导。

有目的地把青少年带离安适区,进入低冒险区,通过体验性活动经历新奇,促进青少年的自我探索、自我觉察与自我成长。

(6)朋辈辅导。

通过发现、培训和搭建平台,组织年龄相仿、生活环境和经历、文化相似,或由于某些原因使其具有共同语言的青少年交流互动、分享经验、唤起共鸣、持续支持和互助成长。

3. 青少年社会工作的服务流程

(1)接触预估期。

在接触预估期应完成的主要工作:与服务对象建立专业关系;评估青少年个

人的生理、心理、社会发展状况;评估青少年的成长经验和生命历程;评估青少年的家庭、学校、工作场所和所在社区的情况;评估青少年的问题和需要;评估青少年及环境的资源和优势。

（2）服务设计期。

在服务设计过程中应完成的主要工作:确定服务的主题;明确服务的理念和理论依据;确定服务的目的和目标;识别服务对象系统、目标系统及行动系统;选择介入策略;签订服务协议;配置资源;预估服务风险,设计应对方案;明确评估指标,选择评估方法。

（3）服务实施期。

在实施过程中应完成的主要工作:分解服务任务;明确人员分工;控制服务进度;优化服务内容;应对服务风险。

（4）成效评估期。

在评估过程中应完成的主要工作:自我评估和接受第三方评估;测量目标达成情况;评估服务满意度;评估服务对象及环境系统的改变;服务的结束及跟进。

4. 政府购买青少年社会工作服务的要素

（1）政府购买青少年社会工作服务的主体是承担青少年服务职能的各级行政机关、具有行政管理职能的事业单位以及纳入行政编制管理且经费由财政负担的群团组织。鼓励政府职能部门加强与共青团的工作协调,支持共青团参与政府购买青少年社会工作服务。

（2）承接政府购买青少年社会工作服务的主体主要为具备相应能力,且依法在登记管理部门登记或经国务院批准免予登记的社会组织和符合条件的事业单位,以及依法在工商管理或行业主管部门登记成立的企业、机构等社会力量。

（3）青少年社会工作服务是以青少年为服务对象,运用科学的、专业的方法,以解决青少年的现实问题和迫切需求为着力点,以促进青少年全面发展、促进社会和谐稳定为出发点的专业服务。应突出公共性、引导性和保障性,并主动向社会公开。

（4）根据转变政府职能的要求，参照政府购买青少年社会工作服务清单，结合当地经济社会发展水平、青年发展规划和财政预算安排情况，将属于政府职责范围且适宜由社会力量承担的青少年社会工作服务纳入本部门政府购买服务指导性目录，明确服务种类、性质和内容，并在总结经验的基础上，及时进行动态调整。

（5）要按照公开透明、竞争有序、规范便捷、突出成效的原则组织实施政府购买青少年社会工作服务。要建立健全项目申报、预算编报、信息发布、组织购买、项目监管、绩效评价的规范化流程。

（6）研究规范青少年社会工作服务的标准，可根据本地实际和项目特点，对青少年社会工作服务的标准进行细化和量化，增强可操作性。要及时对服务标准的执行情况进行梳理，总结经验，推动逐步完善服务标准体系。

（7）政府购买青少年社会工作服务的经费应当在既有预算中统筹安排。要充分考虑实际财力水平，妥善做好政府购买青少年社会工作服务的支出与年度预算、中期财政规划的衔接，保障政府购买服务项目的连续性和稳定性，带动建立多元化的青少年社会工作服务投入机制。支持和引导青少年事务社会工作专业人才重点为生活困难的青少年、重点青少年提供专业服务。

（8）要加强政府购买青少年社会工作服务的监督管理，完善事前、事中和事后监管体系，严格遵守相关财政财务的管理规定，确保购买行为公开透明、规范有效。应建立健全内部监督管理制度，按照规定公开购买服务的相关信息，自觉接受审计监督、社会监督和舆论监督。承接主体应健全财务制度，接受和配合相关部门的监督检查，确保资金规范管理和使用。

（9）要建立健全由购买主体、青少年社会工作服务对象以及第三方机构共同参与的绩效评价机制，要注重过程评价与结果评价、短期效果评价与长远效果评价、社会效益评价与经济效益评价相结合。在绩效评价体系中，要侧重服务对象的满意度评价，加大服务对象评价的比重。

5.青少年社会工作服务的基本原则

（1）坚持政府引导，发挥市场作用。

加强政府对购买青少年社会工作服务的组织领导、制度设计、政策支持、财政投入和监督管理。发挥市场在资源配置中的决定性作用，通过竞争择优的方式选择政府购买青少年社会工作服务的承接主体，支持引导社会力量有序参与青少年社会工作服务。

（2）坚持需求导向，注重服务实效。

以青少年为本，尊重青少年主体地位，把服务与成才紧密结合起来设计实施服务项目。探索建立"自下而上、以需定供"的互动式、菜单式服务方式，推动社会工作服务供给与青少年实际需求的有效对接。发挥社会工作的专业性特点，用专业价值创新服务理念，用专业理论深化服务内涵，用专业方法提升服务水平。

（3）坚持机制创新，做好政策衔接。

整合各类政策资源，充分发挥政府购买服务对加快培养从事青少年社会工作服务的专业人才队伍的导向性和扶持性作用。支持各地立足实际，积极探索，强化政策衔接，不断创新政府购买青少年社会工作服务的体制机制。

（4）坚持履行责任，正确引领方向。

通过政府购买服务，进一步发挥共青团的桥梁纽带作用，将加强对青年社会组织的孵化培育和监督管理，支持青年社会组织立足自身优势积极参与政府购买服务，引导青年社会组织沿着正确方向发展，在国家治理体系和治理能力现代化进程中更好地发挥作用。

第三节　共青团组织购买社会工作服务的实践

共青团组织购买社会工作服务包括共青团组织的概念与社会职能、共青团组织购买社会工作服务的概念与依据、共青团组织购买社会工作服务的模式与特征。

一、共青团组织的概念与社会职能

1. 共青团组织的概念

"中国共产主义青年团是中国共产党领导的先进青年的群众组织,是中国共产党联系青年群众的桥梁和纽带,也是中国共产党的助手和后备军。""党的十二大正式将中国共青团是中国共产党的助手和后备军写入《党章》",由此得出共青团是代表青少年利益的群众组织,不是单纯的民间组织,具有浓厚的政治化和意识形态化取向。参与青少年管理事务,无论是在顶层政策设计还是实践操作中,共青团组织成为中国唯一的以青少年事务管理为核心工作内容的准政府部门。

2. 共青团组织的社会职能

根据《中国共产主义青年团章程》,共青团的社会职能主要为三个方面:发挥好党的助手和后备军作用,引导青年坚定信念成长成才;发挥好国家政权的重要社会支柱作用,积极协助政府管理好青年事务;发挥好党和政府联系青年群众的桥梁和纽带作用,依法代表和维护青少年的具体利益,简言之即组织青年、引导青年、服务青年、维护青少年权益四项基本职能。从政府的根本职能角度讲,青少年事务的基本价值是满足青少年的福利需求,涉及青少年成长成才的各个方面。为完成这部分职能,共青团中央设置有城市青年工作部、农村青年工作部、学校部、少年部、维护青少年权益部等全方位服务青少年工作的部门,各级地方共青团组织也设置相应部门或岗位履行职能。共青团组织购买社工服务的研究属于共青团协助政府管理青少年事务的职能范畴,共青团组织购买社工服务旨在利用专业化、职业化的队伍更好地为青少年服务,也是引导社会组织参与政府管理、承担公共服务职能的有效途径。

二、共青团组织购买社工服务的概念与依据

1. 共青团组织购买社工服务的概念

中国共产主义青年团第十七次全国代表大会论及共青团组织购买社工服务，首先明确政府向社会组织购买公共服务这一概念，王浦劬认为，"政府向社会组织购买公共服务是指政府将原来直接提供的公共服务事项，通过直接拨款或公开招标方式，交给有资质的社会服务机构来完成，最后根据择定者或者中标者所提供的公共服务的数量和质量，来支付服务费用"，这其中便涉及购买方、服务方、标的物和购买资金四个核心要素。

购买方为共青团组织，在共青团组织购买社工服务中的服务方是有资质的民办社会工作服务机构。民办社工机构以专业社工人才为主体，坚持"助人自助"宗旨，遵循社会工作专业伦理规范，综合运用社会工作专业知识、方法和技能。共青团组织购买社会工作服务的标的物（内容）为与青少年相关的学业辅导、生活辅导、就业服务、心理咨询、休闲服务与矫治服务等，通过个案工作、社会团体工作及社区工作的方式开展服务。共青团组织购买社会工作服务的资金来源于政府公共财政资金，根据购买模式的不同，分为政府拨付专项工作经费给共青团组织，让其作为购买主体运作购买社会工作服务工作，或者政府委托共青团组织购买社会工作服务，所需资金由政府直接向社会工作组织拨付。

2. 共青团组织购买社会工作服务的依据

共青团组织购买社会工作服务的依据主要是对共青团组织购买社会工作服务的动因与主体资格进行界定，在社会主义市场经济条件下形成的青少年社会需求与政府管理方式之间的这一矛盾，把提高政府的社会治理能力、提高社会服务质量和效率提上了日程，成为政府探索新的公共服务供给途径、采用购买社会组织公共服务机制的内在动机。共青团组织作为承担政府青少年事务管理职能的组织，也面临着提高社会治理能力、提高社会服务质量和效率的任务，实践中

共青团组织面对日益多元化的青少年需求,呈现出的资源匮乏、专业性程度低、供给效率低下等问题也为共青团组织购买社会工作服务提供了现实动因。

共青团组织购买社会工作服务主体资格的合法性来源于两个方面:其一是基于政府的委托,某一级人民政府提供资金,委托同级共青团组织向有资质的社会工作组织购买服务,以满足该区域内青少年事务管理的需要。其二是根据国务院的指导意见,将共青团组织作为政府购买公共服务的独立主体,通过直接拨款或公开招标的方式向有资质的社工组织购买青少年事务管理需要的公共服务。

三、共青团组织购买社会工作服务的经验模式

深圳市"社工+义工"购买社会工作服务模式、上海市多部门协作购买司法社会工作服务模式对共青团组织购买社会工作服务提供了借鉴。

1. 深圳市"社工+义工"购买社会工作服务模式

2007 年深圳市建立"社工+义工"联动模式,这一模式对共青团组织购买社会工作服务具有较多的借鉴意义。

(1) 全方位完善规则体系。

深圳市"社工+义工"政府购买社会工作服务模式由政府主导,在社会工作管理方面,2007 年深圳出台购买社会工作服务"1+7"文件,设定购买服务的操作指引,对购买方式、购买内容、监督评估方式都进行了详细界定,其中对社会工作日常管理、资格认证和薪酬体系都做出了明确规定。购买内容分为岗位购买和项目购买,先在公共服务对象较集中的领域实施岗位购买,以岗位购买促进项目购买,全方位提供社会工作服务。建立市区两级财政保障机制,区级财政主要承担购买费用,市级财政以专项经费的形式进行补贴。监督评估注重规范化,专门制订了关于政府购买社会工作服务的监管和评估办法,通过工作动态汇报监督、财务审计、综合绩效评估和自评等方面进行。在义工管理方面,2005 年《深圳市义工服务条例》出台,2007 年"义工服务市长奖"开始评选,2013 年《深圳市人才

引进志愿者(义工)服务记录认定办法》颁布,专业化、法制化的管理促进义工队伍的健康发展,为"社工＋义工"模式提供制度支撑,促进长效机制建立。

(2) 市场化培育社会组织。

2008 年市委市政府颁发《关于进一步发展和规范我市社会组织的意见》,创新社会组织登记管理制度,简化审批程序,使深圳社会工作组织蓬勃发展。2012 年深圳市委市政府出台《关于进一步推进社会组织改革发展的意见》,从数量、质量、公信力和社会功能等方面推进社会组织发展,全力推动社会组织成为政府合作伙伴,承担政府转移、委托、授权的职能。政府政策配套建设催生出良好的市场竞争环境,深圳市购买社会工作服务实行"竞争性购买"模式,政府出资购买项目和岗位,具有资质的民间社工组织采用市场化的招投标程序承接政府购买工作,评估工作也由政府主管部门、社会工作协会、接受单位、香港督导和机构社工共同进行。

(3) 奠定社会支持系统。

深圳将志愿者称为"义工",1989 年起步、1990 年由共青团深圳市委发起成立深圳市义工联,市义工联在团市委的指导下,依托市、区、街道、社区四级义工服务网络,深入挖掘社区资源,实现社区有效自治。2011 年 12 月,市委市政府在《关于建设"志愿之城"的决定(征求意见稿)》中提出,2015 年全市志愿者人数达到常住人口的 10％的量化指标,截至目前,深圳市志愿者数量已达 127 万人。二十多年的志愿工作积累使志愿服务理念深入深圳人心,社会各界逐步理解、认同、支持、参与志愿服务,为深圳建设"志愿之城"打下坚实基础,志愿之城培育的社会资源为"社工＋义工"联动模式奠定良好社会支持系统。

2. 上海市多部门协作购买司法社会工作服务的实践模式

2003 年 8 月,上海市采用政府购买服务的模式,以上海市阳光社区青少年事务中心(以下简称"中心")这一非营利组织为依托建立起专业化、职业化的预防和减少犯罪的工作体系。中心承担政府委托的社区青少年教育、管理和服务事项,为社区失学、失管青少年提供帮扶,负责指导、管理和调配全市青少年事务社会工作,帮助其参加资格考试、职业培训等。

(1) 政府主导多部门协作机制。

市政法委、市综治委在市委指导下构建预防和减少犯罪工作体系,团市委下设社区青少年事务办公室,通过购买服务、政策支持、舆论营造和对社团的考核评估等行使政府职能,具体指导中心提供政府购买的服务。上海市社区青少年事务办公室呈现三级结构,中心也相应呈现三级结构,政法系统、共青团系统相互协作,共同指导和配合阳光社区青少年事务中心的工作。除了直接参与管理青少年事务工作的政法和共青团系统外,各级政府部门均参与协作,各级政府为中心提供工作场地、办公设备并在必要时做好协调工作,相关政府职能部门也密切配合中心工作,例如教育部门提供每年度未能升学的青少年名单,人社部门提供掌握的失业青少年名单,公安部门及时掌握社区青少年犯罪行为并及时申请社工援助,社区居委会协作社会工作者就服务对象的家庭进行了解。

(2) 中心专业化内部管理机制。

中心实行董事会领导下的总干事负责制,社会工作专业的专家、青少年工作者和社区工作人员组成董事会,在内部管理上实行总干事与职能干事分工责任制。与政府互动方面,中心、社会工作站、片、点与区县工作站定向联系,分层管理;在筹资方面,政府出资与灵活筹资相结合,广泛开展企业、机构、基金会合作项目;在社会工作者招聘管理方面,采取公开向社会招聘择优录取的方式选定人员,在社会工作者站点中实行站长选举与任命相结合的人才使用机制;在社会工作者培养方面,除了支持社会工作者参加社会工作职业资格认证与注册等职业资格外,还通过培训、考察交流等进行经常性的专业培训机制,更重要的是建立了以职业晋阶考核奖惩为主体的长效的职业发展机制,对社会工作者形成长效激励。同时也建立起社会工作专业工作督导机制,专家督导对考核办法、实施细则和执行手册等进行评估。

(3) 中心主动承担政府职能。

以宣传工作和志愿者工作为主体建立社区融入机制,通过"阳光地带"这一网络平台拓展交流渠道。中心制定了志愿者管理办法和守则,以帮助社会工作者在社区中动员居民广泛参与社区青少年工作,并为具体工作的开展提供流程上和方法上的规范。此外,中心时刻把握政府核心工作,在"上海市阳光社区青少年事务中心"官网上设置就学、就业、生活、互动四个与青少年息息相关的板块,同时承担政府对青少年的关爱工作,如积极参与关爱留守儿童的"冬日暖阳"项目,与房地产公司合作,在建筑工地建设书屋,丰富农民工子女的生活等。

§思考和练习

1. 简述社会工作机构的特点。
2. 青少年社会工作的服务流程是怎样的?
3. 简述青少年社会工作服务的基本原则。

§小组讨论

1. 查阅并讨论中国民办社会工作专业机构的发展状况,并提交相关报告。
2. 查阅并讨论中国青少年社会工作服务的主要内容,如何全面理解预防与发展、问题与干预、政策与倡导的青少年社会工作?

第三章　青少年社会工作相关理论

　　通过青少年社会工作相关理论的学习,明确青少年时期身心发展的特点和规律,了解影响青少年社会化发展的社会环境因素以及重要的心理发展理论,为青少年社会工作服务奠定基础。在心理学、社会学等基础课程中涉及很多青少年发展的相关理论,本章侧重选取实务取向的理论与观点进行阐述。

本章要点

■ 以心理学为基础的相关理论主要包括精神分析理论、行为主义理论、人本主义理论、社会认知理论。

■ 以社会学为基础的相关理论主要包括结构功能主义理论、社会冲突理论、符号互动理论。

■ 社会工作实务相关理论主要包括优势视角理论、生态系统理论、社会支持网络理论、增能理论。

第一节　以心理学为基础的相关理论

一、精神分析理论

从总的倾向来看,精神分析是一种描述人的内部各种力量矛盾运动的心理学说。对立、冲突概念贯穿于这个学说的各个部分。最基本的对立大概是人在本质上的二元属性的对立,即作为生物学的人与社会性的人的对立。在弗洛伊德理论中,这种对立冲突是意识—无意识分立、人格发展、神经症形成的根本原因。

1. 弗洛伊德理论的内容

从基本理论体系看,弗洛伊德理论的骨干部分包括意识—无意识划分理论、人格结构理论、人格发展理论和自我防御机制等。

(1) 意识—无意识划分理论。

人的心理活动有些是能够自己觉察到的,假如现在我们把注意力集中在自己的内心活动上,便会发觉心头不断地流过一个个观念、意向、情感。弗洛伊德把这些能够被自己意识到的心理活动叫作意识。人们可能不那么熟悉无意识心理活动,因为无意识的基本特点就是不易被我们觉察到。发现无意识的心理现象是弗洛伊德的一个主要贡献。根据他的看法,"无意识"这个术语有两重含义:一是描述性的,指一些潜伏的、无法被觉察的思想或观念;二是指无意识领域中的这些观念、欲望的动态活动。弗洛伊德更重视的是后者。无意识无法直接观察,只能从行为来推断。了解无意识的途径有:遗忘、口误、笔误、梦、意外等。无意识往往包含着与人的本能欲望、非道德的冲动相联系的观念或经验,因而受到压制,不被允许自由进入意识。这意味着在意识的入口有一道检查机制,弗洛伊德在早期把这种检查机制叫作检察员,后期发展出人格的自我、本我、超我结构后,这种检查结构就由超我代替了。无意识虽然不能为人所觉察,但却对人的行为有极重要的影响。

（2）人格结构理论。

弗洛伊德的人格理论是一种结构、内容、运行三位一体的人格理论。他把人格分为本我、超我和自我三个部分，每一部分都有相应的心理反应内容和功能，三部分又始终处于冲突—协调的矛盾运动之中。自我要协调本我、超我以及现实之间的张力，使三个部分尽量统一平衡，当三个部分协调一致时，个体的人格结构就处于一种健康的状态中。弗洛伊德认为可以通过改变人格三部分的结构来改变人格，从而改变整个人。

（3）人格发展理论。

弗洛伊德认为，人格三部分处于冲突与平衡的动态过程中，本我所代表的无意识冲突主要是性需要的满足，这种满足是通过身体的某一部位或者区域的快感来实现的，而这个区域在个体发展的不同时期是不同的，这就是人格和心理发展阶段理论。他把人格的发展分为五个阶段：口唇期、肛门期、前生殖器期、潜伏期和青春期。

（4）心理防御机制。

在人格发展过程中，本我和外界现实之间，本我和超我、自我之间，会经常出现矛盾冲突。这时人就会感到焦虑，这些矛盾焦点的汇聚点集中于自我。焦虑是自我的焦虑。自我必须不断地协调、解决矛盾冲突才能降低焦虑。自我在协调解决矛盾的过程中会逐渐发展出一些技巧、手法，更准确地说是一些习惯性的反应方式，主要有压抑、升华、固着、投射、置换、合理化(酸葡萄效应)等。这些手法、技巧都具有某种心理保护的功能，因此被称为自我的心理保护机制，也叫心理防御机制。

2.精神分析对青少年社会工作的指导意义

精神分析理论从一个全面的理论视角向我们揭示了个体发展各个阶段的思想波动和行为表现，对于我们了解掌握青少年人格系统和内在心理特征有着重要的作用。

首先，无意识理论告诉我们青少年在各项社会化内容内化过程中产生的诸多矛盾和冲突并不都会以相应的外在形式表现出来，而常常是以一种无意识的形式在个人的心理层面发生作用，在矛盾激化到一定程度时才会以种种外在的形式表现出来。因此，青少年社会工作者就要帮助青少年发现他们种种异常行为的内在的、深层次的、心理层面的原因，让他们对自己有一个深入的了解，从而促进问题的有效解决。

其次，人格结构理论要求我们平衡自我、本我和超我之间的力量冲突，帮助青少年形成正确的自我意识，尤其是对于那些有明显问题倾向的部分青少年，更要从其个人的心理层面发挥超我的力量来牵制本我的种种过激反应，进而达到自我的平衡状态，消除青少年种种不正常的现象。

再次，弗洛伊德的人格发展阶段理论强调的是在不同阶段欲望的满足及每个阶段的发展不充分对整个人格发展的后续影响。所以，对于一些在现阶段出现问题的青少年，我们不仅要从他现在所处的环境和状态中寻找原因，更为重要的是寻找前期的原因，也就是由于在个人人格发展的某一阶段所遇到的挫折而导致的问题的延续。关注早期生活经验的满足状况，以此分析对日后人格发展的影响。

最后，心理防御机制是青少年应对日常问题和排解内心矛盾的一种有效方法，它对于青少年缓解各种成长压力、保护自身心理健康有着极为积极的作用。但是应该引起注意的就是对这些机制运用的度的问题，比如压抑机制，如果过分压抑就转化成了自卑、消沉、抑郁等心理障碍。因此，社会工作者要对青少年进行正确的引导，以发挥心理防御的最大积极作用。

弗洛伊德的精神分析理论为青少年问题的解决提供了一个独特的视角和理论依据。青少年社会工作者有必要了解这个理论的一些基本假设和内容，更好地帮助青少年处理好发展中遇到的各种问题。

二、行为主义理论

与心理分析理论不同，行为主义心理学不强调人的内在的本能或者心理成长过程,而是强调外在条件,注重外在的环境因素对于人格的影响。行为主义强调心理研究的科学性,认为心理研究只能通过客观的、可重复的量化的精确说明来保证。心理学不可能去测量人的心理活动,只能对那些外观的行为进行控制研究,通过在实验室采用观察和实验的方法,定性地描述环境中发出的刺激与行为变化之间的关系。

1. 行为主义理论的内容

行为主义自 1913 年由约翰·华生创立以来,在心理学界产生了重大影响,形成了以华生、斯金纳、班杜拉等为代表的行为主义理论流派。

(1) 华生的行为主义心理发展理论。

美国心理学家华生是行为主义的创始人,他认为人类心理的本质是行为,心理、意识都被归结为行为。他在心理发展问题上的主要观点就是环境决定论。这种环境决定论主要体现在以下方面。

第一,否认遗传的作用。否认行为的遗传是华生的环境决定论的基本观点之一,他明确地指出:"在心理学中再不需要本能的概念了。"华生否认行为的遗传作用的理由有三个:首先,行为发生的公式是刺激—反应。从刺激可预测反应,从反应可预测刺激。行为的反应是由刺激所引起的,刺激来自客观而不是决定于遗传,因此行为不可能取决于遗传。其次,生理构造上的遗传作用并不导致机能上的遗传作用。华生承认机体在构造上的差异来自遗传,但他认为,构造上的遗传并不能证明机能上的遗传。由遗传而来的构造,其未来的形式如何,要由所处的环境决定。最后,华生的心理学以控制行为作为研究目的,而遗传是不能控制的,所以遗传的作用越小,控制行为的可能性则越大。因此,华生否认了行为的遗传作用。

第二,夸大环境和教育的作用。华生从刺激—反应的公式出发,认为环境和教育是行为发展的唯一条件。首先,华生提出了一个重要的推断,即构造上的差异及幼年时期训练上的差异足以说明后来行为上的差异。其次,华生提出了教育万能论。华生从行为主义的控制行为的目的出发,提出了他闻名于世的一个论断:"请给我十个强健而没有缺陷的婴儿,让我放在我自己之特殊的教育环境之中教养,那么,我可以担保,在这十个婴儿中,我随便选一个来,便可以训练其成为任何专家——无论他的能力、嗜好、趋向、才能、职业及种族是怎样,我都能够任意训练他成为一个医生,或一个律师,或一个艺术家,或一个商界首领,或可以训练他成为一个乞丐或窃贼。"最后,华生的学习理论。华生的学习观点的基础是条件反射。他认为条件反射是整个习得所形成的单位。学习的决定条件是外部刺激,外部刺激是可以控制的,所以不管多么复杂的行为,都可以通过控制外部刺激而形成。这学习规律完全适合于行为主义预测和控制行为的目的,所以华生十分重视学习。华生的学习观点为其教育万能论提供了论证。

(2)斯金纳的行为主义发展心理学研究理论。

在斯金纳的理论体系中,与华生的刺激—反应心理学的不同点,在于他区分出应答性和操作性行为。华生的 S—R 心理学认为,发生反应而指不出其刺激时也假定有刺激物的存在,只要实验者想出办法就能找出这些刺激。斯金纳把这种行为反应称作应答性行为,而在发生时看不到刺激的行为称作操作性行为。其心理发展理论主要体现在行为的强化控制原理。斯金纳的操作性条件反射强调塑造、强化与消退、及时强化等原则。

首先,在斯金纳看来,强化作用是塑造行为的基础。他认为,只要了解强化效应和操作好强化技术,就能控制行为反应,就能随意塑造出一个教育者所期望的儿童的行为,儿童偶然做了什么动作而得到了教育者的强化,这个动作后来出现的概率就会大于其他动作,强化的次数加多,概率随之加大,这便导致了人的操作行为的建立。行为是由伴随它的强化刺激所控制的。

其次,强化在行为发展过程中起着重要的作用,行为不强化就会消退,即得不到强化的行为是易于消退的。依斯金纳的看法,人们之所以要做某事,"就是想得到他人的注意"。要使青少年的不良行为消退,可在这些行为发生的时候不予理睬,排除对他的注意。在青少年行为形成的过程中,是否得到外部刺激的强化是他们衡量自己的行为是否妥当的主要标准,练习的本身不会影响到行为反应的速率。练习在青少年行为的形成中之所以重要,是因为提供了重复强化的机会。只练习不强化,不会巩固和发展起一种行为。

最后,斯金纳强调及时强化,他认为强化不及时是不利于人的行为发展的。教育者及监护人要及时强化希望在青少年身上看到的行为。

依照斯金纳的观点,强化作用可分为积极强化作用和消极强化作用两大类。尽管分类不同,但其作用的效果都是增进反应的概率。所谓积极强化作用,是由于一种刺激的加入而增进了一个操作反应发生的概率的作用,这种作用是经常的。所谓消极强化作用,是由于一种刺激的排除而加强了某一操作反应的概率的作用。斯金纳建议以消退取代惩罚的方法,提倡强化的积极作用。

(3) 班杜拉的社会学习理论。

与华生和斯金纳一味强调环境的强化作用和教育万能论不同的是,在斯金纳的社会学习理论中更加突出了人的主观能动作用,强调任何环境的相互作用。

班杜拉的社会学习理论从人的社会性角度研究学习问题,强调观察学习,认为人的行为的变化,既不是由个人的内在因素,也不是由外在的环境因素单独决定的,而是由两者相互作用的结果所决定,认为人通过其行为创造环境条件并产生经验(个人的内在因素),被创造的环境条件和作为个人内在因素的经验又反过来影响以后的行为等。这无疑在相当程度上反映了人类学习的特点,揭示了人类学习的过程(详见社会认知理论部分)。

2. 行为主义对青少年社会工作的指导意义

行为主义非常重视环境对人的塑造作用,在社会工作的指导理念中,也相应地有"人在情境中"这么一条重要观点。因此,在青少年社会工作方面,行为主义的主要观点就是认为青少年的发展是由他们所生活的具体的外部环境决定的,什么样的环境就会培养出什么样的人,什么样的环境就会产生什么样的行为。环境对于青少年的发展具有超过其他因素的决定作用。

影响青少年发展的外部世界是极为复杂的,青少年经常接触的周边环境也是多种多样的,比如有家庭环境、学校环境、社区环境、媒体环境、政策环境等,作为青少年社会工作者,我们的主要任务就是帮助青少年营造一个健康的周边环境,最大限度地发挥外部环境的正强化功能,培养青少年的亲社会行为。同时又要加强对青少年的引导,以减轻或消除环境中的负面因素所产生的不利影响。

此外,社会学习理论还突出强调了学习在青少年发展中的重要理论意义。青少年的发展过程正是一个不断学习社会文化、知识、技能、规范和价值观的过程,通过观察和外部环境对行为的刺激以及对这个行为的强化,就可以改变行为。这样,对于一些发展过程中出现了问题的青少年,只要分析他们的问题行为的形成过程和强化方式,就可以找到问题所在,通过纠正不良行为的强化方式,就可以重新建立起新的行为模式。一切行为都是通过学习得来的,这样,一切不良行为也都可以通过学习正确的行为来改变。

三、人本主义理论

人本主义理论于 20 世纪 50—60 年代在美国兴起,由于它既反对行为主义不理解人的内在本行而只研究人的行为,又批评弗洛伊德不考察正常人的心理而只研究神经症和精神病人,所以人本主义在 70—80 年代得到迅速发展,主要代表人物有马斯洛和罗杰斯。

1. 人本主义理论的内容

(1) 马斯洛的人本主义理论。

马斯洛是人本主义理论的创始人,他分析了人的基本需要,提出人的需要是分层次发展的,按照追求目标和满足对象的不同,可以把人的各种需要从低到高安排在一个层次序列的系统中。马斯洛的人本主义理论称为自我实现理论。

马斯洛认为人有五种基本需要,即生理需要、安全需要、归属和爱的需要、尊重需要和自我实现的需要。其中,最低级的需要是生理需要,这是人所感到要优先满足的需要,也是一种随生物进化阶梯的上升而逐渐变弱的本能需求。当基本的生理需要已经得到满足,较高一级的需要会随之出现,这就是安全需要。如寻找一份对未来有保障的工作,在银行开设储蓄账户以及购买住宅等体现出人们对安全的心理需要。当这两个层次的需要得到满足之后,归属和爱的需要就成为人的强烈需要,如需要朋友、爱人和孩子,渴望在团体中与同事有深厚的友谊等。在这之后,又会产生尊重的需要,这种尊重的需要可以分为两类:一是自我尊重,即希望自己有实力、有成就、能胜任、有信心以及要求独立和自由;二是被他人或社会尊重,即渴望自己有名誉或威信,并得到社会的较高评价和承认,因此如果这种尊重的需要能够得到满足,人就会感受到价值、自信和能力,反之则会产生自卑感、软弱感、无能感或保护性的反抗。最后,如果前面的需要都得到了满足,那么,自我实现的需要就成为驱使人活动的动机,这是一种最高层次的需要,是追求实现自我理想的需要,需要做一些自己认为有意义和有价值的事情。

只有低级需要基本得到满足之后才会出现高一级的需要,只有所有的需要相继得到满足之后才会出现自我实现的需要。一种需要一旦在相当程度上得到满足,其对个体所具有的重要性就开始不断减弱,但这种需要仍然存在于个体自身之中。这也就是说,在任何时候,影响人的行为的都不只是一种需要,而是多种需要,追求高一级需要满足的同时保持着低一级的需要。

可见,马斯洛的人本主义看到了人的需要的发展,在一定程度上符合人类需要和个体需要的发展的事实及其一般规律性,他强调人的尊严、价值、创造力和自我实现也是具有积极意义的。但是,他的人本主义理论将人的本性的自我实现归结为人的生物性潜能的发挥,是有局限性的。生物性潜能具有类似本能的性质,如果将人的本性的自我实现归结为人的生物性潜能的发挥,就忽视了环境因素对人的需要的制约,因为人的需要是与满足需要的手段以及人的现实生活条件同时发展起来的。

(2)罗杰斯的人本主义理论。

罗杰斯也是人本主义理论有影响的代表人物,他在心理治疗实践和心理学理论研究中,首创了患者中心疗法。他的人本主义理论称为人格的自我理论。

在罗杰斯看来,人类有一种天生的自我实现的动机,所有别的动机(从人类最基本的觅食活动到最崇高的艺术创造)都是自我实现的不同表现形式。他认为,这种自我实现的动机可以解释个体的一切行为,因为自我实现的动机是一个人发展、扩充和成熟的动力,是一个人最大限度地实现自身各种潜能的动力。罗杰斯说,一个人根据自己对外部世界的认识而力求自我实现的行为表现,就是人格。由此,人在环境交互作用中所知觉到的自我,就是人格结构。他将人格中的自我理解为个人对自己的了解和看法,其中主要包括"我是什么样的人"和"我能做什么",同时将理想自我理解为个人所愿意成为的自我,而理想自我与真实自我愈接近,个人就愈感到幸福和满足,反之,就会感到不愉快和不满足。

罗杰斯于1940年首创了患者中心疗法,这种疗法鼓励患有心理疾病的人自己叙述问题、认识问题和解决问题,治疗者则平等地对待患者,他们不对患者进行解释和评价,而只是适当地重复患者的话,帮助其澄清思路,接受现实,逐渐克服理想自我与现实自我之间的矛盾,达到自我治疗的效果。与人格的自我理论相贯通,这种以人为中心的疗法充分体现了罗杰斯对人性的肯定,也是其人本主义思想的具体体现。

罗杰斯的人本主义理论认为,行为主义没有抓住人类独有的那些东西,即人的高度主观的品质和能力,将外界行为作为唯一的研究目标,这就必然会使人失去人性。事实上,人的心理和人的本质具有一致性,主张从人的本性出发去研究人的心理。在人的本质的形成过程中,人是他自身发展的主人,追求自我的实现是人类行为根本的东西。因此,罗杰斯的人本主义理论弘扬了人的心理的主体性,这是有积极意义的。同样,罗杰斯的人本主义理论也存在局限性,他将人的自我实现的动力归结为人的内在自发力量,这样,心理成了既有东西的自我展开,实际上脱离了现实世界以及人的现实性和社会性,又成为神秘的东西了。

2. 人本主义对青少年社会工作的指导意义

人本主义强调人的"自我实现",自我实现是人的一种先天的倾向,是一种基本的驱力,是一种建设性的力量,是发动人的积极行为来追求人的不断的自我完善。青少年时期的发展任务就是合理利用这种力量,调试好由于各种行为偏差而产生的对自己不断实现自己的需要的消极影响。

青少年时期,各种需要层次很不稳定,高层次需要是不断发展的,很多成长问题都源自各种需要的变化与满足。我们可以用马斯洛的需要层次理论去解释和揭示青少年各种行为的内因。在具体工作中,满足或主动迎合一些必要的需求,引导青少年向需要的正确方向发展,就会促进青少年的健康成长,实现青少年社会工作的目标。

此外,罗杰斯还发明了"患者中心疗法",在个案工作中也称为人本治疗模式。对于青少年期的许多问题,社会工作者都可以运用这一工作模式,通过让案主主动倾诉自己的问题,敏锐捕捉求助者的内心变化,了解求助者真实自我和理想自我的矛盾,发现案主问题产生的主要内因,消除求助者的内心冲突,使求助者形成协调统一的自我概念,理顺青少年自身发展的思路,实现青少年尤其是心理和自我意识层面上的发展。

四、社会认知理论

社会认知理论是 20 世纪 70 年代末美国心理学家班杜拉的教育理论,90 年代得到迅猛发展。该理论在传统的行为主义人格理论中加入了认知成分,形成了社会认知理论。

1. 社会认知理论的主要内容

(1) 三元交互决定论。

行为到底是由外部力量决定的还是由内部力量决定的,长期以来存在两种决定论:个人决定论和环境决定论。个人决定论强调人的内部心理因素对行为的调节和控制,环境决定论强调外部环境因素对行为的控制,美国心理学家班杜拉在批判前人的基础上提出自己的理论,他的理论在于探讨环境、人及其行为之间的动态的相互决定关系。将环境因素、行为、人的因素三者看作相互独立,同时又相互作用从而相互决定的理论实体。其中,个人的主体因素包括行为主体的生理反应能力、认知能力等身心机能。所谓交互决定,是指环境、行为、人三者之间互为因果,每二者之间都具有双向的互动和决定关系。在三元交互决定论中,一方面,人的主体因素如信念、动机等往往强有力地支配并引导其行为,行为及其结果反过来又影响并最终决定思维的内容与形式以及行为主体的情绪反应;另一方面,个体可以通过自己的主体特征如性格、社会角色等引起或激活不同的环境反应;再者,行为作为人与环境之间的中介,是人用以改变环境,使之适合人的需要而达到生存的目的并改善人与环境之间的适应关系的手段,而它不仅受人的需要支配,同时也受环境的现实条件的制约。

（2）观察学习。

班杜拉认为,观察学习,亦称替代学习,是指一个人通过观察他人的行为及其强化结果习得某些新的反应,或使他(她)已经具有的某种行为反应特征得到矫正。他(她)按信息加工的模式对观察学习进行了分析,认为观察学习是由四个相互关联的子过程组成的,即注意过程、保持过程、产出过程、动机过程。注意过程指的是在观察时将心理资源开通的过程,它决定着观察者选择什么样的示范原型。第二个过程是对示范活动的保持,要对示范活动进行保持就必须以符号的形式把它表象化,从而保留在记忆中。观察学习主要依存于两个系统——表象系统和言语编码系统,其中,言语编码较之视觉表象在观察学习时更具有确实性。第三个过程是产出过程,也就是把符号表象转换成物理形式的外显行为的过程。最后一个过程——动机过程,是指观察者在特定的情境条件下由于某种诱因的作用而表现示范行为的过程。总之,观察学习只有在这四个过程都完成的基础上才能实现。

（3）自我效能。

自我效能感是个体对自己与环境发生相互作用效验性的一种自我判断,自我效能感强的人能对新的问题产生兴趣并全力投入其中,能不断努力去战胜困难,而且在这个过程中,自我效能也将会不断得到强化与提高。相反,自我效能感差的人总是怀疑自己什么都做不好,遇到困难时一味畏缩和逃避。

自我效能感的形成受多方面因素的影响,这些影响其发展的因素被称为自我效能信息,班杜拉认为,人们对于自己的才智和能力的自我效能信念主要是通过亲历的掌握性经验、替代性经验、言语说服、生理和情绪状态这四种信息源提供的效能信息而建立的。第一,亲历的成败经验。亲历的成败经验是指个体通过自己的亲身行为所获得的关于自身能力的直接经验,亲历的成败经验对自我效能感的形成影响最大。因为由自己的经历得到的关于自身的认识最可靠,成功的经验可以提高自我效能感,使个体对自己的能力充满信心。反之,多次的失败会降低对自己能力的评估,使人丧失信心。另外,自我效能感的形成在某种程度上受制于个体对自我形成行为表现成败的各个因素(如任务的难度、个人的努力程度、外界援助的多寡等)的权衡。第二,替代性经验。替代性经验是指通过观察他人的行为和结果,获得关于自我可能性的认识。替代性经验对自我效能感的形成非常重要。当一个人看到与自己水平差不多的人获得成功时,能够提高其自我效能判断,增强自信心,确信自己有能力完成相似的行为操作。相反,当看到与自己能力不相上下的人,虽然付出了很大的努力,仍遭失败时,他(她)就会降低自我效能感。第三,言语说服。影响自我效能感的另一个信息源是他人的鼓励、评价、建议、劝告等。言语说服是进一步加强人们认为自己拥有的能力信念的手段。尤其是当个体在努力克服困难时,如果外界有人表达了对他(她)的信任或积极的评价,会较容易增强其自我效能。第四,情绪与生理的影响。一个人的情绪状态与生理状态有时也会影响自我效能感的水平。比如生理上的疲劳、疼痛和强烈的情绪反应容易影响个体对自我能力的判断,降低自我效能感。

2. 社会认知理论对青少年社会工作的指导意义

社会认知理论非常重视环境、行为、人三者之间的交互作用,强调观察学习和自我效能的价值。因此,在帮助服务过程中,尊重个人的自决意识和自主信念,通过积极而主动的行为和正向的思考实现自我效能的调试,强调服务对象的自助与自决尤其重要。服务对象的问题可能产生于自我效能不足而形成错误的认识与判断,而无法产生正向行为和正常运作功能的情绪,帮助服务对象尤其是青少年群体对象获得对于世界的正确认知及理性思考的能力具有重要的意义。

（1）通过熟练掌握与成功体验来提高自我效能。俗话说"熟能生巧",信心是建立在成功的基础上的,提高自我效能最可靠的方法,就是在完成某项任务的过程中,去做自己最擅长做的事情,通过反复体验成功提高自我效能感。

（2）通过替代学习和模仿来提高自我效能。通过认知过程,即通过观察他人成功和失败的经历,人们也可以增强自己的信心。虽然直接体验比替代学习和模仿更有效,但是,观察性的体验可以让个体认识他人的成功和失误,并从中学习,进而有选择地模仿他们的成功行为,即"如果他们能做到,我也能做到",从而提高自我效能。

（3）通过社会说服和积极反馈来提高自我效能。仅仅是听到别人对你的赞同和对你进步的积极反馈,你就会把自我怀疑转变为自我效能。事实上,科学研究已经证明,运用积极反馈和社会认可能够提高自我效能,有时甚至超过了物质奖励和其他激励技巧所带来的影响。

（4）通过改善身心健康状况来提高自我效能。身心健康状况与自我效能的关系虽然没有上面三个方面那么紧密,但同样会对自我效能产生影响。例如,积极的心理状态能激发观察、自我调节、自我反思等认知加工过程,这些加工能增强他们的个人控制感和信心;相反,消极的心理状态往往让人感到绝望、无助和悲观,进而导致自我怀疑和效能降低。身体健康与自我效能的关系也同样如此。良好的健康状况对一个人的认知和情绪状态,包括对自我效能的信念与期望都有积极影响;相反,疾病、疲劳和身体不适则有消极影响,当一个人有严重的生理疾病时,他(她)的自我效能甚至会降低为零。

第二节　以社会学为基础的相关理论

一、结构功能主义理论

结构功能主义理论是现代西方社会学中的一个理论流派。该学派从结构与功能以及二者的相互联系出发，深入分析和广泛探讨了有关社会系统的一系列重要理论问题。结构功能理论认为，社会是具有一定结构或组织化形式的系统。构成社会的各个组成部分以其有序的方式相互关联，并对社会整体发挥相应的功能。社会整体以平衡的状态存在着，其组成部分虽然会发生变化，但经过自我调节整合，仍会趋于新的平衡。

1. 孔德和斯宾塞"社会与生物有机体相似"的功能主义基本原则

社会与生物有机体在许多方面是相似的。第一，社会与生物有机体一样都具有结构。一个动物由细胞、组织和器官构成；与其类似，一个社会由群体、阶级和社会设置构成。第二，与生物有机体一样，一个社会要想得以延续，就必须满足自身的基本需要。例如，一个社会必须要有能力从周围的环境中获得食物和自然资源，并且将它们分配给社会成员。第三，与构成生物有机体的各个部分相似，社会系统中的各个部分也需要协调地发挥作用以维持社会的良性运行。

后来的一些学者吸收了"社会与生物有机体相似"这一功能主义的基本思想，并且对其进行了提炼和补充。涂尔干常常被视为当代功能主义的奠基人。他把社会看作一个由道德价值观上的共识来规范的一种特殊的有机体。

2. 帕森斯的结构功能主义

孔德和斯宾塞之后，结构功能理论进一步在涂尔干、马林诺夫斯基等人那里得到了更为系统的阐述。从 20 世纪 40 年代开始，美国著名社会学家帕森斯为建立结构功能主义的系统性理论付出了巨大的努力，建构起一整套以结构功能分析为特征的社会理论。这使他成为结构功能分析学派的最重要领袖人物。

帕森斯认为一个社会只有满足了四个基本需求，才能发挥其功能，也就是说才能维持其秩序和稳定。所谓功能性必需（functional requisites）的四个基本需求是：目标的获得、对环境的适应、将社会不同部分整合为一个整体，以及对越轨行为的控制。在社会系统中，执行这四种功能的子系统分别为经济系统、政治系统、社会共同体系统和文化模式托管系统。这些功能在社会系统中相互联系。社会系统与其他系统之间、社会系统内的各亚系统之间，在社会互动中具有输入—输出的交换关系，而金钱、权力、影响和价值承诺则是一些交换媒介。这样的交换使社会秩序得以结构化。帕森斯尤其强调社会整合功能的满足，认为这需要社会成员接受和遵守社会的共享价值观。他认为是这些共享价值观将社会"粘"在了一起。如果过多的人拒绝接受这些价值观，社会稳定将会崩溃。

帕森斯非常强调秩序、行动和共同价值体系在社会结构中的作用。他始终认为，研究社会结构就是研究秩序问题，并且必然涉及秩序中的人的行为，而研究社会秩序和人的行为显然离不开规范行动者思想情感的价值问题，价值是构成社会秩序的条件。由此出发，帕森斯把着眼点放在了社会互动的稳定模式上。为解释这一稳定模式，帕森斯提出了"位置—角色"概念，并将其作为社会系统结构最基本的分析单位。所谓"位置"，也就是行动者在社会系统中所处的结构性方位，而"角色"则意味着社会对这一位置所具有的行为期待。在他看来，社会互动实质上也就是一系列具有不同位置—角色规定性的行动者之间的关系表现形式，而互动中的个体不管怎样变化，角色归属及其互动作为一种模式化的社会关系，则是普遍的和相对稳定的。这就意味着，只要把角色预设为行动者对某一位置的行为期待，一定的角色必定在社会结构中发挥一定的功能；同时，角色行为的规范化、制度化，必然会相应地成为社会结构稳定或均衡秩序的核心问题。

3. 默顿的经验功能主义

美国社会学家默顿进一步发展了结构功能方法，这使他成为结构功能主义的又一位重要代表人物。默顿在功能分析理论上的突出特点,是对"显功能与潜功能""正功能与负功能"作了进一步的区分,同时提出了"功能选择"概念,并强调必须高度关注社会文化事项对行动者的影响后果。

默顿认为,在功能分析上,应该注意分析社会文化事项对个人、社会群体所造成的客观后果。他提出"显功能"和"潜功能"的概念,前者指那些有意造成并可认识到的后果,后者是那些并非有意造成和不被认识到的后果。进行功能分析时,应裁定所分析的对象系统的性质与界限,因为对某个系统具有某种功能的事项,对另一系统就可能不具这样的功能。功能有正负之分,对群体的整合与内聚有贡献的是正功能,而推助群体破裂的则是负功能。默顿认为当宗教把社会成员团结在一起的时候,它就是在发挥正功能;当军队在保护一个社会免受伤害时,它也是正功能的;当一部政治机器通过提供关于政府和社会服务的信息而将外来移民整合入社会之中的时候,它同样发挥着正功能。然而,当宗教激起政治纷争时,当军队耗尽了医疗和教育机构等更紧迫的社会需求所需的资源时,当一部政治机器靠贪污和腐败为生时,它们发挥的却是负功能。

默顿主张根据功能后果的正负净权衡来考察社会文化事项。他还引入功能选择的概念,认为某个功能项目被另外的功能项目所替代或置换后,仍可满足社会的需要。社会制度或结构对行动者的行为影响是其思想主题之一。他认为,社会价值观确定了社会追求的目标,而社会规范界定了为达到目标可采用的手段。如果文化结构目标与社会结构之间发生脱节,就会出现社会失范状态,导致越轨行为。

结构功能理论为我们提供了一种可参考的社会系统分析方法或视角。该理论启发我们,研究社会系统,首先应当把它看作一个有机整体,这个有机整体有其内在的结构和组织模式,以及得以延存和发展的内在机能和特性。不同的具体社会形态或许在组织结构与功能表达上有区别,但它们在一般社会结构或组织模式上则存在着相通的和共性的方面。

二、社会冲突理论

社会冲突理论是 20 世纪 50 年代中后期形成的西方社会学流派。冲突理论强调社会生活中的冲突性并以此解释社会变迁，它以率先反对当时占主导地位的结构功能主义而著称。冲突理论产生后，在西方社会学界引起了巨大反响，它很快渗透到社会学各分支学科的经验研究中去，在政治社会学、组织社会学、种族关系、社会分层、集体行为、婚姻家庭等领域出现了大量以冲突概念为框架的论著，在当代社会学发展中产生了重大的影响。

1. 科瑟尔的冲突理论

科瑟尔在《社会冲突的功能》(1956)中最早使用了"冲突理论"这一术语。他反对帕森斯认为冲突只具有破坏作用的片面观点，力图把结构功能分析方法和社会冲突分析模式结合起来，修正和补充帕森斯理论。科瑟尔从齐美尔"冲突是一种社会结合形式"的命题出发，广泛探讨社会冲突的功能。他认为，冲突具有正功能和负功能。在一定条件下，冲突具有保证社会连续性、减少对立两极产生的可能性、防止社会系统的僵化、增强社会组织的适应性和促进社会的整合等正功能。

2. 达伦多夫的冲突理论

达伦多夫认为，社会现实有两张面孔，一张是稳定、和谐与共识，另一张是变迁、冲突和强制。社会学不仅需要一种和谐的社会模型，还需要一种冲突的社会模型。为此，社会学必须走出帕森斯所建构的均衡与和谐的"乌托邦"，建立起一般性冲突理论。在《工业社会中的阶级和阶级冲突》(1957)中，达伦多夫主要吸取了韦伯关于权威和权力的理论，以此为基础建立其阶级和冲突理论。他认为，社会组织不是寻求均衡的社会系统，而是强制性协调联合体。社会组织内部的各种不同位置具有不同量的权威和权力。社会结构中固有的这种不平等权威的分布，使社会分化为统治和被统治两大彼此对立的准群体。在一定条件下，准群体组织表现为明显的利益群体,并作为集体行动者投入公开的群体冲突,从而导致社会组织内部权威和权力的再分配,社会暂时趋于稳定与和谐。但权威的再分配同时也是新的统治和被统治角色的制度化过程。和谐中潜伏着冲突的危机,一旦时机成熟,社会成员就会重新组织起来,进入另一轮争夺权力的冲突。社会现实是冲突与和谐的循环过程,而"权力和抵制的辩证法乃是历史的推动力"。

3. 赖克斯的冲突理论

赖克斯从马克思主义的基本立场出发,反对帕森斯以价值规范为重心的秩序理论,强调物质生活手段的分配应该在建构社会模型时占据优先地位。在《社会学理论中的关键问题》(1961)中,赖克斯描述了"统治阶段的情境":统治集团支配社会生活的各个领域,并运用强制性权力迫使社会整合。在这种情形中,经济分配体系向不同群体分发一定量的物质生活资源;政治权力体系分配权力以"防范任何破坏经济分配体系的行为发生";终极价值体系确认"这种政治权力体系的合法性";宗教仪式则具有"促使人们遵从终极价值体系的功效"。他认为,这种货币→权力→价值→仪式的一体化社会结构,是为统治阶级的利益服务的。生活手段分配上的极端不平等,必然造成被统治阶级不满情绪的日益增长,促使其成员将个人利益置于群体利益之下而结成集体行动者。一旦统治和被统治阶级之间的权力对比发生变化,社会就会由"统治阶段的情境"向"革命情境"运动,最终导致统治阶级的倒台。冲突的双方即使认识到激烈的冲突会比适度的让步付出更高的代价,从而彼此做出妥协,但这种"休战情境"也是极不稳定的。冲突双方继续寻找能够满足自己单方面利益的手段,一旦找到了这种手段,权力的平衡就立即被打破,冲突随即重新取代暂时的和平。

4. 柯林斯的冲突理论

1975年,柯林斯的《冲突社会学:迈向一门说明性科学》一书出版,标志着冲突问题的研究进入了一个新的阶段。早期冲突论者只是对结构功能主义进行补充和修正,认为秩序理论和冲突理论同是有用的理论工具。柯林斯认为,社会冲突是社会生活的中心过程,仅仅提出一种补充性"冲突理论"不足以说明这一过程,必须建立一门以冲突为主题的社会学。早期冲突论者主要关注宏观社会结构问题,并把社会结构视作外在于个人的强制性力量。柯林斯则认为,社会结构是行动者的互动模式,是在行动者不断的创造和再创造中产生并得以持续的。对宏观社会结构的理解不能脱离建构这些结构的行动者。他吸取了现象学和民俗学方法论的研究成果,力图为宏观社会学奠定微观基础。与早期冲突论者注重理论和意识形态问题不同,柯林斯强调必须建立假说—演绎的命题系统,并从经验上加以验证。唯有如此,才能使冲突社会学真正成为一门说明性科学。柯林斯为冲突问题的研究打下了新的基础,标志着狭义上的"冲突理论"作为一个流派已经式微。

三、符号互动理论

符号互动论创立于 20 世纪 30 年代的美国,60—70 年代曾经盛行一时,到 21 世纪仍然是有很大影响的社会理论流派。符号互动论是芝加哥学派提出的,以斯莫尔、托马斯、杜威、库利、米德、帕克和伯吉斯等为主要代表人物,以当时社会学环境中的移民、贫困、流浪、犯罪等社会问题为关注对象进行经验研究,借鉴齐美尔等欧洲学者的社会学理论和哲学思想,树立了一系列关于社群与民主、人类传播与交往、城市生态等议题的学术典范,占据了当时美国社会学研究的主流。

符号互动论的中心观点是,人类互动是基于有意义的符号之上的一种行动过程,意义不是来自事物本身,而是来自与他人的互动。美国四位社会学家对符号互动论的形成分别做出了贡献:詹姆斯提出了"自我"概念,杜威阐述了个人与社会的密切关系问题,库利提出了"镜中我"概念,托马斯定义了"情境"。

对符号互动论的形成影响最大的是美国社会学家米德,他在 1934 年发表的《心灵、自我与社会》一书中对符号互动论思想进行了具体阐释。米德认为,人类社会生活中的表意行为往往是通过社会互动来实现的,而符号是社会生活的基础,人类只有通过符号才能实现心灵、自我与社会的互动。符号之所以能作为人类社会互动的工具,是因为人类在使用符号的过程中赋予了符号以规约性的意义。同时米德还认为,通过符号互动,不但能实现人与人之间的互动,而且人们在与他人互动的过程中将他人作为一面镜子,透过主体的我(I)与客体的我(me)形成"自我"。对符号互动论进行完备梳理与概括的是米德的学生布鲁默,他总结了符号互动论的三个基本原理:第一,我们依据我们对事物所赋予的意义而对其采取行动;第二,我们所赋予的事物的意义源于社会互动;第三,任何情况下,为了赋予某种情境以意义,而决定怎样采取行动,我们都要经历一个内在的阐释过程,即进行"自我交流"。

第三节　社会工作实务相关理论

一、优势视角理论

"优势视角"是一种关注人的内在力量和优势资源的视角。意味着应当把人们及其环境中的优势和资源作为社会工作助人过程中所关注的焦点,而非关注其问题和病理。优势视角基于这样一种信念,即个人所具备的能力及其内部资源允许他们有效地应对生活中的挑战。优势视角的核心理念是相信人们天生具有一种能力,即通过利用他们自身的自然资源来改变自身的能力。优势视角是社会工作中的一种全新的工作理念。优势视角着重于挖掘案主自身的优点,帮助案主认识其优势,从而解决案主外在或潜在的问题。

1. 优势视角理论基本假设

(1) 优势视角相信人可以改变,每个人都有尊严和价值,都应该得到尊重。

(2) 优势视角认为每个人都有自己解决问题的力量与资源,并具有在困难环境中生存下来的抗逆力。即便是处在困境中倍受压迫和折磨的个体,也具有他们自己从来都不曾知道的与生俱来的潜在优势。

（3）优势视角认为在社会工作助人实践过程中关注的焦点应该是案主个人及其所在环境中的优势和资源，而非问题和症状，改变的重要资源来自案主自身的优势，个人的经验是一种优势资源。

优势视角超越了传统的问题视角的理论范式，关注点在于案主的优势和潜能。它强调要把注意力聚焦于案主如何生活、如何看待他们的世界以及从他们的经验里找出意义。

运用社会工作优势视角的观点思考案主问题时，并不是要刻意忽略其痛苦或是不足之处，而是期待从另一种角度出发，协助案主以另一种态度去思考自己的问题与改变的机会，使得问题对于案主或其他人较不具威胁性，当危险性降低时，案主与他人愿意解决问题的动机便会加强。

2. 优势视角理论核心

抗逆力作为优势视角的理论内核，是当个人面对逆境时能够理性地做出建设性、正向的选择和处理方法。抗逆力是个人的一种资源和资产，能够引导个人在身处恶劣环境下懂得如何处理不利的条件，从而产生正面的结果。同时抗逆力也是一个过程，可以通过学习而获得并且不断增强。抗逆力高的人能够以健康的态度去面对逆境。在面对逆境的过程中，抗逆力能使人的心理健康回复至逆境发生前的状况，甚至展示出更理想的心理状态，而在克服逆境后能够拥有更高的抗逆能力。

从表现形式而言，抗逆力有常规和非常规两种方式。前者通常表现出常规的亲社会取向的行为方式，遵从社会规范与道德，认同主流社会文化，同时也得到社会的认可和接纳。后者通常表现出反传统、反社会、反主流的行为倾向，具有挑战常规、对抗成人、批判现实的特征，往往会受到成人的指责、朋辈群体的排斥、公众舆论的批评。

从构成要素上，抗逆力有外部支持因素（I have）、内在优势因素（I am）以及效能因素（I can）三个部分。我们所生活的环境——尤其是在这个环境中与我们发生交互影响的那些人,能够帮助或者增强我们的抗逆力,构成了抗逆力的外部支持因素,包括拥有正向的连接关系、坚定清晰的规范、关怀支持的环境、积极合理的期望、有意义的参与机会。内在优势因素包括完美的个人形象感、积极乐观感。我们观察自己而得到的结论和从别人那里得到的反馈称为自我形象,这对于青少年非常重要。效能因素包括人际交往技巧、解决问题的能力、情绪管理及目标订定等。人际交往技巧是指适应不同文化的灵活性、同理心、幽默感及沟通能力;解决问题的能力是指懂得运用资源及寻求帮助的能力;情绪管理是指能察觉自己的情绪并正面表达出来;目标订定是指了解自己的目标,并具备订定计划的能力,从而达到自己的目标。

3. 优势视角下的助人原则

(1)助人过程的首要关注点是每个人所具有的优势、兴趣、能力、知识和才华,而非其诊断、缺陷、症状和缺点。

(2)助人关系应该是合作的、相互的和伙伴性的关系——一种与他人一起共事的权利,而非一个人凌驾于另外一个人之上的权利。

(3)每一个人都应该为其自我恢复负责。

(4)所有的人都具有内在的学习、成长和改变的能力。

(5)以优势为本、以案主为中心的方法鼓励助人活动应置于社区内的自然场景之中。

(6)整个社区对服务参与者而言,应被视为蕴藏着无限潜在资源的绿洲。在进行正规的精神健康治疗或者提供正式的社会服务之前,应优先考虑原生的资源。

二、生态系统理论

生态系统理论(ecological systems theory)是由布朗芬布伦纳提出的个体发展模型。强调发展个体置于相互影响的一系列环境系统之中,在这些系统中,系统与个体相互作用并影响着个体发展。布朗芬布伦纳的生态系统理论对环境的影响做出了详细分析,他认为生物因素和环境因素交互影响着人的发展,并认为自然环境是人类发展的主要影响源,自然生态是"一组嵌套结构,每一个嵌套在下一个中,就像俄罗斯套娃一样"。换句话说,发展的个体处在从直接环境(家庭)到间接环境(文化)的几个环境系统的中间或嵌套于其中。每一系统都与其他系统以及个体交互作用,影响着发展的许多重要方面。

1. 微观系统

环境层次的最里层是微观系统,指个体活动和交往的直接环境,这个环境是不断变化和发展的,是环境系统的最里层。从发展心理学角度来看,对大多数婴儿来说,微系统仅限于家庭。随着婴儿的不断成长,幼儿园、学校和同伴关系不断纳入婴幼儿的微系统中来。对学生来说,学校是除家庭以外对其影响最大的微系统。

2. 中间系统

第二个环境层次是中间系统,中间系统是指各微系统之间的联系或相互关系。布朗芬布伦纳认为,如果微系统之间有较强的积极的联系,发展可能实现最优化。相反,微系统间的非积极的联系会产生消极的后果。儿童、青少年在家庭中与兄弟姐妹的相处模式会影响到他在学校中与同学的相处模式。如果在家庭中处于被溺爱的状态,在玩具和食物的分配上总是优先,那么一旦在学校中享受不到这种待遇,则会产生极大的不平衡,就不易于与同学建立和谐、亲密的友谊关系,还会影响到教师对其指导教育的方式。

3. 外层系统

第三个环境层次是外层系统,是指那些儿童、青少年并未直接参与但却对他们的发展产生影响的系统。例如,父母的工作环境就是外层系统影响因素。儿童、青少年在家庭的情感关系可能会受到父母是否喜欢他们的工作的影响。

4. 宏观系统

第四个环境系统是宏观系统,指的是存在于以上三个系统中的文化、亚文化和社会环境。宏观系统实际上是一个广阔的意识形态。它规定如何对待儿童和青少年,教给儿童、青少年什么以及儿童、青少年应该努力的目标。在不同文化中这些观念是不同的,但是这些观念存在于微系统、中系统和外系统中,直接或间接地影响儿童和青少年知识经验的获得。

5. 时间纬度

布朗芬布伦纳的模型还包括时间纬度,或称作历时系统。把时间作为研究个体成长中心理变化的参照体系。他强调了个体的变化或者发展是将时间和环境相结合来考察发展的动态过程。因为人有主观能动性,可以自由地选择环境。而对环境的选择是随着时间不断推移,个体知识经验不断积累的结果。布朗芬布伦纳将这种环境的变化称为"生态转变",每次转变都是个体人生发展的一个阶段,比如,升学、结婚、退休等。而布朗芬布伦纳提出的时间系统关注的正是人生的每一个过渡点,他将转变分为两类:正常的(如入学、青春期、参加工作、结婚、退休)和非正常的(如家庭中有人去世或病重、离异、迁居、彩票中奖),这些转变发生于毕生之中,常常成为发展的动力,同时这些转变也会通过影响家庭进程对发展产生间接影响。

三、社会支持网络理论

社会支持网络理论是 20 世纪 70 年代在美国首先发展起来的。20 世纪 70 年代到 80 年代,美国正处于社会资源不足,而求助者的需求却不断增加,社会也对回应这种需求提出更高要求的时期。从国内情况来看,李强(1998)认为社会支持是一个人通过社会联系所获得的能减轻心理应激、缓解紧张状态、提高社会适应能力的影响。其中社会联系指来自家庭成员、亲友、同事、团体、组织和社区的精神上和物质上的支持和帮助。程虹娟等人(2003)从三个角度归纳了对社会支持的定义:一是从社会互动关系来定义社会支持:社会支持不仅仅是种单向的关怀或帮助,它在多数情形下是一种社会交换,是人与人之间的一种社会互动关系;二是从社会行为性质来定义社会支持;三是从社会资源的作用来定义,即来自社会关系的帮助、人们联系的方式以及支持网络中成员间的资源交换。

1. 社会支持

社会支持是指运用一定的物质和精神手段对社会弱势群体进行无偿帮助的行为的总和。一般是指来自个人之外的各种支持的总称,是与弱势群体的存在相伴随的社会行为。作为一种理论范式,社会支持源于"社会病原学",最早是和个体的生理、心理和社会适应能力联系在一起的。但就已有研究来看,国内外对社会支持的使用都已超越了原有的解释,将其扩张为一种用于指称为弱势群体提供精神和物质资源,以帮助其摆脱生存和发展困境的社会行为的总和。社会支持理论基于对弱势群体需要的假设,也就是说在对弱势群体形成科学认知的基础上,判定弱势群体需要什么样的资源才能改善和摆脱现存的不利处境。

整体来说有四大方面的看法。

(1) 人与人之间的亲密关系是社会支持的实质。这一观点是从社会互动关系上理解社会支持,认为社会支持是人与人之间的亲密关系。同时,社会支持不仅仅是一种单向的关怀或帮助,它在多数情况下是一种社会交换,是人与人之间的一种社会互动关系。

(2) 社会支持是一种帮助的复合结构,帮助行为能够产生社会支持。

(3) 社会支持是一种资源,是个人处理紧张事件的潜在资源,是通过社会关系、个体与他人或群体间所互换的社会资源。

(4) 社会支持需要深入考察,是一个系统的心理活动,它涉及行为、认知、情绪、精神等方方面面。

2. 社会支持的分类

就目前的研究来看,我们可以按照支持主体将社会支持分为四类:由政府和正式组织(非政府组织)主导的正式支持;以社区为主导的"准正式支持";由个人网络提供的社会支持;由社会工作专业人士和组织提供的专业技术性支持。这四类支持互有交叉,但在更多层面相互补充,已经初步形成了政府主导、多元并举的社会支持系统框架。

3. 社会支持网络

社会支持网络指的是一组个人之间的接触,通过这些接触,个人得以维持社会身份并且获得情绪支持、物质援助和服务、信息与新的社会接触。依据社会支持网络理论的观点,一个人所拥有的社会支持网络越强大,就能够越好地应对各种来自环境的挑战。个人所拥有的资源又可以分为个人资源和社会资源。个人资源包括个人的自我功能和应对能力,社会资源是指个人社会网络中的广度和网络中的人所能提供的社会支持功能的程度。社会支持网络理论取向的社会工作,强调通过干预个人的社会网络来改变其在个人生活中的作用。特别对那些社会网络资源不足或者利用社会网络的能力不足的个体,社会工作者致力于给他们以必要的帮助,帮助他们扩大社会网络资源,提高其利用社会网络的能力。

4. 强关系与弱关系

美国社会学家格兰诺维特在研究中提出了关系强度的概念,将关系分为强关系和弱关系。他认为能够充当信息桥的关系必定是弱关系。强关系维系着群体、组织内部的关系,弱关系在群体、组织之间建立了纽带联系。通过强关系获得的信息往往重复性很高,而弱关系比强关系更能跨越其社会界限去获得信息和其他资源。另外,通常人们的社会地位越高,摄取社会资源的机会就越多;个人的社会网络的异质性越高,通过弱关系摄取社会资源的几率就越高;人们的社会资源越丰富,工具性行动的结果就越理想。

5. 社会支持网络理论意义

(1) 社会支持网络理论重视人对社会的适应性问题,强调人在社会环境中的感受,重视个人对周围环境中的资源的利用。它将个人的发展与适应性问题的个人因素和环境因素结合起来,认为人与环境中的各种系统(家庭、教育、商品和服务、就业、政治、宗教等)是相互作用的,认为个人通过对社会资源的广泛利用可以改善目前的生活状况,并通过确定一系列的行为模式,实施相应的干预行动,在一定程度上缓和个人社会适应问题,为个人的成长和潜力的发挥提供一定支持。

（2）社会支持网络理论是与弱势群体的存在相伴随的社会支持理论,为弱势群体提供包括正式的社会资源和非正式的社会资源。正式支持来自政府、正式组织的各种制度性支持,主要是由政府行政部门,如各级社会保障和民政部门,以及准行政部门的社会团体,如工会、共青团、妇联等组织实施。非正式的支持主要指来自家庭、亲友、邻里和非正式组织的支持。建立一个完善的社会支持网络,不仅可以为案主提供所需的物质,更能提供精神的满足;不仅有利于解决案主当前面临的困境,还能促使其提升能力,预防各种问题。

四、增能理论

1.“增能”的基本概念

“增能”一词是社会福利界的用语,从“empowerment”翻译而来,又可译作“充权”或“赋权”,意思是让人有更大、更多的责任感,有能力去做自己应该做的事。“增能”一词的使用可以追溯到 20 世纪 70 年代,当时美国哥伦比亚大学学者所罗门(Solomon)提出对被歧视的美国非洲裔黑人增能的工作,从而把增能注入了社会工作甚至社区工作的议程。20 世纪 90 年代以来,增能已成为社会工作领域提倡的重要价值观念和工作模式之一。增能是个人在与他人的积极互动过程中,获得更大的对生活空间的掌控能力和自信心,以及促进环境资源和机会的运用,以进一步帮助个人获得更多能力的过程。

2.增能理论的基本假设

（1）个人的无力感是由于环境的排挤和压迫而产生的。社会中的弱势群体之所以会处于弱势地位,并非他们自身有缺陷,而是由于他们长期缺乏参与机会所致。造成无力感的根源有三个:一是受压迫群体的自我负向评价;二是受压迫群体与外在环境互动过程中形成的负面经验;三是宏观环境的障碍使他们难以有效地在社会中行动。

（2）社会环境中存在着直接和间接的障碍,使人无法发挥自己的能力,但是这种障碍是可以改变的。

(3) 每个人都不缺少能力,个人的能力是可以通过社会互动不断增加的。

(4) 服务对象是有能力、有价值的。社会工作者的作用在于通过共同的活动帮助服务对象去除环境的压制和他们的无力感,使他们获得能力,并能正常发挥他们的社会功能。

(5) 社会工作者与服务对象以及环境之间能够实现有效互动,从而使服务对象实现自己。

3. 运用增能理论的助人过程

(1) 选择长期处于"缺乏能力"的人为服务对象。

(2) 与服务对象建构协同的伙伴关系。

(3) 重视服务对象的能力而非缺陷。

(4) 维持人与环境这两个工作焦点。

(5) 确认服务对象是积极的主体。

4. 增能理论在实务中的运用

(1) 协助服务对象确认自己是改变自己的媒介。

(2) 协助服务对象了解专业人员的知识和技巧是可以分享和运用的。

(3) 协助服务对象认识到专业人员只是帮助他们解决问题的伙伴,他们则是解决问题的主体。

(4) 协助服务对象明确无力感是可以改变的。

(5) 避免在服务对象前表现出权威的姿态。

§思考和练习

1. 精神分析学说对青少年社会工作的意义是什么?

2. 谈谈你对社会学习理论的理解，并说明其对青少年行为的影响。

3. 社会支持网络理论与社会系统理论的关系是什么？

4. 谈谈你对优势视角理论的理解。

§小组讨论

1. 请讨论增能理论在社会工作实务中的运用，并提交小组讨论报告。

2. 请小组代表用 PPT 讲解青少年成长过程中常用的心理学与社会学相关理论。

第四章　青少年与社会环境

　　社会工作一个重要的理念是"人在情境中"。青少年的许多问题不仅是自身发展的生理和心理波动所致，同时也是环境的产物，受到环境的制约。青少年正处于价值观和行为标准的形成期，家庭、学校、社区、媒体及政策对青少年的社会化有着极为重要的影响。

本章要点

- 家庭是初级社会群体；家庭是一个靠某种纽带紧密联系在一起的系统；家庭成员长期共同生活，经济上具有某种程度的共有共享；家庭有足够的韧性和稳定性；家庭是一个历史的范畴。

- 影响青少年发展的学校环境因素：学业失败与发展终结、教师失误与权利侵害、管理失职与资源不均。

- 社区及其他家庭成员的语言行为、社区的文化氛围及邻居间传递的社会信息，为青少年学习、理解社会的道德规范和价值理念提供了依据。

- 在现代社会生活中，媒体环境对于个体的社会化过程的影响日益增强，它越来越成为青少年获取必要和充分的信息、娱乐和知识资源的最主要的手段。

第一节 家庭环境

家庭在个人的人格、气质、心理等方面的形成和成长中扮演着重要的角色。青少年期是个人成长的转型阶段,是人心理层面的"断乳期",同时更是个人从心理层面和行为层面走向成熟的时期。因此,最大限度地发挥家庭对青少年成长的积极作用,构筑适合青少年心理、行为发展需求的家庭环境尤为重要。

一、家庭

1. 家庭的含义

吉登斯认为:"家庭就是直接由亲属关系联结起来的一群人,其成年人负责照料孩子。"波普诺认为:"家庭是亲属关系中相对较小的户内群体,是一个相互合作而发挥作用的单位。"孙本文认为:"通常所谓家庭,是指夫妇子女等亲属所结合之团体而言。故家庭成立的条件有三:第一,亲属的结合;第二,包括两代或两代以上的亲属;第三,有比较永久的共同生活。"尽管不同学者对家庭的表述有所不同,但还是具有基本的共识。综合而言,家庭是由感情、责任、义务、婚姻、血缘以及收养等关系组成的初级群体,并且成员之间的关系和感情不能替换。

2. 家庭的类型

家庭的类型是指根据家庭关系或家庭结构的不同进行的分类。可以根据不同的需要,采用不同的标准,划分不同类型的家庭。

(1) 按家庭的权力结构划分,有父权制家庭、母权制家庭、夫妻平权制家庭。

(2) 按家庭所在社区的性质划分,有农村家庭、城市家庭、工矿区家庭。

(3) 按家庭主要人员的职业属性划分,有工人家庭、农民家庭、干部家庭、军人家庭、知识分子家庭。

(4) 按家庭生育功能划分,有生育家庭、非生育家庭。

(5) 按子女多寡划分,有多子女家庭、独生子女家庭。

(6) 按家庭关系的状况划分,有和睦家庭、不和睦家庭、解组家庭。

(7) 按照家庭组成人员的不同可以把家庭分为核心家庭、主干家庭、联合家庭、丁克家庭以及隔代家庭等。

3. 家庭的特征

(1) 家庭是初级社会群体。家庭成员在家庭中所扮演的角色是不可替代的,成员对家庭的投入是全身心的,成员之间的互动是面对面的直接交往,这都符合小群体的特征。

(2) 家庭是一个靠某种纽带紧密联系在一起的系统。连接家庭成员的纽带一般是婚姻和血缘,也可能是法律上的收养关系、以爱情为基础的同居关系或者同性恋家庭。维系家庭的纽带不同,家庭的脆弱性和稳定性也是不同的。

(3) 家庭成员间有着比较长期的共同生活关系,经济上具有某种程度的共有共享。一般来说,一个家庭就是一个独立核算的经济单位,不但具有一定的经济资源,而且这些资源有相当大部分或者说全部是全体家庭成员共享的。

(4) 家庭有足够的韧性和稳定性。家庭成员都向往一个幸福而稳定的家庭,家庭中的矛盾和纠纷不可避免,但家庭成员都会维护家庭的稳定。

(5) 家庭是一个历史的范畴。家庭是人类社会发展到一定阶段的产物,不同时期、不同地区、不同民族的家庭的形态、功能、家庭规模都是不一样的。

二、家庭环境与青少年发展

家庭是社会化的重要载体,良好的家庭环境有助于青少年良好的行为规范的形成,有助于青少年身心健康的发展,有助于青少年基本生活技能的培养。具体主要包括以下几个方面。

1. 良好的家庭环境有助于青少年形成良好的行为规范

家庭是一个人社会化的初始地,父母是孩子的第一任教师,家长的为人处世、待人接物和言谈举止,随时随地都在对孩子起着潜移默化的影响。他们模仿父母的言行,接受父母和社会对其行为规范的要求,并且有意识或无意识地将它们内化为自己的观念和行动。

2. 良好的家庭环境有利于家庭保护功能的发挥

家庭保护是指父母或其监护人对其依法行使监护权利,履行其对被监护人进行健康方面保护的权利和义务。这包括为他们提供必要的物质生活条件,保证必要的医疗保健条件,以及健康的思想、品行和适当的方法教育并引导其养成健康、文明的生活方式。良好的家庭环境能够提供充足的物质和精神层面的支持,确保家庭保护功能的有效发挥。

3. 良好的家庭环境有助于青少年身心健康发展

青少年正处在身心发展的重要阶段,随着生理、心理的发育发展,社会阅历的拓展和思维方式的变化,他们在学习、生活、人际交往等方面都会遇到各种各样的心理困惑和困难,这时父母的关爱、优良的家庭环境会为孩子的心理、体魄和人格的健康发展提供广阔的空间。有资料显示,在民主型的家庭中成长的孩子活泼开朗,有较强的独立性和创造性,大多数情况下都能够正确地对待自己和他人,具有自尊心、同情心和自信心,能为他人着想,适应社会的能力强,能正确地对待失败和挫折。

4. 良好的家庭环境有助于青少年基本生活技能的培养

游戏、学习和劳动是人们社会生活的三种主要形式,在青少年时期,人们一般主要从事游戏和学习,而家庭则是人们游戏和学习的最初场所。在游戏中,青少年学到了知识,锻炼了身体,学会了怎样与人交往,同时家长把参加家务劳动和青少年的知识学习、兴趣培养和能力发展相结合,不仅促进了青少年智力的发展、动手能力的提高,而且也增强了他们的自立能力。

家庭对青少年的生理、心理的发展有着基础性的和极为重要的作用,因此,我们要针对影响青少年发展的家庭环境方面的问题开展社会工作,发挥家庭在青少年发展中的积极的正功能,减小或者消除其负功能,构筑适合青少年发展的家庭环境。

三、良好家庭环境的建设

1. 健康的家庭环境

(1) 每个家庭成员都有自己的地位和生活空间,并且受到尊重。尊重孩子,就像你会尊重任何人一样。

(2) 每个家庭成员都有正面、积极的心态,充满信心及活力,帮助孩子发展出这样的心态,是家长的责任和真正的挑战。

(3) 每个家庭成员视信任、支持和爱为家庭的最高价值,超越其他一切事物。因此,家庭成员都表现出在乎这些价值,同时引导孩子重视这些价值。

(4) 每个家庭成员都诚实,对自己的行为负责任,并且鼓励孩子这样做。

(5) 家庭成员之间容许有不同的看法和做法。敢于尝试,勇于承担,接纳每一个成员,特别是青少年时期的子女。

(6) 家庭成员乐于助人,富有爱心。与孩子一同去做公益、助人之事。

(7) 家庭成员之间互相鼓励学习,鼓励独立思考。对别人的不同或新颖想法,先听取,找出其中正面的意义做出肯定,而不是一开始就否定它。鼓励孩子多思考不同的可能性。

(8) 家庭成员认识到每一个人的价值,包括自己的价值。肯定和说出每个人的能力和对别人的贡献。

(9) 家庭成员乐于分享,无论是喜怒哀乐。不要只说开心的事,也要讨论不愉快、伤心的事。关怀孩子的感受,感受孩子的感受。

(10) 家庭成员在一起做事,注重家庭参与的过程和意义。家庭参与提供了最好的学习动力,孩子在其中发展出完善的信念和价值观系统,内心充满自信、自爱和自尊。

2. 良好家庭环境的建设

对于青少年来说,家庭除了要为青少年提供其基本生活所需的安全照顾和教养,包括个人在社会上生活所必需的知识、技能、价值规范等,还要培养青少年的健康心理和人格,以及良好的社会适应能力。

(1) 推动政府和全社会普及现代家庭观念,运用各种手段加强家庭建设,促进家庭功能的实现。

(2) 监督、推动家庭对于青少年权益的保护。

(3) 推动全社会对于婚姻恋爱方面知识的宣传普及,广泛开展婚姻教育、做父母的教育、育儿辅导等社会服务。

(4) 推动政府和全社会建立相关机构,直接为家庭建设提供必要的生活照料、家务辅导等帮助。

(5) 推动社会开展针对亲子关系和青少年教育方面的服务,在全社会普及青少年发展及教育的知识,使青少年能够生活在一个良好的家庭环境当中。

四、新时代家教家风的重要性

第一,家庭是社会的细胞。家庭和睦则社会安定,家庭幸福则社会祥和,家庭文明则社会文明。我们要认识到,千家万户都好,国家才能好,民族才能好。国家富强,民族复兴,人民幸福,最终要体现在千千万万个家庭都幸福美满上,体现在亿万人民生活不断改善上。

第二,不论时代发生多大变化,不论生活格局发生多大变化,我们都要重视家庭建设,注重家庭、注重家教、注重家风,紧密结合培育和弘扬社会主义核心价值观,发扬光大中华民族传统家庭美德,促进家庭和睦,促进亲人相亲相爱,促进下一代健康成长,促进老年人老有所养,使千千万万个家庭成为国家发展、民族进步、社会和谐的重要基点。

第三,中国古代历来讲格物致知、诚意正心、修身齐家治国平天下。从某种角度看,格物致知、诚意正心、修身是个人层面的要求,齐家是社会层面的要求,治国平天下是国家层面的要求。

第四,家庭教育涉及很多方面,但最重要的是品德教育,是如何做人的教育。要把美好的道德观念从小就传递给孩子,引导他们有做人的气节,帮助他们形成美好心灵,促使他们健康成长,长大后成为对国家和社会有用的人。广大家庭都要重言传、重身教,教知识、育品德,帮助孩子扣好人生的第一粒扣子,迈好人生的第一个台阶。要在家庭中培育和践行社会主义核心价值观,引导家庭成员特别是下一代热爱党、热爱祖国、热爱人民、热爱中华民族。要积极传播中华民族传统美德,传递尊老爱幼、男女平等、夫妻和睦、勤俭持家、邻里团结的观念,倡导忠诚、责任、亲情、学习、公益的理念,推动人们在为家庭谋幸福、为他人送温暖、为社会做贡献的过程中提高精神境界,培育文明风尚。

第五,广大家庭都要弘扬优良家风,以千千万万家庭的好家风支撑起全社会的好风气。特别是各级领导干部要带头抓好家风,继承和弘扬革命前辈的红色家风,做家风建设的表率。

第六,广大妇女要自觉肩负起尊老爱幼、教育子女的责任,在家庭美德建设中发挥作用,帮助孩子形成美好心灵,促使他们健康成长,长大后成为对国家和人民有用的人。

家庭与青少年的关系非常密切。在家庭中,青少年获得了成长发展的土壤。在这里,他们获得了维持生存的基本的生活资料以及基本的教育经费。同时,也经历着一个连续不断的社会化的过程,在这个潜移默化的社会化过程中,他们学习掌握了基本的生存技能,并且内化了社会的价值和规范,这一切都为他们日后走向社会提供了基础。了解一些关于家庭的基本知识,有助于我们在进行青少年社会工作时,帮助青少年在家庭这个最初级的社会群体中寻找到支持和帮助。

第二节　学校环境

学校是青少年社会化的主要场所，它不仅传授基础知识和培养基本技能，还进行德、智、体、美的教育，把社会成员培养成合格的人才。所以学校不仅需要各类学科的专业老师，还需要各类心理咨询、社会工作人员，积极引导学生发展完善的社会化人格，以培养健全的社会人才。

一、学校及学校环境

学校是专门进行教育的机构，但学校的责任却不仅仅是教书育人、传授知识这么简单，同时还肩负着青少年人格教育、心理辅导、生存技能教育等社会化任务，因此，学校在青少年发展和成长过程中扮演着极其重要的角色。

学校对青少年的教育是通过老师的言传身教及学校环境的渲染和熏陶日渐达致的，这里的学校环境是广义上的学校环境，它包括多个层面的内容，我们从总体上把它分为硬环境和软环境两大类。

1. 学校硬环境

学校硬环境主要包括学校内部及其周边附属的为学校正常运转提供服务的硬件设施，包括学校教学楼、各种教学设备、图书资料、娱乐设施、饮食服务设施、住宿条件、校园绿化情况等方面的内容。这些都是一个学校实体正常发挥其功能所必备的基本条件。良好的学校硬件环境对青少年的身心健康发展有着极为重要的意义。

2. 学校的软环境

学校软环境可以分为以下四类：教风、学风、管理机制和人际关系。

(1) 教风。

教风是衡量一个学校教师教学水平的重要指标，它涉及教师的知识水平、教学技术、教学态度等方面的内容,教风的好坏直接决定了其"生产"的人才质量的标准。

（2）学风。

学风是在学生中形成的一种风气和氛围,它是学生学习态度的直接反映,积极向上的学风能带动全体学生的学习积极性,进而避免厌学、逃课等不良行为的产生。

（3）管理体制。

学校的管理体制在总体上引领着学校环境的大趋势,学校对老师及学生的奖励和惩罚措施、在学生培养方面的思路、办学理念和对问题学生的处理方式都是学校管理体制的重要内容。

（4）人际关系。

从青少年的角度来说,在学校环境下的人际关系一方面是指学生与老师的关系,另一方面是学生之间的同伴关系。师生关系主要取决于老师的个人性格及对学生的态度,如果一个老师能对学习成绩好与学习成绩差的学生一视同仁,他可能就会受到全体学生的尊重;相反,如果一个老师偏爱成绩好的学生,那么他就会受到"差生"的厌恶甚至憎恨。同伴关系取决于青少年的个人特质,良好的同伴关系有利于增强青少年的自信心并实现其人格发展的完整性。

学校的硬环境和软环境的区分是相对的概念,在现实的情况下,二者是相互依存、相互包含、不可分割的,在青少年发展问题上,我们要综合考虑这两个环境的因素,从两个层面着手创建适合青少年发展的良好学校环境。

二、学校环境与青少年成长

学校教育是青少年完成社会化的有效途径之一,良好的学校环境有助于提高青少年的整体素质,有助于青少年良好的行为规范的形成,有助于青少年心理健康的发展,有助于青少年基本生活技能的培养。具体来讲主要包括以下几个方面。

1. 良好的学校环境有利于青少年成长成才

良好的学习环境、先进的教学设备以及高水平的教师队伍为青少年学习科学文化知识提供了有力的保障,同时,一定的教学配套设施还满足了青少年放松自己和减轻学业压力的需求,在这样的环境下,真正实现了青少年发展的身心共建。

2. 良好的学校环境有助于青少年的社会化

学校是青少年由家庭走向社会的一个过渡场所,学校理所当然应承担起青少年社会化的责任。一个良好的学校环境为青少年的社会化提供了一个和谐、宽松的人文环境,有助于培养青少年的社会安全感、自信心和社会责任感,为他们走向职业道路后的法制观念和职业伦理的形成奠定了坚实的基础。

3. 良好的学校环境有助于青少年的心理健康的发展

良好的学校环境是一种无形的感染力量、无声的行动命令,是一种不成规章的行为准则、不成条文的心理契约,对学生起着潜移默化的影响。良好的学校教育环境能使成员经常处于欢乐与成功的幸福之中,形成积极、健康、融洽、上进的心理气氛,促进每一个成员心理的良好发展。所以,为青少年创造一个和谐、轻松、愉快的学习环境从近期来说有利于学生心理健康发展,从长远来说,它对每一个学生的人格影响是终身的。

三、构筑良好的学校环境

1. 影响青少年发展的学校环境因素

学校环境中对青少年发展的不利因素,主要是将学业的成败视为青少年成功的唯一标尺,因而学业失败的青少年也就成了学校乃至家庭的弃儿,随着学业的失败,他们的发展似乎就此终结,进而遭歧视,逐渐归于社会边缘。其产生的主要问题有:学业失败与发展终结、教师失误与权利侵害、学校管理失责、资源配备失公与成长失调。

（1）学业失败与发展终结。

越来越多的调查数据显示,学业失败,往往是许多城市闲散未成年人发展的终点和越轨的起点。而他们的学业之所以失败,又往往与学习压力过大有着必然的联系。单调的学习、频繁的考试和变味的成绩追求等使学习成为青少年苦不堪言的负担。在多重的压力下,这些未成年人的学习兴趣荡然无存,旷课、逃学自然频频发生,其和谐发展链中断。

（2）教师失误与权利侵害。

教育的理论与实践都证明,师生之间的情感具有重要的行为调节功能,乃至影响到教育的成败。教师低水平的教育技巧甚至反教育的方法,是导致青少年学生越轨犯罪的不可忽视的原因。调查显示,在城市未成年犯中有超过70%的人上过初中,而就在这个青少年成长的关键期,有40%的孩子没有自己喜欢的老师,许多未成年犯对在学期间老师所给予的伤害记忆犹新:有的老师放任不管学习不好的学生,将违反纪律的学生赶出教室,侵犯了他们学习的权利;有的教师把在学校有不良行为的学生推给家长,不认真履行自己应尽的责任;有的教师对学生讽刺、挖苦、甚至打骂,严重侵犯学生的人格。教师的这一系列侵权行为,成为学生厌恶学习、反感教师、厌恶学校生活的直接动因,进而也成为学生辍学乃至越轨违法的重要因素之一。

（3）学校管理失责、资源配备失公与成长失调。

学校管理失责的背后隐藏着教育资源配备的不公。在经费的倾斜、教师的素质、校领导的能力等方面,教育管理部门由于将升学率视为考核"政绩"的重要内容,所以其倾向是不言而喻的,那就是不会去多关注已经无望提高升学率的未成年人。这种人力、物力资源的配备不公,使本该得到更多帮助教育的未成年人失去了发展的可能机会。

2.促进学校环境建设,推动青少年健康成长

学校的目的就是为学生提供一种适宜于学生发展的环境和设施,传授基础的知识和培养合理的行为,以适应现在和未来的生活,使之成为社会所需要的人

才。学校社会工作是青少年社会工作的重要组成部分,其目的就是要致力于通过采取各种专业手段,减小以致消除学校环境中不利于青少年发展的因素,创设一个和谐、宽松的校园氛围。

(1)协助处于不利地位的学生,实现教育机会均等。

所谓教育机会均等,是指不管种族、民族、宗教或性别的差异,人人都有相同的机会接受教育且入学机会平等,受教育权是一种基本的人权。现代社会,教育机会均等除了实施大众教育之外,还要求每个学生都得到适合其个性特点的教育,要求每个学生在教育过程中获得公平合理的专业服务。

但是在实际生活中,由于经济、文化和家庭环境的影响,部分学生不能很好地适应学校生活,在学习和生活过程中表现出某些越轨行为,部分老师可能会对这些学生有鄙视的态度或不公正的处罚。青少年社会工作者采用专业的理论与方法,对处于不利地位的学生的生活背景做客观深入的了解,给予适当的鼓励与支持,并提供可行的方案,协助他们获得最适当的教育,成为社会所需要的成员。

(2)协助建立青少年与学校的良好关系。

学校环境对青少年的人格培养和合理行为的形成与发展有着极为重要的影响。对于学校教育来说,其目的就是帮助来自不同环境的个体改变、调整,以更好地适应社会。对来自不良家庭或社会环境中的青少年学生,通过良好的教育使其改变原来的价值观念和行为模式。在这方面,学校具有弥补家庭教育和社会教育的缺失及实现改变的力量。青少年社会工作的一项重要任务就是成为青少年学生与学校之间的纽带,在青少年学生与学校之间建立良好的关系,以保障学校教育功能的有效发挥。

(3)协助学校教职工和管理者创建适合青少年发展的学校环境。

学校的教职工和管理者对待学校、学生和教学的态度、认识和行为会影响着整个学校工作的常态进展。校内的教职工和管理者对学生的健康成长倾注着很多的心血,青少年社会工作者与之有着共同的目标和心愿。因此,学校教职工和管理者是学校社会工作者的重要依靠者和支持者,双方必须充分合作,共同探索和解决遇到的所有问题。同时,学校的教职工和管理者也是受益者,学校社会工作者要了解教师的个人需求和困难,给予必要的咨询建议,并改善他们认识和教育行为上的一些不当之处,使教师改进教育工作,促进自身成长,推动学校的整体发展。学校社会工作者还要与教育行政管理部门的人员建立联系,将了解到的学校办学过程中的各种困难和问题反映给这些部门,以期获得合理解决和帮助。

(4) 协助学生掌握实用的知识与技能,以适应现实生活的需要。

现代教育体系,通过提供教学设施、聘请教学师资、从事教学活动,已达到帮助学生掌握实用的知识和技能、适应现代生活的需要。作为学校社会工作,必须考虑到学校的特点、学生的需要、学生所面临的社会环境,协助学校创造学生所需要的环境与条件,满足他们在认知、情感和意识上的需要,使所有学生获得他们所需要的知识与技能,以适应社会生活的需要。

现代学校大多采用班级授课制,这种教学方式可以提高教学效率,降低教学支出,但是往往会忽视学生的个别需要。学校社会工作者采用个案工作方法及个别教育方法,可以弥补班级授课的缺陷,满足个别学生的兴趣和爱好,及时纠正越轨行为,培养符合学生个性、能力的知识与技能。

(5) 协助学生培养健全的社会化人格。

教育的最终目标是帮助学生发展健全的社会化人格。人格培养是一个漫长的过程,除了家庭提供了最初的社会化的场所外,学生人格的培养主要是在学校体系内完成的,尤其是个体的心理状态,更是在学校学习的有关环境中形成的。学校情景中的青少年社会工作就是协助学校完成教育功能,帮助学生培养这种亲和能力。特别是对少数在学习和适应上有困难的学生,通过专业化的综合服务,协助其处理学习和生活上的困扰,培养健全的人格。

社会工作在本质上是一种促进服务对象福利发展的专业性服务,学校社会工作作为青少年社会工作的重要部分,服务的对象是在校的所有学生,协助学生解决在学习和社会适应过程中遇到的心理上的困扰,以培育健康的人力资源,挖掘其潜能,以适应未来社会的生活。

第三节 社区环境

社区是青少年聚居和成长的地方,青少年除了在学校读书和在家庭活动之外,大部分课余时间基本上都在社区。组织好青少年在社区的教育和文体娱乐活动,避免不良社会风气的影响,是除学校教育、家庭教育之外的重要一环。因此,青少年社会工作者要积极营造有利于青少年健康成长的社区环境。

一、社区与社区环境

1. 社区的界定

不同的社会学家对社区有着不同的定义。德国社会学家腾尼斯在 1887 年出版的《社区与社会》中认为,社区是指具有共同习俗和价值观念的同质人口组成的关系密切、互相帮助的人性化团体。美国芝加哥大学的帕克指出:"社区的基本特点可以概括为如下:第一,他有一群按地域组织起来的人群;第二,这些人群程度不同地深深扎根在他们所生息的那块土地上;第三,社区中的每一个人都生活在一种相互依赖的关系中。"中国的学者一般结合中国的国情认为,社区是进行一定社会活动、具有某种互动关系和共同文化的维系力的人类群体及其活动区域。

社区一般具有以下几个构成要素:(1)空间。如村落、集镇等,其社区形态都存在于一定的地理空间中。(2)人群。一定数量的人口是社区不可缺少的条件,同时人口的数量、集散疏密程度以及人口素质等,都是影响社区的重要方面。(3)情感上的认同和归属。社区中共同生活的人们会因共同的利益,面临共同的问题,具有共同的需要而结合起来活动。在这一过程中产生了某些共同的行为规范、生活方式及社区意识,如共同的文化传统、民俗、归属感等。(4)公共设施。社区居民的生活需要一些公共设施,如商店、学校、娱乐设施、医疗卫生设施等。一个社区若没有这些基本的设施,社区居民的生活就会受到影响。

从社会工作的范畴来看,对社区概念和含义的理解需要突出以下两个方面:一方面,社区可以是一种地理的性质;另一方面,社区成员间的联系和互动保证了人们能享有共同的态度及与他人的联系。所以,一般将社区定义为:"居住于某一地理区域内,具有共同关系、社会互动及服务体系的一个人群。"

2. 社区环境

社区环境是社区通过各种硬件和软件设施向居民提供的一种生活环境,主要包括社区自然环境、社区治安环境、社区文化环境和社区人文环境。

社区自然环境是社区通过提供各种基础性的居住、娱乐设施及通过社区绿化所形成的居民生活的根本环境;社区治安环境是通过物业部门、专业警务人员及社区居民自身共同构建的安全有序的社区生活环境;社区文化环境是指社区要通过建立和健全居民文化娱乐设施、积极组织各种文化娱乐活动等,加强社区居民相互之间的联系,激发社区居民的参与意识,增强社区的凝聚力,共同维护社区安全;社区人文环境是指社区成员通过相互交流所建立起来的互助团结的人际关系氛围。

从青少年社会工作的角度考虑,我们主要关注的是社区的文化环境和人文环境。

二、社区环境与青少年成长

社区所具有的"共同价值取向"意味着社区内存在着一种文化维系力,即在独特的社区环境下,社区会形成其独有的文化氛围,潜移默化地影响生活在其中的个体。而对于正在成长中的青少年来说,其影响更是直接而深刻,具体表现在以下几个方面。

1. 社区为青少年提供了必要的基础设施和资源

家庭能力的有限，使家庭不可能为青少年提供其成长所需要的一切资源，责任载体自然将外延转移给青少年所居住的社区。社区配置了包括吃喝住行各方面的基础设施，方便青少年的学习娱乐。同时，作为人员聚集地，社区内部不乏革命先辈、先进人物、艺术工作者等各类人才，他们所发挥的模范带头作用，必定会对青少年的成长产生影响，成为青少年生活中一部读不完的教科书。近年来，社区图书馆、社区阅览室的建设方兴未艾，如何更好地利用社区这些有利资源，创设青少年成长的第二课堂意义非常重大。

2. 社区为青少年提供多样化的服务

"社区服务"指在政府的资助和政策支持下，根据居民的不同需求，由社区内的各种法人社团和机构以及志愿者所提供的具有公益性质的社会服务。针对不同的青少年，社区会为他们提供不同类别的服务。对于学龄青少年，社区组织夏令营、冬令营，开展相关知识讲座、提供相关课业辅导；对于就业的青少年，给予职业规划与择业创业指导；对于不良青少年，积极进行帮教工作，等等。另外，街道居委会连同青少年社区服务组织为生活困难的青少年或家庭提供物质和心理方面的支持与服务，帮助青少年及其家庭减轻压力，解决困难。

3. 社区是青少年社会化的重要场所

青少年社会化主要经过早期社会化与继续社会化两个阶段。早期社会化是指个人学习社会生活、接受社会规范、健全个性与人格、融入社会关系体系的初始阶段。作为青少年居住和生活的共同体，社区对于青少年的早期社会化往往具有决定性作用。青少年处于友谊的迫切需求期，他们渴望与同辈群体的交往。对于多为独生子女的现代青少年来说，除学校同学外，他们的社会交往基本是在其生活的社区内形成的，社区内的同辈群体对青少年思想行为的养成产生了很大影响。

总之，社区其他家庭成员的语言行为、社区的文化氛围及邻居间传递的社会信息,都为青少年学习、理解社会的道德规范和价值理念提供了依据。由于社会的转型变迁,一些在职青少年会面临下岗待业的现实,他们必须自觉实现个人继续社会化的任务,即学习与社会同步的新的生活方式、价值观,掌握所必需的新的知识技能,这些过程大多都必须在社区内进行。

三、构筑适合青少年成长的社区环境

1. 影响青少年健康发展的社区环境因素

(1) 社区居民归属感不强,缺乏责任意识以及社区人际关系互动不良,影响了社区对青少年的正常的社会化功能的实现。

在一些社区尤其是城市社区,由于大部分社区成员都是上班族,同时还由于社区人员的组成较为复杂,使得"邻居"的概念逐步弱化,许多人甚至只是把社区简单地看作一个栖身场所,缺乏邻里之间的沟通与交流,根本谈不上社区的归属感。这对于处于急剧社会化过程中的青少年而言是极为不利的,使得生活在这类社区中的青少年缺乏安全感,社区人际互动不良也影响了青少年人际交往技巧的形成。

(2) 社区青少年社团组织发展缓慢。

随着青少年自身年龄的增长,除了学校和家庭外,社区环境越来越多地介入到青少年社会化的过程中,这就是同龄群体。同龄群体是指由一些年龄、兴趣、爱好比较相近的人为了满足自己的表意需要而自发形成的社会群体,它包括正式同龄群体和非正式同龄群体,而青少年社团组织就属于比较典型的正式同龄群体。它与家庭、学校不同,能使青少年完全围绕自己关心和感兴趣的活动展开互动,尤其是在青少年期,同龄群体的影响达到了最高点。这时的青少年很容易形成具有相同趣味、消遣方式、服饰发型、隐语、符号和价值标准、行为规范的独特的群体文化,而这套文化体系又进一步增强了青少年对所属群体的投入感和认同感。青少年社团群体能够满足青少年的安全需要、地位需要、自尊需要、情

感需要和权力需要及实现目标的需要。此类青少年群体组织的缺失，影响了社区功能的发挥及青少年在社区的社会化的顺利实现。

（3）不良的社区内部及周边环境。

在一些社区内部或周边设有网吧、游戏厅、KTV等，这些场所常常是青少年最喜欢光顾的地方，也是色情、淫秽、聚众斗殴、寻衅滋事等事件发生频率较高的地方，给青少年的失足创造了种种可能，不利于青少年的身心健康。

（4）对失足青少年的排斥和歧视。

受传统观念和生活方式影响，犯罪青少年在出狱后往往会受到社会的排斥和歧视，尤其是亲属、邻居、同伴的压力往往会给他们带来心理上的迷失和生活上的负担，以至于他们不能正确面对自己与社会。如果社区不能充分接纳这部分青少年，不能有效及时地跟进，他们就会因融入社会困难而选择放弃努力，再次误入歧途。

2. 构筑适合青少年成长的社区环境

社会工作具有预防功能，一方面可以强化个人或群体的功能，包括提高他们对面临问题的认识能力和思想准备，鼓励他们进行必要的资源积累；另一方面强化环境支持体系，健全和强化社会环境中的助人系统，形成社会支持网络，对可能出现的问题做出及时而有力的反应。社会工作具有促进人的发展的功能，社会工作者有责任发掘外在的经济、社会支持网络等社会资源，也有责任发掘受助者内在的智力和其他能力的个人资源，并合理地利用这些资源去更有效地完成任务。社会工作还具有促进社会稳定与进步的功能，社会工作者通过对受助者的服务，满足他们的需要，从而避免由社会成员正当需要得不到满足而引起的社会混乱与动荡。针对青少年发展的诸多社区不利因素，社会工作者可以尝试介入以下几个方面。

（1）"学习化社区"创建。

社区内隐含丰富的人力、物力资源，就地取材，充分发掘社区内各类机构、人文景观、风俗习惯等蕴含的资源，组织和引导青少年参观学习；调动社区内的专

业型和多元化人才,对青少年进行生活学习教育;利用社区内居民广阔的人际关
系网,为青少年教育所需的专家辅导牵线搭桥。通过各方面努力,改善社区环
境,构建"学习化社区"。

(2) 加强社区青少年的道德文化建设。

在"爱国守法、明礼诚信、团结友爱、勤俭自强、敬业奉献"的基本道德规范指
导下,青少年社会工作者可通过海报、居民手册等书面材料的张贴发放以及道德
讲堂讲座、影片放映等形式,引导青少年树立良好的道德风尚;通过组织青少年
参加集体活动或社区服务,在实践活动中提高个人道德修养;健全青少年宫、图
书馆、学习室等各项必需的社区公共设施,为青少年课余文化学习提供场所;规
范和增设以培养青少年素质为目标的社团组织,参与社区青少年服务与发展。

(3) 建立失足青少年的社区矫正制度和服务体系。

针对青少年生活学习中遇到的各类问题和困难,建立相关支援救助中心,如
心理咨询室、法律热线服务等,完善青少年社区支持网络。社区建立青少年社工
岗位,为失足失学青少年开设支持小组、个案辅导,建立失足青少年的社区矫正
制度和服务体系。

(4) 增强社区青少年的主人翁意识和责任意识,激发青少年的参与热情。

通过吸收青少年参加社区居民集体活动,以及对青少年在活动过程中所起
作用的尊重和认可,增强青少年的社区意识,鼓励青少年积极参与到社区建设中
来,为社区建设做贡献。

第四节　媒体环境

随着科学技术的不断发展,媒体在人的心理和行为塑造方面的作用越来越
突出,它给媒体的受众尤其是青少年群体的社会化提供了积极的引导,同时由于

媒体数量众多及媒体内容纷繁复杂，也给青少年的发展带来了消极的影响。因此，采取必要的专业手段介入，以减少各种不利的影响，发挥媒体在青少年发展中的正向功能势在必行。

一、媒体及媒体环境

媒体是介于信息传播过程中传受双方之间的中介物，是传播信息符号的物质载体。媒体具有如下基本功能和主要责任：传播与宣传、交流与沟通、教育与引导、示范与榜样、娱乐与审美等。媒体语言具体包括报刊语言、广播语言、电视语言和网络语言。由于媒体传播信息主要是通过媒体语言来完成的，因此，媒体语言的作用，实际上基本体现了媒体的功能与责任，即媒体语言的作用主要体现在报道、传播新闻信息，形成、引导和反映舆论，进行社会教育与知识的传播，提供娱乐与服务等方面，具体包括：媒体语言主导并引领社会的语言生活，媒体语言创造和催生新的文化观念与思维方式，媒体语言影响并干预人们的价值观及对事物的判断。

二、媒体环境与青少年成长

青少年是成长中的一代，他们通过各种各样的途径学习社会道德和社会准则、规范，进而内化为自己的品德，形成完整的人格。其中，大众传媒是一种重要的认知学习途径。青少年关于社会的基本认识以及他们的人生观、价值观的形成，大部分内容是由媒体给予的。

大众媒介对青少年的成长起到了重要的作用，为青少年社会化的过程搭建桥梁和纽带。在现代社会生活中，大众传播媒介对于个体的社会化过程的影响日益增强，它越来越成为青少年获取必要和充分的信息、娱乐和知识资源的主要手段。它可以帮助青少年获得身心的健康，发展青少年对社会的认识能力，并形成青少年自己的意见和见解,传统的社会教化者的影响力正在逐步降低。具体来讲,媒体环境一方面对青少年价值观的形成和最终确立起着重要的引导作用,另一方面也对青少年的社会化有着重要的影响。

1. 媒体环境对青少年价值观的积极影响

平时青少年接触最多的媒体是网络,其次是电视、报纸和广播。在学习时,青少年最喜欢借助的媒体也是网络,然后才是报纸、电视和广播。在休闲娱乐方面,网络排在第一位,其次是电视,最后才是报纸和广播。在传播与宣传、交流与沟通、示范与榜样方面,四大媒体都较好地发挥了其应有的作用。四大媒体及其语言在影响青少年价值观的形成方面都发挥了各自的积极作用。

当代青少年通过媒体更多感受到的价值观呈积极、健康、向上的态势,同时自由、竞争、公平、效率等时代意识明显增强。以网络为例,一方面,青少年从网络中感受到了归属与爱的价值观。同时,由于网络的匿名性特征,人与人之间没有太多的现实利益的冲突,因此人与人的交往反而更真实,青少年从中更多地感受到了友情、真诚以及助人为乐,从而帮助他们形成归属与爱的价值取向。另一方面,网络帮助青少年完善个人修养,促使其自觉形成自我实现的价值观。网络发展速度快,更新周期短,开放程度高,是现代科技的结晶,也是信息社会的时代精神的集中体现。网络的这些特征有利于培养青少年的现代观念,如学习观念、效率观念、平等观念、全球意识等,这些有助于促使青少年形成追求自我实现和成功的价值观。

2. 媒体环境对青少年社会化的重要意义

青少年社会化指的是青少年在一定的社会文化环境中,通过与社会的交互作用来接受社会的同化,使自己适应成人社会,成长为能够履行一定社会角色行为的社会人的过程。在大众传媒高度发达的今天,青少年社会化的环境主要有两个:一个是由家庭、学校、社会、同辈群体组成的现实环境;另一个是由网络、电视、电影等大众传媒组成的虚拟环境。在现实环境中,青少年社会化的施化者的角色是真实的、确定的,社会化的过程一般是单向的、可控制的;而在虚拟环境中,施化者的身份和角色是虚拟的、不确定的,社会化的过程是自主的、双向的。

媒体为青少年提供了许多社会生活中个人应该具备的基本行为规范及个人由一个自然人如何转变为一个社会人的实例,使青少年学到了许多在将来的社会生活中所必备的一些个人品质及社会行为规则,并且对如何在社会上立足有了一个基本的了解,为青少年成为一个独立的社会人做好了准备工作,有着非凡的意义。

三、构筑适合青少年成长的媒体环境

1. 媒体环境中对青少年成长的不利因素

媒体就如一把"双刃剑",在对青少年的价值观和社会化的形成中扮演着不可替代的积极角色的同时,也传播着许多不利于青少年成长的内容,如暴力、色情等,给青少年的社会化提出了新的挑战。

(1) 媒体对青少年价值观形成的消极影响。

虽然青少年从主流媒体中受到的价值观教育是积极的,但却不可忽略消极方面的影响。

第一,媒体传播的不良信息导致青少年形成负面的价值观。青少年的是非判别能力、自我控制能力和选择能力还不足以抵御这些不良信息的负面影响,很容易在不知不觉中成为不良信息的"污染"对象。

第二,媒体的负面影响冲击着青少年主流价值观的形成。丰富多彩的媒体内容极大地丰富了青少年的精神世界,同时形形色色的思潮、观念也充斥其间,给青少年价值观的形成带来了一定的负面影响。随着互联网覆盖面的不断扩大、影响程度的不断加深,不同文化类型、意识形态之间的交汇、冲突与整合将越来越明显,这种状况必然会对青少年的世界观、人生观产生影响。

(2) 真实环境与虚拟环境的冲突。

青少年社会化的一项重要内容便是通过学习与体验来达到对社会的认识。从社会现实建构的角度来说,"现实"可分为三种:一是真正的现实,二是由媒介

所建构的象征或表现的现实,三是受众根据自身知识经验从媒介上理解的现实。因此很多时候媒体似乎并不反映现实,反而在某些方面塑造现实。铺天盖地的广告可能使人产生一种错觉:似乎生活中永远有享用不完的最美好的东西,然而这仅仅是经过传媒精心剪裁、拼贴的,以声音、画面形式出现的镜像或虚假的组合。在这种情况下,青少年与真实世界的联系被有意或无意地削弱,甚至割断,进而其社会认知与行为方式也随之改变。

(3) 视频暴力游戏。

当今盛行的视频暴力游戏较之电视等传统媒体中的暴力,有其独特之处。在视频暴力游戏中,玩家扮演了游戏中的某个角色,而不是一个观察者,视频游戏的玩家主动实施攻击行为;而传统媒体对观察者而言,则是一种被动的、替代的经验。假使青少年将这些虚拟的体验尝试性地运用到现实生活中,其后果将是不可预见的。像美国的多起校园枪击事件以及中国近年来校园暴力事件中,暴力游戏都有难以逃脱的干系。可见,暴力媒体对青少年攻击性行为的形成起着重要的示范作用。青少年正处于人生的蓬勃发展时期,身心在不断发育成熟中,模仿能力强,学习速度快,可塑性强,只要提供给他们练习的机会,极利于他们攻击性行为的实施。

2. 构筑适合青少年成长的媒体环境

社会环境尤其是媒体环境对未成年人的成长发展有极其重要的影响。媒体无处不在,为实现与青少年的良性互动,政府、媒体、家庭、学校及青少年自身都需要行动起来。

(1) 行政规范。

政府应积极运用政策、法律和技术手段来加大对各种媒体的调控力度。

在政策方面,对有利于青少年身心健康的游戏类、文艺作品类内容、节目、栏目及其创作者、表演者,应实行扶持、优惠或奖励,与此相对应的是对损害青少年身心健康的行为实行打击和惩罚。

在法律方面,应该把法律作为保护青少年合法权益不受侵害和预防犯罪的最有效手段之一,严格实施《预防未成年人犯罪法》和《未成年人保护法》,提高对媒体从业人员的要求,建立赏罚分明的行业制度,规范从业人员的素质要求。

在技术方面,应对网络影视节目实行分级管理制度,或采取某种技术手段,帮助广大青少年正确使用媒体,接受健康的媒体语言的影响,以发挥媒体及媒体语言在青少年价值观形成过程中的积极作用。还可以适当采取其他相应的行政规范措施,比如确定媒体中青少年节目的播放时间和播出频率,开辟专门的青少年频道、青少年信息栏目等。

(2)媒体自律。

大众传媒本身并无信息意义,其直接呈现给广大受众的信息内容是经过人为加工和处理的信息。媒体呈现给受众的信息是否真实、是否有价值、对受众会产生什么样的影响等问题直接取决于媒体从业人员。作为正义和良知的代言人及具有较高文化层次的社会群体,媒体从业人员应具有较高的职业道德水平,媒体机构也应具备相对完善的行业制度和自律机制。要具有较高的道德操守、全面的人文素养、严谨的职业作风和强烈的社会责任感,从源头上控制和限制不健康内容的出现。从制度层面讲,媒体内部应该在制作、审查、播出等环节实施严格的审核把关和"责任人"制度,并对媒体及媒体语言产品可能产生的结果进行评估与预测。

(3)家庭调节。

家庭是青少年接触各种媒体的主要场所。因此,家长可以更加主动地直接帮助青少年合理安排接触媒体的种类、内容以及接触时间的长短,同时可以有效地利用媒体,使媒体成为代际间交流的一种平台。家长学习掌握运用媒体知识是前提基础,这样家长不仅可以及时了解青少年对特定媒体内容的态度与反应,同时也可以进行适时的纠偏与引导。

(4)学校媒介教育。

媒介影响是媒介传播和青少年自身条件共同作用的结果。在无法回避媒介的前提下,我们可以通过改变青少年的行为方式、认知模式,优化知识结构,改善社区环境、家庭环境等方面入手来影响媒介,从管理角度限制媒介对青少年的消极影响。许多学者倡导在青少年的社会化过程中实行媒介教育来回应大众传媒对青少年社会化的挑战,学校开展媒介教育势在必行。

(5)青少年自主选择。

培养对媒体的批判性选择能力和建设性使用能力,树立健康的媒体消费观念,养成良好的媒体消费习惯,是当今青少年应该具备的基本能力之一。广大青少年主动获得关于媒体的各种知识,直接参与媒体语言的创作,不仅可以主动选择直接接受媒体语言所宣传的内容及其中所蕴涵的价值观念和人生态度的影响,而且还可以根据自己的经历、家庭和学习情况等各种具体条件来表达自己对媒体语言的信任、接受和认同程度,同时也可表达他们对媒体语言的期待。另外,他们对媒体语言的信任、接受、认同与期待的程度,也将直接影响媒体的发展。

§思考和练习

1. 如何理解"人在情境中"?

2. 结合你所在学校的环境,谈谈学校环境对你个人成长的影响?

3. 如何理解学校教育、家庭教育与社区教育的不同性与相关性?

§小组讨论

1. 结合实际谈谈家庭对青少年社会化的影响,分享小组讨论要点。

2. 讨论媒体环境对青少年成长影响,提交小组讨论报告。

第五章 青少年社会工作的基本方法

社会工作方法的合理有效使用是实现服务质量的保证。青少年社会工作的基本方法是个案工作、小组工作和社区工作。实践中要特别注意个案、小组和社区方法的整合与贯通，同时运用"互联网＋"，不断创新工作模式。掌握专业方法可以提高社会工作者的专业水平，提升社会工作者的专业形象，更好地实现社会工作助人自助的专业目标。

本章要点

- 青少年个案工作是针对青少年个人或家庭，以一对一的服务形式开展的各种专业助人活动。特点是服务对象的特定化、服务方式的个别化、服务内容的多样化、服务策略的综合化、服务角色的主导化、服务理念的人性化。

- 青少年小组工作是指社会工作者通过组织青少年参加小组活动，通过小组方案设计及资源的运用，引导青少年在小组中互动，促使成员彼此建立关系，并以个人能力与需要为基础，获得成长的经验。开展适合青少年发展需要的小组工作，可以为青少年提供同辈交往的机会，有助于青少年自我同一性的确立、健康人格的塑造及青少年社会功能的良好发展。

- 青少年社区工作的介入主要从直接的物质性建设目标入手，从非物质的教育性服务入手,从以青少年为中心的突发事件入手,从建设社区相关社会舆论入手,从发动社会资源、争取社会力量入手。

第一节 青少年个案工作

一、青少年个案工作

1. 个案工作

个案工作是指运用专业的知识、方法和技巧,通过一连串的专业工作,帮助遭遇困难的个人或家庭发掘和运用自身及其周围的资源,改善个人与社会环境之间的适应状况,实现对人的尊重和肯定的过程。个案工作是社会工作的三大直接方法之一,是通过一对一的专业服务方式,由社会工作者向案主提供帮助的过程,特别是针对有特殊困难的个人或家庭,可以提供最为直接和有效的帮助。

2. 青少年个案工作

针对青少年个人或者家庭,社会工作者以一对一的服务形式开展的各种专业助人活动即被认为是青少年个案工作。其目标在于使青少年个人或其家庭走出困境,恢复功能,促进成长。青少年个案工作是青少年服务最常用的工作手法。通过对青少年所面临的问题做出预估,再为之制订符合其自身实际的服务计划,比如失业青少年的个案,可以为他们提供就业信息和面试机会,对有些缺乏一技之长的青少年,寻找其比较感兴趣的培训课程,让他们获得必要的生活技能,走上适合自己的工作岗位。

3. 个案工作对青少年的适用性

个案工作是个别化的服务方式,对问题的分析更细致、更全面,跟踪服务更能及时处理后续问题。个案工作特别适用于青少年群体。一方面,青少年时期思维方式、思维视角已越出童年期简单和单一化的正向思维,向着逆向思维、多向思维或发散思维等方面发展。也正是青少年思维的发展和逆向思维的形成,为逆反心理的产生提供了心理基础和可能。另一方面,尽管青少年时期生理和心理的发展有了极大的飞跃,但其生理和心理的发展又是不平衡甚至是矛盾的。这种矛盾和不平衡主要表现在生理上的成熟和心理上的不成熟。具体来说,青少年在心理学认知发展中,由于阅历和经验的不足,造成其认识的不坚定性和易动摇性。因此,这一时期的青少年往往把教师的劝说、要求、批评,把家长的指点、提醒、督促等看成是"管""卡""压",是和自己过不去,是对自己自尊心的伤害,进而把自己放在对立面上。个案工作一对一的服务方式及"同行"的专业理念,对于处在困境中的青少年,给予有针对性的服务和帮助,便于心智还未完全成熟的青少年深刻认识和端正自己的思想和行为。

个案工作强调对人的尊重与接纳,这一价值观念对于青少年的成长意义重大。青少年时期是自尊形成的关键时期,而自尊的发展对于个人能否扮演好社会角色有很大的作用。社会工作对于影响自尊的关键因素的介入与重视,将有助于青少年发展出较为正向的自尊。因为处在价值观和人生观逐步形成的重要阶段的青少年,大多都有自我认同的焦虑,而以人本主义为中心的人的尊严和价值的观念,会极大地鼓舞青少年的自我意识的形成和发展。因此,专业个案工作的运用对青少年的良好自我认同感的形成大有裨益。

个案工作特别注重发掘和运用服务对象自身及其周围环境的资源和能力,以增进服务对象个人与社会环境之间的适应。每个青少年就像树苗一样拥有长成参天大树的无穷潜力,但成才的关键在于潜能的开发,而个案工作非常注重从优势视角入手,发掘青少年自身及周围的潜力资源,这种工作方法不仅可以帮助处于问题危机中的青少年走出困境,对于成长中的青少年也是必要的。

二、青少年个案工作的特点

1. 服务对象明确化

青少年个案工作与其他的个案工作方法不同,它有明确的服务对象,即专门为处在困境中的青少年个人和其家庭提供专业服务,特别是对于那些社会功能不能正常发挥、无法正常融入社会生活的青少年个人或其家庭。当然,青少年社会工作也进行预防和发展层面的个别指导与规划。

2. 服务方式个别化

青少年群体处在一个特殊的成长阶段,遇到的问题是复杂和多样的,在面对这些问题时,如果只采用一般的方法来对待和解决,往往会忽视一些特殊环境中遇到特殊问题的青少年的服务需求,所以在日常青少年工作中应该筛选出那些有特殊情况的个体,给予一对一的、有针对性的、个别化的专业服务,有的放矢地解决问题。

3. 服务内容多样化

青少年群体是一个活泼好动的群体,他们对新事物充满好奇,讨厌一成不变的教育方式。青少年个案工作所制订的具体服务计划与介入经过精心设计,更有实效性。开展青少年社会工作需要接受过专业训练的专业人员运用专业的方法技巧,通常可以采取会谈、访视,线上、线下,指导、干预结合等方式方法。

4. 服务策略综合化

"人在情境中。"针对青少年开展个案工作时,不仅要从问题青少年身上找原因,还要充分考虑其成长的外部环境。青少年处在社会化的关键时期,自我意识还未完全成熟,外部因素往往是至关重要的影响因素。青少年个案工作需要各种社会力量(包括青少年个人、家长、教师、社工、心理工作者、司法人士等),充分利用多方资源解决问题。从服务策略角度来说,青少年个案工作应该运用"人在情境中"理论,综合化地分析案主的问题,给案主改变提供有利的外在环境。

5. 服务角色主导化

针对青少年个案,社会工作者往往要扮演比较有力、充满能量的主导角色。因为青少年毕竟尚未完全成熟,在和社会工作者建立信任关系后,他们会希望从社会工作者那里得到真实有效的帮助,社会工作者在整个服务过程中需要发挥积极的引导者作用。

6. 服务理念人性化

青少年期是人生的"多事之秋",要求独立以及不断面临着"心理断乳"而带来的震荡,是青少年时期身心发展和社会成长的主要状态。爱出风头、标新立异、唯我独尊等,也是许多青少年的主要行为特征。因此,要做好青少年社会工作者,就需要运用和秉持接纳、不批判、尊重、保密、个别化和案主自决等社会工作价值原则。

三、青少年个案工作的主要原则

青少年个案工作除了要遵守专业的社会工作的一般原则外,还有一些需要特别注意的原则。掌握并在实践中遵守这些原则是青少年个案工作者的必备素质。

1. 保密原则

保密原则是指社会工作者应遵守职业道德,青少年本身就是受保护的对象,在青少年个案工作中,必须对青少年的一切资料予以保密。对青少年资料的保密是对他们最基本的尊重和保护。当然保密原则不是无条件的,在保护当事人的前提下,有些情况是要灵活处理的。

2. 沟通原则

沟通不良是青少年发展中的一个普遍性问题,在个案工作中尤为重要。沟通是指社会工作者与青少年案主双方交换意见,这种意见可以是一致的,也可以是不一致的,但一定要做到社会工作者了解青少年,以促成问题的快速、高效解决。

3. 个别化原则

个别化原则也可称为具体情况具体分析原则,即社会工作者要重视青少年个案问题的特殊性,强调青少年的个别差异。传统的青少年工作往往强调青少年发展的共性,而时代的变迁使得青少年个性更为突出,个性化发展的需求相比其他群体也愈加强烈,个别化原则在青少年个案工作中就显得格外重要。

4. 环境分析原则

青少年是受环境影响最大的人群。环境分析原则实际上强调的是一种综合分析,即不局限于青少年自身,而着眼于更大的系统,着眼于家庭、学校、社区乃至整体社会的影响。

5. 承认与接纳原则

承认与接纳原则是指社会工作者要把青少年作为一个有独立意志和权利,受到尊重的服务对象来接受,承认其独特的个性、气质、观念、态度及行为等。青少年正处在被社会接纳的过程中,接纳对青少年的意义本身就意味着成长、发展、成熟。

四、青少年个案工作的过程及介入策略

一般而言,个案工作的程序包括:接案和建立关系→收集资料和问题诊断→确定目标与制订计划→服务与治疗→结案与评估。这是一个前后呼应的有机整体,不能完全将其割裂开来,逐一去完成。青少年个案工作的实施过程也不例外,我们一般也把这个过程称为社会工作的通用过程。

1. 接案和建立关系

这个阶段的主要工作内容是主动接触青少年案主,进行初次会谈,目的是了解案主求助的动机,尽可能地找出案主面临的问题,做出是否给予帮助的决定。询问案主的困难和期望的帮助;向案主介绍机构的设置和服务内容。1—2 次会谈就可以决定是否接案,也可能会谈多次。通过初步的接触,社会工作者要与青少年案主建立起专业关系,目的在于使案主相信社会工作者的能力,同意接受社会工作者提供的服务,即取得案主的信任。

这个阶段青少年表现出的问题有:案主是被迫来到机构而不是主动寻求帮助的,因此对社会工作者具有排斥的心理;他们对社会工作者缺乏信任,仅仅是

进行询问和试探;面对陌生人讲出自己的问题尤其是隐私的问题使案主感觉非常难为情;一般青少年案主的逆反心理较强,不愿承认自己有问题。

这一阶段的介入策略是:社会工作者遵循社会工作的价值原则,通过主动上门、反复上门、多方合作和联系等方式开展个案工作。在建立关系方面,社会工作者应该资源先行,利用网络聊天、收发短信等青少年习惯的交流方式,与青少年建立相互信任的合作关系。

2. 收集资料和问题诊断

以"人在情境中"理论为依据,全面收集与案主有关的心理、社会等各方面的资料——了解案主对自己的看法,是否尝试处理这些问题,追溯案主的童年及成长过程中的经历、价值观、自我概念等;了解案主各种有意识和无意识状态下的满足和不满足的不同感受,重点放在意识层面上;协助案主进行自我发现,了解其在行为方面可能存在的缺陷和这些缺陷对面临问题的影响。

收集资料是开展个案服务的前提条件,主要从个人的生理功能、心理功能、社会功能和环境体系四个方面,了解案主的基本情况。将各方面的资料综合起来进行分析,目的是为确立下一步诊断的方向做准备。

收集资料的具体内容包括:第一,个人资料:(1)基本资料包括籍贯、年龄、性别、教育程度、婚姻状况、职业、收入状况等;(2)生理方面,如病历;(3)心理方面,即智力水平、兴趣、人格特征、自我概念、自我防卫机制等;(4)价值观,即对人对事的看法;(5)能力。第二,环境资料:(1)家庭环境;(2)延伸的环境系统(社区环境、朋辈环境、工作环境等);(3)交互作用状况。

在全面了解案主情况的基础上开始对案主的问题进行诊断。诊断是依据社会个案工作的观点,将收集所得的资料进行分析与比较,确定案主问题的实质与问题的成因。社会个案工作诊断是一个兼顾社会环境和个人人格特性的诊断。其目的在于寻求案主如何才能获得有效的帮助,为下个阶段该个案服务和治疗计划的拟订做准备。

在这个过程中,社会工作者要根据青少年案主的特点,采用一些确定问题的技巧:从多个问题中选择对案主来说最急于解决的问题;双方共同决定多个问题中最主要的矛盾;从多个问题中找到对案主来说最容易解决的问题。

3. 确定目标与制订计划

确定服务目标是理性的思考过程,是工作者对案主可能获得的结果的预期。制订服务计划是由社会工作者与案主共同承诺,合作实现双方所确定的目标及其目标的实施步骤的过程。确定目标解决的是做什么的问题,而制订服务计划则需要回答怎样做的问题。一般社会工作者要协助案主确定三类目标:直接目标、中间目标、终极目标。

确定目标的步骤包括:社会工作者重述案主的问题,以便再次确认问题;协助案主列出与问题相关的问题,以便再次确定问题的重点;协助案主确定问题解决的优先次序;协助案主明确他(她)想要的结果。

然后就可以根据案主的需要制订工作计划。一份计划书应该包括以下方面的内容:案主的情况简介;案主的问题、需求和期望;机构提供服务的性质;计划预备达成的目标;针对目标准备开展的工作;评估的方式;服务计划的变更。

4. 服务与治疗

服务与治疗是社会个案工作程序中的一个重要步骤,前面阶段的问题诊断和服务计划的设计,在这个阶段中付诸实施。在服务实施的过程中,社会工作者的主要目标是:协助案主对自身有一个清晰的了解,进一步探索自己的问题;协助案主调整社会关系;协助案主改善个人生活环境。治疗是指结合案主成长过程中生理、心理和社会等各方面的因素,即相互之间的互动作用,运用专业技术和方法,促进案主问题的解决和个人的全面成长与发展。社会工作者在服务提供与治疗中主要担任联系人、促进能力者、教育者、调解人和辩护人的角色。

服务与治疗阶段介入策略:通过直接干预的方法,帮助案主疏导情绪、澄清观念,改变有偏差的认知和行为;向案主提供资源并为案主问题的解决积极寻找资源,以资源的支持来鼓励重新面对问题;向有关人员介绍案主的问题和需要,并对有关人员采取的行动提出建议,联合行动,改善环境,提供有效信息和资源帮助案主重拾信心。

5. 结案与评估

结案是指个案工作者与案主为终止彼此专业关系的一切处理工作。结案原因是完成服务计划或者受到服务实施的时间限制,或由于案主中途退出。结案时期主要工作包括:回顾案主取得的成绩,提出发展目标,宣泄情绪,不与案主发展专业关系之外的私人关系,最后一次会面的安排。

个案工作最后阶段还必须做的一项工作是评估。评估是社会工作者评定个案工作的效果和效率的过程,是社会工作者总结经验、自我反省、自我提高的过程,也是一个必要的工作步骤。在总结评估过程中应安排案主参与评估,并且社会工作者要坦诚透明。评估的内容一般包括:实现目标的测量;对案主影响的测量;督导和同事对工作进展的测量。在青少年个案中要特别注意结案后的跟进计划。

五、青少年个案工作实践的启示

青少年个案工作应立足于生理、心理和社会发展的特点,确立全人观的成长理念,全面系统开展工作。

1. 个案工作者与案主建立良好的专业关系是基础

随着青少年思维能力的不断提高、自我意识的不断发展,他们希望能与成年人一样享有平等的权利与地位。因此,尊重、接纳、关心青少年的需求,与青少年建立轻松、愉快、相互信任的专业关系尤为重要。良好的专业关系的建立能够起到四两拨千斤的作用,是个案工作整个过程的基础。

2. 注重从家庭层面开展青少年个案工作

家庭是一个系统,每个家庭成员都有其特定的角色与功能,彼此依赖、相互影响。当孩子进入青春期后,独立思考能力进一步增强,对一些事情有了自己的看法和观点,若父母无视孩子的变化,很容易引发亲子关系的矛盾,使家庭功能弱化。个案工作不仅与服务对象个人互动,同时也要与其家庭积极连接。指导亲子双向沟通,建立良好的家庭关系,有利于个案工作的顺利进行。

3. 正面回馈是帮助青少年确立自我同一性的有效途径

青少年处于自我同一性确立时期,他们会思考"我是谁?""我在社会上处于什么地位?""我将来准备成为什么样的人?"等问题。在这个过程中,身边他人的评价,尤其是父母、老师、同辈群体及重要他人的评价举足轻重。给予更多的正面回馈、及时的表扬与肯定对青少年良好的自我概念形成意义深远。

案例5.1 青少年个案工作分析报告(一)

一、基本资料

小雪,女,1984 年 1 月 2 日生,中专文化程度,未婚。毕业后一直没有固定工作,目前与父母同住。

二、背景资料

案主从某职业中专毕业后,由学校推荐去某超市做收银员,三个月后被辞退,之后又做过一个月服装专卖店营业员,就一直失业在家。案主一向比较听从母亲的话,但由于母亲近来经常催促案主出门找工作,造成她对母亲渐渐反感,交谈也逐渐减少,家庭气氛紧张。案主本身性格内向,且在工作方面屡屡受挫,造成其内心失调,不自信,自卑感很强。案主目前整天在家无所事事,而且几乎不出门,自己也感到很苦恼。

三、问题评估

思想观念:案主在就业过程中屡屡受挫,使她非常灰心,深感自卑。

性格问题:案主性格内向,不善交往。在与案主交流的过程中,许多事情都是母亲代其陈述,案主本人只是低头默认,很少交流,眼神中流露出迷茫。

就业技能:没有一技之长,学历较低,在竞争激烈的就业市场中很难找到满意的工作。

家庭关系:长期闲散在家,父母对其有埋怨情绪,家庭气氛紧张。

四、问题分析

就业观念：针对案主就业屡屡受挫，产生自卑情绪，从改善就业观念入手，为她提供与社会接触的机会，增强其就业的自信心和积极性。

性格问题：针对案主性格内向、缺少与同辈群体的接触、生活迷茫等情况，社工认为可以让其参加社区活动，增强她与同辈群体的交流，及时跟进给予鼓励，使其更快地融入社会。

就业技能：如能解决就业问题，其许多问题可得到缓解。创造和提高案主的就业技能，是一个重要的服务目标。

家庭关系：促进案主及其家长的沟通与交流，共同面对问题、分析问题和解决问题。

五、服务模式：任务中心模式和家庭治疗相结合

任务中心模式认为，案主是有解决问题的能力和潜能的，充分发挥案主本身的能动性是关键。案主的主要问题都可以明确界定，激发案主自身的内在动力，引导家庭的良好沟通与互动，找准问题，有的放矢。采用任务中心模式与家庭治疗的有机结合，为案主的治疗过程提供一个切实可行的介入框架。此外，还可以邀请案主参加社区团体活动，增加案主与同辈群体的社会接触，提升案主自身适应社会的能力。

六、服务计划

总体目标：协助案主改变就业观念，克服自卑感，增强自信心；利用社会资源，提供实践机会，提升个人能力；改善母女关系，建立社会支持网络，促进其更快融入社会。

1. 收集并研究资料，了解案主的生活状态、主要问题，建立专业关系。

2. 与案主进行交谈，改变其就业观念，树立新的人生目标。

3. 与案主的母亲进行沟通，缓解家庭气氛，一味地埋怨不利于孩子的健康成长。

4. 向案主提供参与社会的机会，提高其适应能力。

5. 邀请案主参加社区活动,增强其与同辈群体交往的能力。

6. 根据案主的个人特点和爱好,提供就业机会,增强其社会适应性。

7. 如果就业问题一时无法解决,那就帮助案主做好就业前的准备,鼓励她走出家门,寻找工作机会,积极参加技能培训课程。

8. 回顾整个过程,巩固服务的成果,对案主及其家人的努力予以肯定和鼓励,做好跟踪服务。

七、 服务过程

第一节:首次面谈时,案主单独在家,社工发现案主由于长期待在家中,眼神已略显呆滞,对社工的到来表现得非常拘谨,说话吞吞吐吐。当社工鼓励她说出自己的想法,聊到她的兴趣爱好时,她的话一下子多了起来,社工顿时感到这是一个很好的切入点。案主告诉社工,她喜欢艺术,比如画画、手工等。也谈到就业屡屡受挫,一直失业在家,母亲现在一直催促她出去找工作,使她感到很苦恼。

半小时后,案主的母亲回来了,主动对社工讲述了一些女儿的情况:性格内向、不善交流、工作屡屡碰壁、心情不好、与父母的关系渐渐紧张等情况。整个交谈过程中,案主母亲表现出了焦急的心情,希望社工及时地给予帮助。

第二节:社工与案主的母亲进行了交流,探讨了日常生活中,教育女儿的方式与方法。双方一致认为母亲事事包办,使女儿缺乏独立的空间,不利于女儿的自主自立。母亲对社工的建议表示接受,愿意在今后的日常生活中注意这方面的问题。

另外,根据案主的特点,社工帮助案主联络了"营业员培训"课程,案主表示愿意参加,参加了营业员培训的报名。

第三节:社工通过与培训学校联系,了解到由于培训人数不够,培训课程还要过一段时间才能开班。社工介绍让案主去参加社区"十字绣"小组,提供案主与社会接触和锻炼的机会,同时也能提高她的动手能力和与社会交往的能力。社工把这个想法与案主进行了电话沟通,案主回答表示非常想参加。

第四节:社工联系了社区"十字绣"小组及负责人,把案主的情况进行了简要的介绍。第二天,社工带她去"十字绣"小组,在交谈中了解到现在案主的母亲有了很多改变,不再像以前那样天天在她面前唠叨。感觉案主从内心里对父母也多了些理解与体谅。在社区小组里,社工也向案主讲述了一些参加劳动的注意事项,要礼貌、虚心、细心。案主欣然接受。这次为案主提供的社会实践和锻炼的机会,符合案主的兴趣爱好和特点,发挥了她的特长,增强了她的动手能力,给她创造了与人交流的环境,有助于她性格的改善。

第五节:社工通过电话和案主联系,案主告诉她已通过了某超市理货员和巧克力专柜促销员的面试,很开心,想找社工聊聊。她说:"我感到现在自己的性格开朗多了。"说自己已通过了超市理货员和巧克力专柜促销员的两项面试。社工对她的改变与取得的成绩给予了充分的肯定和鼓励。

第六节:案主目前的主要问题已经得到了缓解,并朝着好的方向发展,社工认为可以结案,并制订了跟踪服务计划。

八、服务评估

案主的自卑情绪得到了改善,性格也渐渐开朗,与母亲的关系趋于缓和,还能够主动出门找工作,整个人的精神状态与接案时相比,有较大的改变。社工认为,此个案比较成功,其中有三个方面起了较大的作用:第一,社工与案主及其家人进行了多次交流,并能够把案主的问题放到家庭、社会层面上考虑;第二,对案主的改变不断地给予肯定和鼓励;第三,社区活动的参加,使案主在性格的改善和人际交往能力的提高方面跨出了重要的一步。

九、个案反思

通过这个个案,社工发现:第一,建立良好的专业关系,取得案主及其家人的信任,是顺利开展个案的基础;第二,针对性格内向的案主,找到谈话的切入点非常重要,而且切入点通常是案主感兴趣的事物,比如兴趣爱好;第三,案主的许多问题都是相互联系的,核心问题的解决通常能使其他问题得到缓解;第四,社工要善于运用社会资源为案主服务,比如推荐培训、提供就业信息、联系社区资源等。

本案也存在一些问题:第一,在做这个个案时,社工感到自己一直处于"主动"的地位,在"助人自助"的理念中,前期还不能充分体现"自助"的宗旨,此宗旨直到个案后期才慢慢体现出来;第二,案主的工作并不稳定,只是促销类的季节性工作,社工担心长此以往,案主以前取得的成果会慢慢消退。

社工认为,本案的跟踪服务至关重要,在"助人自助"的基础上,还要及时把握案主的变化,适时地提供一些社会资源,这样才能使问题得到解决。

案例5.2 青少年个案工作分析报告(二)

一、案例背景

案主小欣是一名初中三年级的女生,她的父母在她上初中的时候离婚了,小欣由母亲抚养。父亲是一名公务员,已经再婚,刚刚生了一个儿子,因要照顾儿子和坐月子的妻子,来看女儿的次数明显减少了,但每月依然给抚养费,如果女儿需要,额外还会给予一定的经济支持。母亲是某公司办公室主任,经济条件较好,对小欣有求必应。最近,小欣很自闭,回家后不主动与母亲说话,学习成绩也比原来下降了很多,处于中下等水平。老师反映小欣上课注意力不集中,作业质量较差,而且经常和男生混在一起。母亲询问小欣有关情况,小欣很不耐烦,让母亲少管她的事,母女俩因此引发语言冲突,关系很紧张。

社会工作者介入后,运用真诚、同情等方法和小欣建立了良好的专业关系。小欣说父母离异对她影响很大。原先她和父亲的感情很深,而父亲现在有了小儿子,就很少来看她了,她再也享受不到父亲的关爱,感到很难受。母亲整天忙于工作,与她交流的机会很少,只是说一些"要好好学习"之类的话,让她很反感。最近一名高三的男生追求她,开始她是拒绝的,但后来在和他的相处中,感觉他有一点父亲的感觉。每次考完试,他会帮小欣分析试卷,就这样自己慢慢喜欢上了他。听说他的家人要把他送到国外读书,想到以后很少有机会再见到他了,心里很难受,成绩也因为分心而下降了。

二、社会工作者的预估

社工接案后,多次与小欣及其父母交谈,在完成预估工作后形成如下专业判断:(1)父母婚姻破裂,对小欣影响很大,使她情绪低落、压抑。(2)亲子沟通出现问题,对于父母离异之后生活环境的改变,小欣还没能适应,父母双方各忙各的事,只能满足她物质上的需求,而忽略了和她进行情感方面的交流。(3)小欣正处在青春期,由于父爱、母爱的缺失,使她有了想与异性交往的渴求,但又感到很困惑,自我同一性出现混乱。

三、个案服务计划

个案服务目标:引导父母多与小欣沟通,加强亲子联系。协助小欣正确看待父母离异的事实,正确对待异性之间的交往。帮助小欣调整心态,积极迎接中考。

服务模式:联合家庭治疗法、交流分析理论、心理社会分析、理性情绪疗法。

具体服务步骤:

第一,运用情感反映技术、同理技术等与小欣进行交流,消除小欣的防卫心理,了解小欣对学习、对父母的看法。小欣认为父母离异对她的负面影响很大,特别是父爱的缺失的确让她感到很失落。

第二,运用联合家庭治疗法,让小欣的母亲意识到家庭沟通方式、教育方式存在的问题。根据交流分析理论,引导小欣的母亲与小欣建立成人式交流,了解小欣的需要、感受,并合理满足小欣的需求,对小欣表现好的方面给予反馈,如生活自理能力强、勤奋、上进心强,以提升小欣的自尊,并协助小欣进行自我同一性的探索。说服小欣的母亲化解对前夫的偏见,本着为小欣健康成长的原则,共同承担教育孩子的责任。

第三,运用心理社会疗法的间接影响技术,把小欣目前的状况及想法告诉小欣的父亲,父亲感到很意外,对自己最近疏于关心女儿感到抱歉,表示愿意多给女儿一些关爱。已和现在的妻子商量好专门为小欣准备一个单独的房间,小欣可随时来住。在社会工作者的安排下,小欣的父亲和女儿见面了,父亲表达了愧疚之情,小欣也原谅了父亲。

第四,介绍理性情绪疗法,让小欣了解人的情绪和行动的反应受信念的影

响,引导小欣理解父母离异及大人之间的事,父母并没有减少对小欣的爱,小欣
目前的困扰是自己的非理性信念造成的。帮助小欣学会一些基本的克服非理性
信念的方法,如驳斥法、理性情绪想象法等,建立理性信念,即"虽然父母离婚了,
但他们都很爱我,我仍然很幸福"。

第五,运用心理社会疗法有关间接治疗的反映讨论技术,鼓励小欣思考成绩
下降的原因。社会工作者配合小欣的母亲、老师引导小欣进行自我同一性探索,
确立正确的目标,即认真学习,以积极的心态迎接中考。引导小欣把异性间的好
感转化为同学间的友谊,成为促进学习进步的一种动力。

经过近三个月的专业介入,小欣已成为一个自信、开朗的孩子,学习成绩有
了明显提高,和父母之间的关系也变得和谐了。

第二节　青少年小组工作

一、青少年小组工作的概念

1. 小组工作

小组工作是以小组为单位的专业助人活动,是社会工作的方法之一,它通过
有目的的小组经验来增进人们的社会功能。具体来说,小组既是过程也是手段,
通过小组成员的相互支持,改善态度、人际关系和应付实际生存环境的能力。这
种方法强调通过小组过程及小组动力去影响案主的态度与行为。小组成员解决
问题的能力是通过成员间的分享、相互分担和相互支持而发挥出来的。

2. 青少年小组工作

青少年群体是处于儿童和成人群体之间的过渡阶段,由于快速成长和社会
化过程引发了这一群体较多的功能失调和社会问题,也成为社会工作极其重要

的一个领域。青少年小组工作是指社会工作者通过组织青少年参加小组活动，通过小组方案设计及资源的运用，引导青少年在小组中互动，促使成员彼此建立关系，并以个人能力与需要为基础，获得成长的经验。开展适合青少年发展需要的小组工作，可以为青少年提供同辈交往的机会，有助于青少年自我同一性的确立，有助于健康人格的塑造及青少年社会功能的良好发展。

3. 小组工作方法在青少年群体中的适用性

从青少年的心理特征分析，他们普遍存在着渴望独立，但因期望过高与社会能力不足导致的内心矛盾的困惑。在对许多事情心存迷茫的同时，同辈群体是青少年的一个重要支持源，相同的成长阶段和类似的问题很容易使青少年走到一起，他们更容易接受同辈群体的行为标准。例如，青少年个人身体和外观的变化是形成自我形象的重要因素，并且与他人的评判联系在一起。同辈的嘲笑和孤立会进一步强化身体意象的不满意，是影响青少年自我概念的重要环境因素。相反，同辈的认可与接纳、支持与鼓励又会促进青少年自我概念的良好转变。小组工作的核心技术就是利用群体的力量解决个人的问题，让有着相同问题的青少年走到一起，通过沟通交流，明确问题和努力的方向，使个人的问题在团体中得到回应和解决。所以说小组工作方法与青少年工作有着天然的适应性。社会工作者通过富有实践性、趣味性和创造性的小组活动，来激发参与者的热情，促进青少年的良性成长。

二、青少年小组工作的过程

小组工作一般遵循着一个完整的过程，主要包括小组准备期、小组初期、小组中期和小组后期。青少年小组工作同样遵循这样一个过程。

1. 小组准备期

在小组准备阶段，社工面对的主要挑战是小组成员的招募，由于青少年对社会工作的认知较少，使得他们不愿意参与其中，但是一旦参与小组活动，一般都能对小组产生较强的归属感。这期间的主要内容有以下几个方面。

第一,需求评估。用小组的手法帮助青少年,是基于对问题需求的评估而决定的。就是以青少年的需求为本,通过与青少年"同行",建立信任关系,评估他们的真实需要,在此基础上制订介入计划。必须是青少年的真实需要,而不是社会工作者自己的需要。

第二,目标确定。社会工作者找到案主的真实需要,确定目标就是水到渠成的过程了。小组的目标具体包括:社会工作者的目标是什么? 组员的目标是什么? 机构的目标是什么? 小组的长期目标、中期目标和短期目标是什么? 社会工作者需要思考的问题是:由谁决定小组工作是否要实施? 自己是否有足够的时间、精力和技术来承担小组工作? 机构和社区的资源如何? 组员如何招募和领导? 等等。确定目标是小组筹备中重要的一环,只有清楚目标,才能有的放矢地工作。但是目标的确定是一个动态的过程,绝不能将目标僵化,在小组过程中需要不断修订。

第三,小组成员的选择。小组组员需要有类似的个人目标和某些个人特征。一般小组组员的组合最好是问题具有同质性,需求层次相当,避免异质性太大。这样将有利于组员的分享和互动;如果问题和需求差距太大,相互沟通就会有困难,工作者也难以提供有效的援助。当然,小组组员应该有不同的专长、技能和经验,组员的能力和小组经验会影响小组过程。工作者还要考虑组员的年龄、性别、居住地等因素。

2. 小组初期

小组初期,小组组员开始聚集,相互熟悉和探索了解小组的功能、共同兴趣及目标,彼此吸引或逃避。一般这个阶段通过几次活动,会形成彼此认同的小组目标和规范,小组动力开始形成,所以,小组初期也被认为是第一次聚会和小组规范形成的过程。

小组初期,成员彼此尚不熟悉,情绪起伏较大,经常呈现出焦虑、恐惧、封闭、伪装甚至是不很友好的态度。成员对小组缺乏信任,所以要协助成员澄清期待和理想,认识个人需要。同时也得面对成员的抗拒和过度依赖,尽快打开局面,促成小组成员的沟通,发现和培养小组领袖,使小组顺利过渡到成熟期。

小组初期也是小组规范形成期。小组规范是指小组成员之间语言和非语言的沟通规则与影响他人行为的方式,包括保守秘密、彼此负责、参与原则、开放和诚恳及批评与自我批评态度等内容。规范是小组成员之间的相互认同和默契,它是在成员内部自发形成的,而不是社会工作者附加的。规范有利于小组凝聚力的形成,同时也具有治疗的功能,使小组保持着一种动态平衡和活力。规范引导小组的行为、安排小组的经验、制约小组的互动。当小组出现规范时,成员已经能彼此分享,彼此之间已经可以通过语言与非语言规范进行接触。

3. 小组中期

小组中期,成员开始关注自己在小组中的权利与地位,关心自己被小组和他人接纳的状况,成员个人"本我"的暴露有所增加,组员之间会在价值观、权利位置等方面产生冲突与矛盾,如小组能顺利地解决这些冲突与矛盾,小组就会进入凝聚与和谐阶段。这个时期对小组的一些特殊组员要予以关注,比如有攻击性的组员、沉默的组员、口出狂言的组员、成为替罪羔羊的组员。可见,小组中期首先表现为冲突期。冲突期就像人生命历程的青少年期,是一个充满感情而缺乏理智的时期,如果处理得好,就会向成熟阶段发展;如果处理不当,小组有可能提前结束。社会工作者必须积极努力,促进小组的健康发展。

大部分小组都会产生次小组,这是小组过程中的自然现象。次小组一般由两三个人组成,可以诊断小组的状况,也可以使一个人在次小组中获得情感的归属。当次小组意识到自己是小组中的一员时,小组的凝聚力就增强了。当次小组遭到反对时,可能会导致小组的解散。所以社会工作者应该正确对待次小组,正确的引导将会成为小组的重要发展动力。

社会工作者应该特别包容、冷静、理性、淡定地对待小组中期的冲突阶段,冲突是很正常的事情,是小组自然整合的过程,如果处理得好,即便是坏事也可以变成好事。切记,没有冲突的小组是不存在的,许多矛盾是可以自生自灭的。

小组顺利度过冲突期后,就进入大家期待的成熟过程,这是每一个组员的理想,也是大家共同努力的结果。小组中期的后半阶段又称为小组成熟期。在这一阶段,小组的规范已经制度化,组员之间有充分的默契,几乎所有的一切都有了一个固定的模式。比如座次的安排、说话的方式、出席缺席的处理、分享的层次、表达的态度等,组员之间彼此有了充分的理解和尊重,成员会放弃伪装,小组的自我表露达到高峰,更迫切希望小组有更好的发展。

小组中期的成熟阶段,社会工作者处于催化促进的角色和边缘位置,就像一个协调师。整个小组再也不围绕社会工作者而开展工作,小组此时完全被成员认同,成为他们自己的小组。

4. 小组后期

一般而言,小组后期不单是指小组的最后一次聚会,它包括小组和小组成员达到预期的目标,准备结束小组的一个动态的过程,同时还包括小组结束后一些相关的跟进安排。总体而言,小组后期的目标和任务就是巩固成员正面的、积极的情绪体验,尽力消除负面的、消极的情绪体验,巩固小组工作的成果。具体任务是:评估小组目标的实现情况;了解和处理成员有关小组结束的情绪和感受;保持成员的变化,巩固成员已经习得的技巧;协助成员制订将来的计划,适应外部情境;处理未完成的工作。

跟进服务是帮助小组成员,使其技能和行为进一步巩固和持久化的必要方法,包括转介、建立自助网络、安排探访。跟进服务也是小组后期不可或缺的内容。

三、青少年小组工作的实践原则

在进行小组工作的过程中,可以依据小组成员的不同需要选取不同的工作模式和方法推进展开,常用的小组模式主要有社会目标模式、治疗模式、互惠模式,相关内容可以参考小组工作课程的有关内容,这里我们主要介绍青少年小组的实践原则。

1. 社会工作的价值原则

社会工作的专业核心概念是人类的尊严与价值。实践中,要尊重每个成员的人格独立,承认个人表达的权利,相信组员有权利参与和自己相关事务的选择和决策,协助成员发展潜能,实现自我。

2. 文化背景的原则

人的行为方式与需求的表达深受文化背景的影响,社会工作者要不断了解服务对象的文化背景信息。工作中,尊重案主的文化背景、个人及家庭的实际情况,对小组工作的顺利开展意义深远。"文化的理解力"对个案工作者来说举足轻重。

3. 建立有目的的助人关系,促进小组成员之间的合作

小组过程是一个有目的的过程,小组是方法、手段,用于建立社会工作者与组员的专业关系,同时,促进组员之间的交流与合作。小组专业关系的品质与强度,关系到小组潜能完全实现的程度与水平,良好的专业关系具有建设意义。小组良好专业关系的建立可以起到事半功倍的作用。

4. 运用小组个别化的原则

认可每个组员的独特个性及行为的多样性,要看到每个小组拥有不同的目标、组成因素与环境安排。对于青少年小组,要充分考虑到青少年的成长阶段及需要的阶段特征。特别是适应网络时代青少年的认知、情感、行为变化,青少年社工要做到与时俱进。

5. 引导小组互动的原则

促进小组成员变化的主要动力来自组员之间的互动,应鼓励小组成员根据自己的能力参与小组活动,实现小组成员的交流与沟通,分享群体经验,不断获得成长。小组活动的设计与安排是引导小组互动的有效方式,实践中特别要避免单向沟通,应随着小组的深入,打破小组工作者中心地位。

6. 小组的民主精神与自决原则

小组实践中,社会工作者不是独裁者而是指导者,不能否定小组通过程序形成的决定。可以采取引导组员民主讨论的方式,协助小组形成与发展一种自决的责任意识,发挥小组成员的潜能,从而有效地实施各项活动。民主是一种习惯,习惯需要养成。

7. 运用社会资源的原则

小组工作者承担着协调小组与机构、社区之间的关系的角色。充分认识与了解社区资源,做社会资源的有效连接者,才能更好地实现小组的目标。比如,在社区或者学校开展的各种青少年小组,都需要相关部门的配合,组织、协调各方面的关系,做资源的连接者并进行借力,是小组工作者时刻要有的思维与操作。

8. 评估的原则

对小组过程、小组活动方案、活动结果进行持续的评估,有助于总结小组工作中的经验,适时修订小组目标,确立小组发展阶段,验证小组模式、方法的可行性与有效性。专业评估需要社会工作者、小组成员、机构及第三方共同来完成。

案例 5.3　青少年小组工作过程分析

社会交往是人们社会生活的重要内容之一,然而一些青少年只注重学习,忽略了社交能力的培养。本小组专为社交能力较弱的青少年而设计,希望通过小组工作的开展,帮助组员学习社交技巧,提升组员的社交能力。

小组名称:社交能力提升小组。

理念架构:社会学习理论、舒兹的人际需要理论。

小组目标:协助组员重新认识自我,提升自信心;提高沟通能力,增强社交动机,建立社交网络。

小组特征:成长性小组、封闭性小组;每周一次,每次80分钟。

成员对象:8名青少年,混合性别小组。

招募方式:在社区内进行海报宣传,到学校进行现场宣传。

小组过程：六次社交能力提升小组活动。

一、有你真好

活动目标：

1. 使社会工作者与组员之间相互熟悉。

2. 使组员了解小组目标与进行方式。

3. 社会工作者与组员一起订立小组规范。

活动内容：

1. 社会工作者先进行自我介绍，然后介绍小组主题、目标及进行的时间、次数、方式等。

2. "小熊情缘"游戏：组员围坐成一个圆圈，社会工作者将一只玩具熊抛向组员，接住的人开始自我介绍，如姓名、兴趣爱好、对小组的期望等。介绍完毕，将小熊再抛向其他组员。

3. 契约树：社会工作者先在海报上画一棵树（未画树叶），然后把彩色笔、一些树叶形纸片分发给组员，组员将可以想到的规范写在树叶形纸片上，并贴到树上。组员对每一片树叶进行讨论，一致通过的保留在树上，最后呈现的是一棵完整的契约树。

4. 总结：社会工作者请组员回忆这次活动的内容并表达感受，最后再次强调遵守小组规范的重要性。

所需物资：玩具熊、纸片、海报纸、双面胶、彩笔一盒。

二、心连心

活动目标：

1. 进一步加深组员之间的认识、了解，活跃气氛。

2. 通过游戏让组员充分融入集体，培养团队合作精神，增强社交动机。

活动内容：

1. 演讲活动：鼓励每名组员以"从前的我—现在的我—未来的我"为主题发表演讲，社会工作者肯定组员的成长。

2. 社会工作者给每名组员发小组评估问卷,要求组员认真填写,并强调问卷内容的保密性。

3. 让组员互留联系方式,互赠留言,拍摄小组集体照作为纪念。

所需物资:纸张。

三、 艺术的表达

活动目标:

1. 促进组员间建立良好的信任关系。

2. 让组员了解表情、动作、姿态等身体语言在沟通中的作用。

3. 帮助组员学习沟通的技巧。

活动内容:

1."信任跌倒"游戏:组员甲站在中央,其他组员在其周围围成一个圈。当工作者喊"开始"时,甲可以慢慢地倒向任何一个方向,其他组员很平稳地接住甲,组员可轮流替换。

2. 猜词游戏:随机分组,两人一组,社会工作者在黑板上写下一个词语,一个组员看着词语,通过表情展示让另一个组员猜出该词语,每对组员可以互换角色。

3. 角色扮演:社会工作者邀请组员模拟日常沟通情况进行扮演,其他组员进行讨论,最后由社会工作者总结沟通的技巧,包括真诚、同理、目光的使用、身体语言的正确运用等。

所需物资:纸、彩笔。

四、 我自信

活动目标:

1. 通过展示组员的优点,提升组员的自信心。

2. 让组员了解人际冲突的原因及解决方法。

活动内容:

1."我的舞台我做主"活动:社会工作者邀请组员表演个人擅长的节目,展现组员风采。

2. 角色扮演：社会工作者邀请组员模拟日常人际冲突，如同学冲突、亲子冲突，其他成员进行讨论，最后由社会工作者总结冲突的原因及解决方法。

所需物资：无。

五、携手攀高峰

活动目标：

1. 增进组员间的合作和信任。

2. 通过演讲锻炼组员的表达能力。

活动内容：

1. 顶气球游戏：每四人为一组站在排球场两边，社会工作者当裁判，规定只能用头顶，没有顶到气球或气球没有顶过网被判输一分，每局五分，三局两胜。

2. 我是演说家：每名组员选择自己感兴趣的话题进行演讲，社会工作者更多地运用鼓励、支持的技巧引导组员们进行讨论，进一步增进组员间的融洽度。

所需物资：排球场、气球。

六、我的未来不是梦

活动目标：

1. 肯定组员在小组中取得的进步，增强组员社交的信心。

2. 评估小组效果。

活动内容：

1."开火车"游戏：在开始之前，每个人说出一个地名，代表自己。但是地点不能重复。游戏开始后，假设你来自北京，而另一个人来自上海，你就要说："开呀开呀开火车，北京的火车就要开。"大家一起问："往哪开？"你说："往上海开。"代表上海的那个人就要马上接着说："上海的火车就要开。"然后大家一起问："往哪开？"世界很大，未来可期。

2. 成长故事分享：社会工作者分享自己的成长故事，引导、鼓励组员们进行故事接龙，可以将自己，也可将身边人的成长蜕变的经历分享给大家。励志成长故事串烧,营造社会学习氛围。

在这个小组工作案例中,工作者依据青少年发展的特点和规律,设计出一些游戏和主题讨论,帮助他们亲身经历、感受和分享人际沟通与人际合作,并通过组员互动,增进青少年对自己、对他人的认识以及社交技巧的掌握,达到提升组员社交能力的目标。

第三节　青少年社区工作

一、青少年社区工作

青少年学生一年中大约有 160 多个假日、休息日生活在社区,也就是一年有多于 1/3 的时间是在社区中度过的。当代青少年独生子女比例较大,父母大多工作较忙,合理安排好他们的校外时间,引导他们开展健康有益的校外活动,提高他们的思想道德素质就成为社区教育工作的重要组成部分,社区是青少年成长的重要平台。与个案、小组工作不同,社区工作以整个社区为工作对象,通过社区组织与社区发展来解决社区问题。社区工作更宏观、涉及面更广、更侧重社会环境与制度的变迁。

青少年社区工作是指在专业的价值观指导下,根据青少年的身心特点、动机需求、兴趣爱好,充分运用社区的理论、方法、技巧,以帮助青少年解决问题、克服困难、恢复功能、获得全面发展的一种服务活动和服务过程。青少年社区工作以调动包括青少年在内的社区居民共同参与,营造社区青少年健康成长的发展环境,引导青少年在力所能及的范围内与社区形成互动为工作目标,动员相关社会资源服务于青少年,从而促进青少年的健康发展。

社区即学校,生活即教育。社区承载着我们的生活,也承载着青少年的成长。青少年用自己的行动,关注社区,回馈社区,收获成长。上海阳光青少年中心与上海市慈善基金会联合开展的"阳光下展翅——上海社区青年就业援助行动",为社区中的失业青少年提供免费的学历教育和技能培训,并向企业推荐就业;正荣基金会"你好社区"发起的"少年行社区公益夏令营"等都是典型的青少年社区工作。

二、青少年社区工作的特点

1. 影响的广泛性

社区是青少年社会化的一个重要场所,青少年是社区中最富活力的群体,也是社区工作中最容易调动的群体。他们的好奇心和热情使得他们更容易被社区活动所吸引,参与欲望较高。相信随着社区环境的不断改善、丰富多彩社区生活的开展,社区对青少年问题的预防与发展影响会日趋广泛,成为青少年社会化发展的重要载体。

2. 形式的多样性

社区青少年趣味运动会、团队建设、冬令营与夏令营等丰富多彩的社区活动和社区服务,有助于引导青少年转移注意力,有助于青少年在社区中结友交伴、互动交流,也有助于正面教育与实操紧密结合。在社工的引导下,社区青少年中会有一部分成为社区服务志愿者,承担起社区领袖的角色与责任。这些社区服务活动使青少年获得了服务社会的能力,提高了服务社会的意识,找到了对于社会的价值感与归属感。实践证明,大部分从社区工作中受益的青少年群体都会反哺社区,成为社区共同体中重要的一分子。

3. 内容的常规性

社区工作不同于个案、小组工作,更多具有常规性。社区无时无刻不在为社区青少年提供资源和服务。社区工作着眼于整个社区,从更高层面入手,了解和关注社区青少年的现状及问题,日常工作中要处理大量与青少年有关的事务。

"四点半课堂""周末故事会""漂流书屋"等青少年社区服务项目在很多社区落地开花。

4. 资源的充分性

社区是青少年成长的重要外部环境,社区内部蕴藏着各种支持青少年成长的资源,包括文化娱乐设施、活动空间和场地、非正式支持网络、志愿服务人员等。例如,可以利用社区平台为青少年提供场地和技能培训,可以利用社区企业为青少年提供实习就业机会,可以利用社区志愿服务为青少年提供教育和帮助。总之,可以充分运用社区内外的物质文化资源为青少年成长提供一个多层次的支持系统。在统筹资源运用方面,必须考虑到与个人、家庭、社区、企事业单位、社会组织的多元配合。建立资源无限的理念思维,通过内外两个方面支持系统开发,有效地助力青少年成长进步。

三、青少年社区工作的过程与技巧

1. 青少年社区工作的一般过程

青少年社区工作作为专业方法,有一个一般的工作过程,主要有以下几方面。

（1）社区调查。

这个过程就是指社会工作者进入社区,了解社区的一般情况以及青少年社区所面临的问题。要认真了解的问题主要有如下几方面:社区的类型、青少年所面对的问题、社区可运用的资源。

首先,要调查社区的类型。不同类型的社区对于青少年的影响是极不同的,青少年在社区里面临的问题以及解决问题的方式也会有很大的不同。分析、了解青少年所处社区的类型,对青少年社区工作的开展意义重大。

其次,要调查青少年所面对的问题。青少年社区工作必须针对青少年的问题。一般来说,青少年社区的问题是多方面的,有贫困户子女、病残青少年、孤儿等基本生存问题;有青少年面临家庭暴力、权利受到侵害等问题;有社区文化环境对青少年发展的不良影响等问题；有社区内青少年文化、学习、娱乐需求得不到满足等问题。

最后，要调查社区可运用的资源。在社区里活跃的各种机构与组织往往会对青少年形成直接的、经常性的影响。全面掌握社区组织的情况，是青少年社区工作在调查研究阶段工作的重点。

（2）建立关系。

专业关系的建立是社会工作开展的基础，青少年社区工作建立专业关系的对象首先有青少年社区，同时还有与这些青少年有关的社区居民、社区机构、社会组织和团体等。

在青少年社区工作中与工作对象建立专业关系可以通过开展青少年社区活动和家庭服务活动、探访社区重要人物和社区各种组织机构等方法，也可以通过几个社区的联合社会性行动等方式。在这种联系与交往中，达到对彼此的了解认识，获得相互的支持。

（3）制订计划。

针对社区内青少年综合服务的计划应该包括多方面的内容，除了解决青少年社区当前所面临的问题外，还要从发展的角度来制订计划，促进青少年的发展和福利的提升。在对一般正常生长的青少年服务外，青少年社区服务还应包括对失足青少年的矫治服务、对外来务工人员子女的支持、对单亲家庭子女及困难家庭子女的辅助服务等。实践中，应整合社区、家庭、学校多方力量，制订切实可行的计划，满足社区各类青少年的成长需要。

（4）组织实施。

社区关于青少年的行动除了具备一般的社区行动的基本要素，如通过会议、宣传教育、协调机构、社区组织外，还应该注意体现青少年的特征。青少年是一个有活力、有朝气的群体，可以通过组织志愿服务等活动，提升青少年的领导能力，参与服务计划的实施。另外，"服务学习"的理念与方法适合青少年发展社区计划，可以调动青少年的积极性。

（5）成效评估。

成果评估是社会工作专业非常看重的一部分。评估的内容包括具体工作的直接成绩、对于社区整体青少年发展状况的影响以及对社区其他方面的影响等。

直接成绩评估主要是指具体工作项目的总结和成绩分析，如建立青少年社区服务机构，在建成后需要对其主要功能、服务容量、财务支出等方面进行考察评估。

对于社区整体青少年发展状况影响的评估是指对每一项青少年社区工作项目，在总结时都必须要评估项目对青少年社区发展的综合效应，从直接影响和长远影响两方面做出鉴定。如"社区夏令营""四点半课堂"等青少年社区工作项目的开展对社区发展的价值与意义评价。

评估青少年社区工作对社区其他方面的影响，是指评估一项青少年工作对社区其他工作的影响，这将有助于最大限度地发挥这项工作的效能，更好地集中社区中与青少年工作有关的力量。

2. 青少年社区工作的技巧

（1）调查分析的技巧。

青少年社区工作的技巧有很多方面，最主要的是调查分析的技巧。首先明确要调查和分析的具体内容是什么，这就包括要了解社区的类型、历史和结构，社区问题（主要是青少年问题及与青少年有关的问题）、社区资源（特别是能够服务于青少年的社区资源）。青少年社区工作的调查方式与一般社会调查有相似之处，可以是社区观察法、社区调查法、访谈法、家庭访问法、随机访问法、文献分析法等。

社区观察法是通过对以社区里各种资源、问题、结构的观察，了解社区情况；社区调查法主要是通过问卷访谈，了解社区家长、青少年等就某一个方面的问题的情况；访谈法是直接与青少年谈话，了解青少年在社区里的真实感受，获得第一手资料；家庭访问法是通过观察、访谈，了解青少年的生活状况和所发生的问题，获得青少年家人及相关人员的具体材料；随机访问法是在社区工作中进行的对青少年的随机街头访问,当社工从社区工作的角度去关注一个青少年发展问题时,特别需要通过这种街头访问,真实地了解青少年所处的环境和面临的问题,找到问题的症结;文献分析法主要是对青少年政策、法规的掌握,收集了解与青少年有关的社会政策,包括总的社会政策、地区性法规政策、本社区的特殊规定、对青少年问题的研究成果的分析等。

（2）建立关系的技巧。

建立关系也是青少年社区工作的重要的一部分,主要包括三个方面:第一,接触社区居民的技巧,特别是接触社区里问题青少年的技巧,即尊重、关心与包容。第二,家访谈话的技巧。社会工作者进入家庭了解情况,往往会遭到拒绝,需要有诚恳的态度,注意工作方法和技巧。第三,与政府部门、社会群团组织建立联系的技巧。借助社会团体力量是解决青少年问题的重要手段,青少年社区工作不能离开与政府部门和社会团体的接触,如何促使政府部门和社会团体拿出更多的力量支持青少年社会工作,连接更多的资源深入社区,是青少年社区工作者必须认真思考的问题。

（3）介入技巧。

青少年社区工作如何介入会直接影响工作效果,通常介入的手段主要有以下几种。

第一,从直接的物质性建设目标入手介入社区。这种介入手法主要是针对服务青少年的直接物化目标的建设,如在社区里新建和扩建公共图书馆、博物馆、青少年宫、教育中心、视听中心、体育与运动设施等。

第二,从非物质的教育性服务入手介入社区。从这种服务型的目的介入主要是围绕社区里青少年发展的需求,为青少年提供综合的、全面的服务,服务不仅仅是要解决物质问题,更重要的是以教育、引导、服务青少年为目标。

第三,从以青少年为中心的突发事件入手介入社区。这种介入手法在实际的社区工作中常常遇到。社区中偶然出现的突发事件正好是社会工作者可以介入的好时机。这样的介入自然,更易于为人所接受。同时也可以更好地调动相关部门与机构,快速进入工作状态。

第四,从建设社区相关社会舆论入手介入社区。这种介入手法常常是与突发事件相关联的,一般是由于突发事件而引入新闻媒体,可以通过大众传媒等手段或通过宣传相关社会理念,影响社区舆论,介入青少年社区工作。

第五,从发动社会资源,争取社会力量入手介入社区。这种介入首先是要从社会整体发展的角度发展青少年事业,推动社会性青少年事务的发展;其次是联系有关政府职能部门、相关社会组织和机构,争取社会资源,如资金、物质、人力等,为本社区的青少年服务。

(4) 动员、组织、活动的技巧。

动员、组织、活动的技巧在青少年社区工作中非常重要。要动员包括青少年在内的社区居民,策划活动,调动资源,挖掘和培养包括青少年在内的社区领袖等。

第一,动员包括青少年在内的社区居民。社区活动要调动青少年参与的积极性,必须回应他们真正的需求。青少年兴趣广泛多样,适应他们的需求,努力开发寓教于乐、富于挑战性和趣味性的活动能满足青少年身心发展的要求。

第二,策划活动是青少年社区工作的重要环节。如一个主题性活动的策划,一般要在活动前先选好一个题目。首先,活动要主题鲜明,针对性强,符合社区状况,适应青少年的学习、生活等;其次,要围绕主题选好相关内容,形成活动系统;最后,要采用多种形式调动青少年参与的积极性。

第三,要调动、争取资源。社区活动离不开争取资源的过程,青少年活动更是特别需要对于社会资源及社区内资源的争取调动。这种资源是多方面的,如政策资源,即通过争取政策支持服务青少年;人力资源,即调动社会各界力量参与服务青少年;物质资源,即发动各方面的社会力量,对青少年社区工作给予物质支援;信息资源,即为青少年成长提供尽可能多的有益资讯,促进青少年健康成长等。

第四,要挖掘、培养社区青少年领袖。一般来说,培养青少年社区领袖对社区青少年社会工作的开展意义深远。这方面可以参照"服务学习"理念,培养青少年在服务中学习、在服务中成长、在服务中贡献社会的精神。

四、青少年社区工作的实施策略

1. 加强社区青少年事务管理,促进青少年健康成长

建立社区青少年管理档案。社区青少年工作人员要经常性地开展调查,掌握社区内青少年的状况,建立全面准确的社区青少年管理档案。对问题家庭的青少年、有不良行为的未成年人要建立详细档案,并根据其行为变化定期更新,做到人员底数清、家庭情况清、心理特征清、目前状况清。

加强对特殊青少年群体的管理。做到社区中特殊青少年群体的生活有人问,思想工作有人做,发生问题有人管,遇到困难有人帮。对残疾、失业以及因父母服刑、劳教、吸毒而无法获得正常家庭监护的困难青少年,要开展"一助一""多助一"结对帮困服务,解决他们在学习、工作和生活中的实际困难;对有不良行为的青少年要制定社区综合帮教措施,安排专人开展结对帮教,矫治其不良行为;对多次发生严重不良行为的青少年,要依照有关法律法规的规定,由家庭、学校或单位严加管束,由公安部门进行训诫,情节严重的送工读学校进行矫治和接受教育。

完善社区青少年评价体系。通过社区青少年活动记录档案、社区青少年志愿服务卡等多种方式,不断完善青少年参与社区活动的激励机制,调动社区青少年参与社会服务的积极性和主动性,通过社区、学校、单位联系卡等方式,建立社区与驻区学校、单位的沟通反馈机制,及时掌握青少年的综合表现,把社区评价和学校、单位的评价有机结合起来。

2. 完善社区服务内容,满足青少年成长的基本需求

加强社区青少年教育培训。学校的素质教育要向社区延伸,要面向社区青少年开展外语、计算机网络知识、科普知识、实用技能等培训活动;根据青少年的

就业需求,社区要联合劳动、教育、工商等部门开展职业培训、职业介绍、信息咨询等服务;面向辍学、失学和学习有困难的青少年,街道和社区要积极整合社会资源设立助学金,同时开展志愿者家教辅导、学习方法讲座等活动,帮助他们继续完成学业。

丰富青少年业余文化生活。大力开展主题读书活动,定期向青少年推荐或赠送健康向上的图书;要以"社区青年文化节""青年文明社区大家乐"等活动为载体,广泛开展球类运动、棋类竞赛、文艺演出等社区群众性文体活动,满足青少年的休闲娱乐需求;要立足社区,积极开展广场文化、楼道文化和家庭文化评比、表彰活动,调动青少年参与社区活动的积极性,推动社区文化建设。

开展青少年心理健康服务。针对青少年的生理、心理特点,定期聘请专家进入社区开展心理健康讲座,加强青春期心理教育,促进青少年健全人格的形成;社区要创造条件设立心理辅导室和心理咨询热线电话,对存在心理障碍的青少年提供有针对性的心理辅导和心理矫治服务。

维护青少年的合法权益。建立青少年维权网络和社区维权热线,推行青少年维权工作例会制度,形成维权合力,及时有效地维护和保障青少年的合法权益;继续深入开展创建优秀"青少年维权岗"活动,动员与青少年事务有关的基层单位,积极为社区青少年办实事、办好事;依托驻区青少年维权岗单位的资源优势,通过举办社区自护培训班、训练营等活动,帮助社区青少年掌握正当防卫、紧急避险、法律援助等必要的自护知识和技能。

3. 净化社区青少年成长环境,消除青少年违法犯罪的诱因

加大社区环境整治力度。针对毒品、不健康图书、违规经营"网吧"、违规经营歌舞厅等危害青少年健康成长的环境问题采取有效措施,加大清理整顿力度;对侵害青少年合法权益的行为,特别是教唆、胁迫、引诱未成年人违法犯罪的行为,进行严厉打击。

建立青少年成长环境的评估体系。要结合青少年社区生活的特点以及所在社区的实际,对社区环境的构成进行合理的分类,明确社区中影响青少年健康成

长的环境因素,并建立相应的指标评价系统;街道和社区要依照青少年社区成长环境的指标评价系统,对社区环境进行定期评估,及时反映社区环境状况,为优化青少年成长的社区环境提供必要的依据。

建立青少年成长环境的预警机制。经常性地调查社区青少年的成长环境,及时掌握社区内对青少年影响较大的文化市场、娱乐场所的情况,分析并发现青少年成长环境中存在的问题;要吸收社区内关心青少年成长的居民作为社区青少年成长环境的监督员,及时发现并举报容易诱发青少年违法犯罪的环境问题,适时预警和控制。

§思考和练习

1. 青少年个案工作的含义和特点是什么?
2. 青少年个案工作的技巧方法有哪些?
3. 阐述青少年小组工作过程及小组工作对青少年的适用性。
4. 青少年社区工作的实施策略主要有哪些?

§小组讨论

1. 小组讨论并合作完成一份"青少年社区夏令营"计划书,通过 PPT 分享。
2. 小组讨论并合作完成一份"社区四点半课堂"计划书,通过 PPT 分享。

第六章　青少年服务学习

　　"服务学习"的理念和方法与青少年社会工作有很多相容性,青少年社会工作者应了解、掌握"服务学习"的基本理念、价值与方法,引导青少年投身"服务学习",在服务中学习、在服务中成长。"服务学习"的核心是青少年,特别是青少年用所学知识投身于社区实践,贡献社会,成长自我。"服务学习"的主要内容包括:什么是服务学习、认识社区的服务与机构、设计服务学习项目计划、建立与社区机构的关系、设计具体的服务方案、实际进入社区与机构、服务活动宣传与媒体、服务学习的反思与庆祝等。

本章要点

■ 服务学习。就是将知识学习与社会服务相结合,使青少年通过使用课堂中所学的知识为社会服务,利用其在社会服务中的经验促进学习。其目的是通过社会服务与课堂学习的相互结合,促进学生的知识获取与能力培养,并使其在参与服务实践的过程中关注社会,提高自身的思想道德素质,培养高度的社会责任感。

■ 服务学习要做的重要工作就是考察社区、了解社区资源、开展社区调研、制订社区服务计划。

■ 服务学习是一个将学校知识、社区资源与青少年学生反思系统有机结合的过程,三者缺一不可。建立学校与社区伙伴关系才能使服务学习成为可能,服务学习计划才能得到有效的落实。

■ 社区动员就是把满足社区居民需求的社会目标计划转化成社区成员广泛参与的社区行动的过程。它贯穿于促进项目的全过程。

■ 服务实施即行动、执行和改变,是服务学习过程中的重要阶段。服务实施是参与者与服务对象采取行动,按照服务计划落实目标,帮助服务对象改变,解决预估中的问题,是实现服务计划的重要环节。

第一节　什么是服务学习

一、服务学习的定义

服务学习,顾名思义,就是将知识学习与社会服务相结合,使青少年通过使用课堂中所学的知识为社会服务,利用其在社会服务中的经验促进学习。其目的是通过社会服务与课堂学习的相互结合,促进学生的知识获取与能力培养,并使其在参与服务实践的过程中关注社会,提高自身的思想道德素质,培养高度的社会责任感。服务学习是经验性学习的一种形式,青少年在活动中满足人类及社区的需求,并从建构的活动中促进自身的学习与发展。

1. 服务学习的基本要素

青少年积极主动的参与,与自身专业结合,完善的组织和计划,关注社会需要,学校和社会的密切配合,有效的反思、应用知识和技能的机会,扩展的学习机会,关注社会,关心他人的情感的培养等。

2. 服务学习是一种重视学习因素的服务

服务学习必须通过计划性的服务活动与结构化的反思过程,以满足被服务者的需求,并促进服务者(青少年)自身的发展(如组织协调能力,人际沟通能力,领袖才能,培养关心他人、关心社会的责任感等)。

3. 服务学习阶段的主要内容

服务学习准备阶段,包括计划制订和相应的人员场所准备;服务学习实施阶段,指按照计划实施服务学习,并根据情况进展修正计划;服务学习反思阶段,是指学生将服务学习的经验带回课堂,通过缜密的反思过程思考他们在服务学习中所获的经验,分析解释并理解其中的意义,进而合理调整课堂的学习策略。

二、服务学习的特质:服务+学习=双赢的目标+充实的人生

服务学习以学习为导向,协助学生从服务经验中得到成长的喜悦;服务学习将服务融入课程教学,让学生在参与服务的过程中有所体悟;服务学习鼓励学生应用所学的技能,在实地服务之中加以验证;服务学习以实际的行动服务别人,培养学生关怀社会的情操。因此,服务学习可以同时达成服务目标与学习目标。

1. 协同合作(Collaboration)

所谓协同合作,即双方是平等、互利的一种关系,在其中,双方通过一起分享责任、权力,一起努力,来分享成果。

2. 互惠(Reciprocity)

所谓互惠,即双方共同努力,共享成果,彼此都是教导者也是学习者,彼此从对方身上相互学习。

3. 多元(Diversity)

所谓多元,即服务学习应包含各种多元的族群,服务者与被服务者均有机会接触与自己背景、经验不同的人。

4. 学习为基础(Learning-Based)

服务学习与传统社会服务最大的不同,乃在其强调学习与服务的连接,设定

具体学习目标,通过服务的具体经验反思来达到学习的目标。

5. 社会正义为焦点(Social Justice Focus)

社会正义观点的服务学习强调让被服务者看到自己的能力与滋生(成长),对自己有信心,了解问题的根本原因,一起改造(与完善)社会体制,追求社会正义。使他们有能力,这才是服务的最终目标。

三、服务学习的逻辑展开过程:畅想、计划、活动与反思

畅想:将"服务精神"发展为"服务构想"。
计划:将"服务构想"形成为"实施方案"。
活动:将"实施方案"变成为"具体服务"。
反思:将"具体服务"转化为"学习心得"。

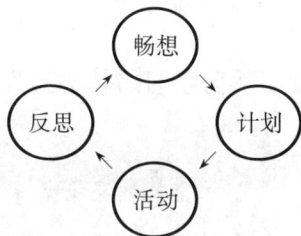

图 6.1 服务学习的逻辑展开过程

四、服务学习的功能

第一,通过服务学习提供实际服务的经验。个人去关怀独居老人、身心障碍者及其他弱势族群,从真实情境中体验到贫穷、健康、正义、人类本质等问题。

第二,通过服务学习发展批判思考的能力。通过与服务场所的督导、工作人员等讨论分享,有助于个人发展批判性分析和思考的能力。

第三,通过服务学习增进社会参与的能力。实际接触服务对象,并通过心得撰写及自我反省,增进沟通、表达、同理等社会参与所必需的能力。

第四,通过服务学习培养公民社会的意识。通过服务学习,使个人养成勤劳、自律、合作、人文关怀、参与公共事务、回馈社会等应有的素养。

第五,通过服务学习获得正面的成长经验。从实际服务中,服务对象看到自己的努力可以带来不同的改变,而愿意继续投入服务中。

除获得以上正面的成长经验等五方面之外,服务学习还可以促进个人有关

四个层面的学习,包括接受异质性、个人发展、人际发展、与社区联结:(1)接受异质性(diversity)。指个人对于异于自己的想法观点、生活方式的接受程度,例如发展正向的观点、对于其他文化的欣赏、认识"与我类似"(like me)的人等。(2)个人发展(personal development)。指个人自我了解、心灵成长,并从帮助别人当中得到酬赏,进而在未来个人选择职业时会考虑"协助他人"信念等。(3)人际发展(interpersonal development)。指个人建构与他人合作的能力、增进领导技巧与沟通技巧等。(4)与社区联结(community and college connections)。对个人所处的环境有所认识、了解,进而参与公共事务,回馈社区。

五、服务学习的基本实践原则

1. 注重规划及策略

为了建立真正的合作关系,确保由青少年领导计划实践,详细而及时的计划必不可少。

2. 建立广大的社区支持基础

青少年服务是一个让整个社区能为一个共同的活动而凝聚的机会。若能凝聚学校、企业、邻里、宗教团体与专业组织,以及社团与各个机构,则可获得无限的资源。资源意识与资源建设首当其冲。

3. 增强社区对青少年的支持

青少年服务企盼以现有的社区资源为基础,激励进一步的想法与建设。在规划青少年服务时,必须考虑可能的相关活动与学习课程,以便永久提升社区对青少年的支持。

4. 寻求社区内各种人员的协助

先定义出当地社区的多元性。每个社区都不同,因此对多元性的定义也不同。在寻找社区多元性时,可从民族、种族、政治立场、信仰、性别、社经地位、年龄、教育程度及身体状况等方面开始着手。

5. 培养小区青少年的精神与活力

服务学习的主旨即吸引青少年投身社会。这样的精神应该展现在服务活动的各个面向，如果小区青少年被吸引与带领，能够在活动中展现热忱、创意与想法，整个小区都将被带动。

6. 服务学习成为这个时代的学习过程

想运用社区现有资源创造更多资源，最好的方法之一，就是把青少年服务计划的焦点放在人与人之间的学习上。让老少彼此学习，创造一个尊重沟通、期许沟通的环境；建立一个促进学习的氛围，营造一个具有高度期许并容许失败的环境。

第二节　认识社区与服务计划

服务学习要做的第二项重要工作就是考察社区、了解社区资源，开展社区调研，制订社区服务计划。认识服务的社区即社区描绘，就是对社区的综合状况进行摸底并呈现出来。社区居民、居民需要、评估、资源与资源的连接、服务嵌入等是社区描绘的核心概念。如果了解了社区里的学校、企业、邻里、社会团体、专业组织与机构，将会获得无限的资源，从而制订出更具可行性的服务计划，更好地完成学习与服务。

一、社区基本情况分析

1. 社区的地理环境

社区的地理区域面积和地理环境资料，一般可以通过区政府和街道办事处取得资料。主要包括区位与边界、环境设计与土地使用、交通、基础设施、社会服务、商业服务和经济情况等。

2. 社区内的人口状况

主要包括社区的总人口数、性别比例及年龄分布、教育背景、信仰、职业状况等资料,这些资料可以从当地的社区委员会或派出所取得。掌握这些资料可以用于社区介绍,也可对社区居民可能的需要以及可开发的人力、物力、财力等资源有更确实的了解。

3. 社区内的资源

主要包括社区里的公共设施、教育机构、医疗单位、社区组织、金融机构、商业场所等。可以通过以下几个方面了解社区资源:一是它们所在的位置与日常运作,对社区居民生活的影响如何;二是资源被利用情况;三是社区居民的参与状况。

4. 社区内的权力结构

了解社区内的权力结构,对未来的组织及动员策略有着重要的作用。可以通过街道办事处、社区居委会了解社区中各类组织的情况,包括辖区单位、业主委员会、物业管理公司、社会团体、居民自助小组和互动小组等,并了解和分析社区内的权力结构。访问社区居民、拜访社区居民委员会主任、参与社区内的重要会议和活动都是了解社区内权力机构的渠道。

5. 社区的文化特色

每个社区都有它的发展历史,并在发展过程中累积出文化特色。尽管有些社区的文化特色已渐衰落,但仍有必要再次发掘。可以通过社区的史料或出版物追溯社区的历史与文化,访问社区长期居住的老年人是搜集社区历史发展与文化特色的好方法。了解社区的文化特色,不仅有利于了解社区居民的参与动机,而且有助于深入地了解社区。

二、社区资源分析

1. 社区资源的含义

广义的社区资源,是指能够满足社区居民生活需要的一切自然物质资源与社会制度,包括经济、政治、法律、教育、宗教、医疗和社会福利资源;狭义的社区资源,主要是指社区福利资源,即能满足社区福利体系各类服务对象需求的金钱、物资、机会和社会支持关系。

2.社区资源的分类

(1)人力资源:包括社区中所有个人的体力、技术、智慧、助人意愿及人际关系等。人力资源重视的人物包括社区领袖、各行各业的专家、学者、领导人、社会工作者、志愿者等。(2)物力资源:主要是可用于社区服务的场地、设备,例如社区内大中小学的教室、运动场地、现代化的多媒体教学器材,社区内社会机构以及组织设施与场所等。(3)财力资源:主要是社区服务所需要的经费,一般有政府支持、社会捐助和服务收费三个来源。

社区资源根据其归属,可分为正式资源和非正式资源,正式资源一般包括政府财政资源,或者经过合法登记注册的非政府的资源,其特点是需要通过正式的申请程序才可以使用;非正式资源一般是属于个人的资源,只要私人同意就可以使用。根据资源所在的位置也可分为社区内部资源和社区外部资源。

表 6.1　社区资源的种类

	社区内部资源		社区外部资源	
	正式资源	非正式资源	正式资源	非正式资源
人力资源				
物力资源				
财力资源				

表 6.2　资源检查表

	本社区必须运用的资源	已存在的资源		现不存在的资源		备 注
		已使用的资源	尚未使用的资源	无法使用的资源	无法开发的资源	
人力资源						
物力资源						

三、设计服务学习项目计划

服务项目计划提供了服务的基本思路和路径,是服务学习活动开展的基础。学习做服务学习项目计划,是服务学习实施的有力保证。

1. 项目的含义

项目是指在一定时间内为了达到特定目标而调集到一起的资源组合,是为了取得特定的成果而开展的一系列相关活动。因此,也可以说项目是特定目标下的一组任务或活动。

2. 项目的特征

一般来说,项目具有一些特殊的、可以帮助我们验证其效果的特征和属性。优秀社会公益服务项目应具有表 6.3 列举的基本特征。

表 6.3　项目的基本特征

＊员工	＊以证据为依据的研究基础
＊预算	＊概念或者理论基础
＊稳固的资助	＊一个服务哲学
＊被认可的身份	＊对实证的评估服务所做的系统化努力

3. 项目策略规划

所谓项目策略规划是指设计出行动的路径与详细、具体的做法,是达到目标的预定路径。策略规划包括三个步骤。

第一步,先采取"头脑风暴"方法让规划小组成员提出各种想到的策略。小组成员中任何人表达意见、观点时,都不应被批评和嘲笑,每个与会人员都要提出意见,并尽情表达。

第二步,运用符合性、可接受性、可行性三个指标去评估上一阶段提出的每个策略,删除那些明显不可能的策略,即不符合目标、不被人们接受、没有任何可行性的策略。

第三步,就留下来的策略,逐一分析实践该策略的可能性,选出一个或几个策略。即通过 SWOT 分析法,对策略的优势(strength)、弱点(weak)、机会(opportunity)和威胁(threat)进行分析,比较得出较好的策略。

4. 方案计划

方案计划是针对策略规划选出的一个或几个策略,进行更具体的方案设计。方案计划的程序也是首先采取"头脑风暴"法,提出以下九项方案构成要素(6W+2H+1I)。

(1) Why:代表方案的目的与目标;

(2) What:服务内容;

(3) When:时间、日期、期限;

(4) Where:地点;

(5) Who:工作人员(包括志愿者);

(6) Whom:接受服务的对象;

(7) How:工作技术、方法知识;

(8) How much:财源和预算;

(9) If … then:应变方案(如果发生临时状况,应该怎么办)。

5. 项目计划的制订原则

(1) 实现项目与课程的连接。服务学习在制订项目计划时,一项重要工作就是把服务项目与学员所学课程以及学生的当前经验相联系。一方面,服务学习各个阶段所用的知识来自其他课程;另一方面,服务学习过程中的所学所思又可以用来深化知识。反观综合实践活动,学员在课题研究过程中,往往把网络和图书作为极其重要的研究工具,根据自己的兴趣去查阅课题的相关资料,而忽视了自己从其他课程中所学到的知识。同时,课题与所学知识的脱节又导致研究成果无法渗透到自己的知识结构中。

(2) 要有服务对象的参与。制定介入策略时要注意以服务对象为中心,注意发挥服务对象的长处与优势;尊重服务对象的意愿,要与服务对象系统分享对目的与目标的期望,进行必要的讨论与协商,否则会影响服务对象自我成长的机会、体验自尊的机会和对解决问题的贡献。

(3) 项目计划尽可能详细和具体。详细和具体的计划能够给学员和服务对象提供行动的指示,促进改变过程的进行;详细、具体的计划还可以进行测量,使得学员和服务对象看得见、摸得着工作的成果,知道是否实现了目标;另外,计划的具体目标不能偏离介入的目的,务必使计划与介入目标一致。

第三节　建立学校与社区伙伴关系

服务学习是一个将学校知识、社区资源与青少年学生反思系统有机结合的过程,三者缺一不可。建立学校与社区伙伴关系才能使服务学习成为可能,服务学习计划才能得到有效的落实。建立社区资源网络,并实现参与者与资源网络的有效互动,是社区服务的策略手法。

一、服务学习的伙伴关系

1. 小区(或机构)/经验

小区组织或服务机构可以传授服务的技巧给学生,让学生在服务的过程中有所学习。比如,在社区机构中服务的社会工作者、精神健康工作者、教师、律师、医护人员、营养师、语言治疗师、心理学家、政府公职人员等,连接他们的经验与服务是参与者实现服务学习的有效途径。

2. 学校/知识

如果只有知识,没有行动,都是空谈;但是,只有行动,没有知识,也是盲目的,因此,必须有服务的知识和行动相互配合,知识能加以应用,才有意义。这样,学生可以应用其所学,在实地服务中加以印证。

3. 学生/反思

思考服务的过程,并理解所学的知识,需要学生做作业,以加强反思的能力,其方式可包括写作、展演与讨论等。

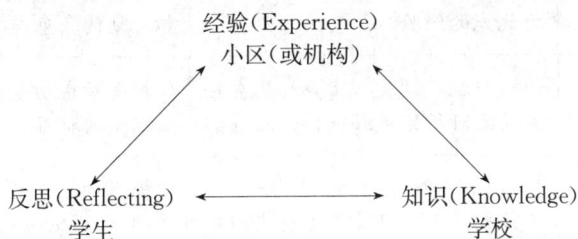

经验(Experience)
小区(或机构)

反思(Reflecting)　　　　　　　　　　知识(Knowledge)
学生　　　　　　　　　　　　　　　　学校

图 6.2　服务学习示意图

4. 致力培育社区协作者

社区伙伴致力培育社区协作者,这是项目中不可或缺的部分。社区协作者包括个人,例如社区工作者、教师、健康骨干等,也包括民间团体和一直在城市与农村推动社区发展工作的社区组织。通过社区协作者的建立与合作,进而提高社区发展方面的知识和技巧,也增强对主流发展模式的敏感度和分析能力,推动社区参与和自我组织,通过集体力量带来改变。

二、社区与学校做法的差异

具体差异请见下表。

表 6.4　社区组织/机构与学校在服务学习重点方面的差异

	社区组织/机构	学　　校
焦点	组织与机构的焦点是最后的产出:植树成功、房屋建好、学生已被辅导、案主得到服务	学校的焦点是过程:投入计划中的学习知识与技术的获得

(续表)

	社区组织/机构	学 校
为什么投入服务学习	组织或机构视服务学习是投入年轻志愿者的机会	学校视服务学习是教育学生与教导公民责任的有效策略
方案计划与领导	社区伙伴通常依据一个模式,是以符合机构目标的志愿者管理作为优先的经验	学校将"年轻人的心声"作为服务学习的基本要素,与学生一起承担计划的角色与方案的领导
成功的衡量	组织与机构决定其成功,是在任务设定时所完成或提供的服务	学校衡量成功是以符合课程或课业水平为标准
评量	社区伙伴会问:我们做得如何?评估成功与否以具体可量化的结果为依据:如种了多少株树、多少亩土地被复原、多少案主被服务	学校视计划为连续性的,他们会问:如果我们再做一次,我们可以有所不同吗?评估的起点是从反思过程开始,并持续进行计划

三、社区伙伴关系——学校、社区与参与者的联结

学校、社区与参与者的连接可以分为几步:(1)通过各种途径了解小区需求,并与学校课程结合,确定要进行的小区服务主题。(2)与被服务机构联结,共同拟定服务计划。(3)介绍服务机构,双方共同拟定学习目标及服务项目。(4)安排服务所需的训练,组成服务团队。(5)争取学校有关部门及父母支持,由学生、学校、家庭、小区共同分享责任与权力。

第四节　服务内容与服务实施

从事服务学习,要先了解有哪些服务场所?服务内容是什么?服务原则有

哪些？服务资源有哪些？参与者将确定和获得必需的物质、资源，以及实践服务的计划。

一、服务场所的选择

以服务场所存在的方式，可大概分为机构、机关、社团与小区四大部分，每一种服务场所的特性不同，可依其状况加以选择（以社会福利服务为例）。

（1）公私立社会福利机构，例如育幼院、老人院、老年大学、各类身心障碍福利机构、社会福利服务中心等。

（2）政府社会福利机关，例如各市、县及乡镇市区政府民政局、社区政权处、社会事务中心等。

（3）慈善公益团体，例如慈善会、福利促进会、智障者家长会、社会工作专业协会等。

（4）小区发展或邻里组织，例如社区业主委员会、社区长寿俱乐部、邻里互助中心等。

以上四种服务场所中，公私立社会福利机构是大部分学生所选择的社会福利服务场所，其优点是服务场所固定、制度较完备、服务对象较为明确，且往往有亲切的服务人员指导服务的进行。政府社会福利机关常会针对社会弱势群体办理一些活动，由于政府人员人少事繁，常需要志愿者协助，以完成工作，也有社会工作人员可以协助指导。慈善公益团体的种类繁多，大部分均以服务他人或会员为目的，承办人力往往比政府人员更少，为有效推动业务，招募志愿者协助是常有的事，学生可以就其有兴趣的团体探询服务需求并前往服务，只是督导比较难到位。为了便利学生的服务，无须来回奔波，请其就近了解当地社区居委会或邻里组织是否有服务需要且是服务学习适当的场所，其缺点与慈善团体类似，即较欠缺可以指导服务进行的适当人选。

二、服务对象与服务原则

1. 服务对象

社会福利的服务对象,大部分是社会弱势者,大概有下列几种类型:(1)儿童。例如幼儿园儿童、受到疏忽或虐待的儿童。(2)少年。例如行为偏差的青少年、课业成绩不佳的青少年。(3)老人。例如独居老人、养老院老人。(4)身心障碍者。例如福利机构收容的身心障碍者、独居的身心障碍者。(5)妇女。例如受虐妇女、单亲妈妈。(6)外来人口。例如城市中的外来人口、生活适应不良的外来人口。(7)劳工。例如失业劳工、工作适应不良的劳工。(8)农民。例如经济状况欠佳的农民、教育程度偏低的农民。(9)游民。例如无家可归的游民、乞丐。

2. 服务内容的分类

服务内容依所需要的专业化程度,可分为三种类:一般服务、日常照顾服务与身体照顾服务,其内容如下:(1)一般服务。文体表演活动、机构环境打扫、协助义演、义卖、课业辅导、募集、协助维修器材设备等。(2)日常照顾服务。协助换洗、修补衣物、居家环境改善、家事协助、文书服务、友善访问、电话问安、送餐到家、陪同购物、陪同就医等。(3)身体照顾服务。协助沐浴、协助穿换衣服、协助进食、协助服药、协助翻身拍背、肢体关节活动、上下床、协助散步、协助使用日常生活辅具器材等。

一般服务必须受基本服务训练,了解与被服务者之间的关系及基本服务态度,是较易实施的服务方案。日常照顾服务需要经过一定的课程训练,才可以胜任。身体照顾服务较适合受过一定程度护理训练的学生担任。青年学生可以依其兴趣及专业,选择适当的服务项目。

3. 服务原则的强化

从事服务学习,与学生的能力、被服务者的需求、服务场所及服务的特性有关,以下六个原则,可作为选择从事服务学习之参考。

（1）量力而为原则。必须衡量青少年的负担能力、学生学习的日程与机构的需求，作为服务方案设计的准则。刚开始，服务时间宜短不宜长，以便有足够的心理调适时间，如服务方案必须要集中时间办理，可以择定在寒暑假期间实施。方案应尽量简单易行，以免造成过重的行政负荷。

（2）学以致用原则。学生因能力、兴趣与专业不同，对服务项目的选择亦有差异，在服务的提供方面，尽量坚持学以致用原则，让学生可以发挥所长。如具有文体特长的学生，可带领幼儿园儿童游戏；具有木工特长者，可协助幼儿园修理桌椅。

（3）工作满足原则。在服务的过程中学生所担任的工作，要避免枯燥、重复的工作，使学生在服务过程中得到新奇感与成就感，才能激发学生服务学习的热情。

（4）被服务者需求满足原则。要了解被服务者真正的感觉需求何在，并斟酌拥有的资源给予满足。如果无法满足被服务者的需求，亦能坦率地告知被服务者，以免其有不合实际的期待。

（5）服务学习社区化原则。服务的地点尽量选择在学生学校附近，不必舍近求远，以节省时间，并有助于促使学校与社区相互结合。

（6）结合社会资源原则。学校与机构的资源有限，为了推动服务方案，应调查小区当中是否有其他资源可供使用。例如社会福利机构、公益团体、慈善协会、家长会等，政府单位如有相关补助，亦是资源重要来源。

三、社区动员

社区动员就是把满足社区居民需求的社会目标计划转化成社区成员广泛参与的社区行动的过程。它贯穿于促进项目的全过程。社区动员的目的是使社区人群能主动参与项目的整个管理过程，包括需求评估、计划、实施和评价的全过程。另外，须获得项目所需的资源和建立强有力的行政与技术管理体系。

1. 开发各种类型的人力资源，争取政府部门的支持

争取当地各级政府领导对项目的重视和支持是项目能否顺利开展和可持续

发展的重要条件。应通过多种方式和途径向各级政府领导宣传项目对保护人民健康和发展社会经济的重要意义,争取把项目目标作为各级政府的工作职责,列入议事日程,统筹规划,增加投入,制定正确的方针政策,加强领导。尽可能创造机会让各级领导出面宣传项目的意义。

2. 建立和加强部门间的合作

服务学习项目经常会涉及社会生活的各个方面,单靠学校与社区不可能解决与项目相关的各种问题。力争在政府协调和统筹安排下通过部门间协商明确共同目标,加强合作,共享专长、技能和资源,提高效率和效益。

3. 动员社区、家庭和个人参与

社区是服务项目促进的基本场所。应向社区决策者大力宣传项目的重要意义以及他们对社区居民的责任;提供训练,帮助他们了解和掌握相关的实用知识和方法,提高领导能力,获得项目实施所需的资源。社区的基层组织(居民委、组)是服务项目促进的重要力量,应注意发动他们参与项目的各种活动。家庭是社会的细胞,对家庭成员要宣传服务项目对个人的责任与权利,人人都有参与的义务。

4. 发挥非政府组织的作用

非政府组织如妇、青、老、工会、学会、协会、志愿组织,在社会发展中的作用日益重要。应注意通过多种形式,如邀请参加会议、分发简报、个别接触等提高这些组织中的关键人物对项目意义的认识,鼓励他们提意见、参与决策,应用适当的方式和途径向广大居民宣传项目的意义和有关信息。

5. 动员专业人员参与

专业人员是革新的倡导者,是项目计划、实施和评价的基本技术力量。专业人员的素质和技术水平对保证项目的顺利实施及质量有十分重要的意义。例如,教师、社会工作者、心理医生、律师、医生等各类技术人员是许多项目工作的具体执行者和服务的提供者,他们的工作直接影响项目工作、项目质量、项目的推广及运行。因此,动员广大专业人员自觉参与至关重要。根据服务需要对各类专业人员进行多种形式和途径的培训,使其明确在项目中的职责和权利,提高他们服务项目促进的知识和技能,保证项目目标的实现。

四、服务实施

服务实施即行动、执行和改变。是青年服务学习过程中的重要阶段。服务实施是参与者与服务对象采取行动,按照服务计划的落实目标,帮助服务对象改变,解决预估中的问题,是实现服务计划的重要环节。

1. 服务实施的原则

(1) 以人为本,服务对象自决。服务实施要体现以人为本的原则,从服务对象的需求与利益出发,并且在服务介入时要有服务对象的参与。由服务对象决策和参与的行动将会使他们有更大的动机去承担责任和完成任务。

(2) 个别化。只有针对服务对象及系统的特殊性采取行动,服务才能有助于解决问题。例如,对于艾滋病患者来说,并不是所有艾滋病患者的家属都排斥他们,对不同的服务对象及其系统要有个别化的介入行动。

(3) 考虑服务对象的发展阶段和他们的特点。服务的行动应集中在服务对象的生命周期阶段及他们本身的特点上,例如,年幼的"留守儿童"最需要的是生活照顾,满足他们营养与健康的需要,发展与他人相处的社会能力等。如果将他们完全交给老年的祖父母照顾,可能满足不了他们成长的需要,建立学校与社区的伙伴关系,在社区定期开设"'留守儿童'成长课堂"是一个不错的选择。

(4) 与社区机构、服务对象相互依赖。参与者不能单枪匹马地采取服务介入行动,要依靠社区机构和服务对象,与他们紧密配合,共同参与行动,才能最大限度地发挥服务对象系统的积极性与能动性。

(5) 瞄准服务目标。介入行动应围绕介入目标进行。例如,网瘾少年的成长是社会普遍关注的问题,但服务介入行动首先要集中在戒除网瘾上,因为这是青少年自己、家庭和学校最关心的。

(6) 考虑经济效益。服务的实施意味着参与者与社区居民都要付出时间和精力,介入行动的原则就是要量力而行,优先考虑投入时间与精力最少的行动,从而以最小的成本投入获得最有效的改变结果。

2. 直接服务的行动与策略

(1) 促使服务对象运用现有资源。帮助社区居民运用自己内在的资源,以实现改变的目标。挖掘潜能、提升价值、完善人格,帮助社区居民运用现有的外在资源。外在资源包括正式资源系统——各类服务机构;非正式资源系统——家庭、邻居、亲戚、朋友等。

(2) 运用活动作为服务介入的策略。活动是针对某些既定的目标或任务的行动。参与者运用活动作为介入行动,协助服务对象掌握特别的社会技能,达到解决问题的目的。例如,运用小组活动,设计角色扮演来帮助不善表达的中学生练习与他人沟通的技巧,帮助他们在现实生活中获得令人满意的人际关系。通过活动提升服务对象的能力的效果是单独一对一服务所达不到的。

(3) 运用影响力。为有效地帮助服务对象,参与者要有意识地运用各种能够促使服务对象改变的力量,包括诱导(奖励与处罚)、劝导(运用有说服力的观点改变服务对象的观念)、利用关系(运用人际关系与影响目标系统的行动)、利用环境(使外部社会环境有利于服务对象的改变)。

3. 间接服务的行动与策略

(1) 运用和发掘社区人力资源。确定谁是社区中有影响力的人物;有与"有影响力"的人物建立关系;具有说服和游说、令人信服的陈述和表达技巧;把握工作目标的技巧,将"有影响力"的人物团结起来一起工作。

(2) 协调和联结各种服务资源与系统。团结不同专业的服务人员以实现共同目标;了解各方的不同观点,协助建立共同目标;识别各专业的长处与差别,划分职责;与各方沟通了解情况,为有效协调打下基础。

(3) 制订计划,创新资源。创新资源是发展资源的一个重要和有效满足需要的方法,只要有创造性,就可以发展出一些成本不高,但却富有创新精神且有用的资源,例如,发展新的互助小组、志愿服务等。

（4）改变环境。改变环境的工作也叫环境介入,其目的在于改变服务对象周围的环境,以促成服务对象的改变,实现服务目标。参与者要了解环境不仅充满了挑战,也充满了机遇,需要对环境、个人和集体福利的影响进行分析和行动介入。

资料6.1　服务学习成果报告内容一览

一、计划摘要表

二、学生参与服务学习活动申请表

三、家长同意书

四、学生参与服务学习记录卡

五、支出费用与凭证核销

六、活动剪影(照片)

七、服务学习总结与反思

八、获奖人员名单及绩效表

九、活动感言

资料6.2　服务学习计划方案摘要

一、计划缘起:

二、主题:

三、目标:

　　（一）认知方面:

　　（二）技能方面:

　　（三）情意方面:

四、活动策略:(略)

五、服务对象:邻近社区民众

六、执行单位:某大学及某社区合办

七、实施时间:年、月、日

八、实施地点:某社区

九、服务项目或内容:(略)

十、执行步骤与进度表:

十一、分工:

十二、经费预估:

十三、预期成效:

十四、绩效评估:

§思考和练习

1."服务学习"的特质与功能是什么?

2."服务学习"的实践原则是什么?

3."服务学习"计划方案的基本要素有哪些?

4.社区动员的组织与协调需要注意哪些方面?

§小组讨论

1.讨论"服务学习"的基本理念精神,每组派代表介绍对"服务学习"的理解。

2.小组讨论并提交:运用青少年服务学习理念与方法设计一份《社区老人服务计划方案》。

第七章 身体意象和饮食异常问题与社工介入

通过对本章的学习,了解青少年身体意象和饮食异常的定义、特征、现状,理解青少年身体意象的影响因素,掌握社会工作介入的工作策略,促进青少年理性的身体意象、合理调整饮食,达到身心健康的成长目标。

本章要点

■ 青少年身体意象是一种青少年对自己身体特征主观性、综合性及评价性的概念,包括青少年对自己身体各方面的了解和态度。

■ 青少年饮食异常,即因不适当且扭曲的身体意象导致的青少年饮食违反常态。常见的饮食异常为厌食症和暴食症。

■ 青少年身体意象和饮食异常问题与个体因素、家庭因素、社会状态等相关。

■ 青少年身体意象和饮食异常问题个案辅导按照总辅导目标和阶段性辅导目标进行。

■ 小组工作介入青少年身体意象与饮食异常的模式主要有互动模式与治疗模式。

第一节　身体意象和饮食异常问题概述

青少年阶段的主要认知任务之一为接纳自己的身体、容貌特征,而身体意象是自我概念发展的重要构成要素之一,也是青少年适应青春期改变的重要发展任务之一。许多资料显示,青少年对于自己的体重、身体意象并不满意,为了减轻体重,他们会采取节食、催吐、服用减肥药等极端的方法,不但对身体健康产生危害,更可能导致心理疾病的发生。因此,提供青少年心理和健康维护的福利服务,协助青少年适应青春期的变化,建立健康的身体意象,接纳并尊重自己与他人的身体,避免因为采取不适当的减重方式而造成生理和心理上的伤害。

一、青少年身体意象及现状

1. 青少年身体意象的含义

身体意象是指个人对自己身体所形成的一种心理影像,包括身体知觉与身体概念,即个人对自己身体特征的认识和对自己身体特征的态度和感觉。青少年身体意象是一种青少年对自己身体特征主观性、综合性及评价性的概念,包括青少年对自己身体各方面的了解与态度,也反映出青少年所感觉到他人对其身体外观的看法。简单来说,身体意象就是青少年对自己身体的看法。

2. 青少年身体意象的现状

青少年时期正是形塑自我身体意象的重要时期,根据外界所赋予的体态标准而给予自己评价。接纳自己的身体外表和容貌特征是青少年期的重要发展任务,只有在青少年建立了健康的身体意象后,他们才能正常成长。当前青少年身体意象现状主要表现为以下几点。

(1) 崇尚瘦身美容。在唯瘦为美的社会风尚引导下,青少年瘦身美容已经成为主导。以不同的方式与方法体验瘦身的过程,运动瘦身、水果餐瘦身、低热量瘦身司空见惯。

(2) 对自己身体各部分满意度低。有关数据显示,有54.3%的青少年对于自己身体各部位的满意度处于一般水平,有24.1%和21.6%的人感到满意度低和满意度高,有21.2%的青少年会用断食或节食的方法来控制或减轻体重。

(3) 男女青少年的身体意象满意度呈显著差异。男性青少年较女性青少年对自己身体意象更为正向、积极,男性的身体意象满意度相对较高,女性较男性不满意自己的身体意象比例更多一些。

(4) 不同年龄的青少年身体意象差别显著。不同年龄的青少年在外表自我评估、外表重视程度和体能重视程度等方面的满意度及关注程度会有所不同。20岁左右的年轻人最为重视自己的身体状况。

(5) 自尊与青少年身体意象呈正相关。青少年的身体意象满意度与其自我概念显著相关,对自己身体意象愈不满意者,其自我概念愈差。影响自我概念的因素包括身体、职业、性、人际能力等很多方面,青少年时期自我的身体意象是影响自我概念的重要因素。

(6) 社会因素中父母、媒体与青少年身体意象之间呈正相关。父母与青少年健康、体重的满意度及体能、健康、体重的关注程度呈正相关,父母对子女的身体意象状况直接影响子女身体意象状况;媒体对于外表所传递的信息与评价,与青少年对自己身体意象的感受与看法有正相关性。

二、青少年饮食异常及分类

1. 青少年饮食异常的含义

饮食异常,简言之就是饮食违反常态,过量或不足。这里阐述的青少年饮食异常,即因不适当且扭曲的身体意象,导致的青少年饮食违反常态。常见的饮食异常为厌食症和暴食症。

2. 青少年饮食异常的分类

第一，神经性厌食症。神经性厌食症是因心理上的长期困扰不能消除，终而转化为严重的食欲不振，结果导致营养不良而影响健康，甚至死亡。神经性厌食症多起因于对自己身体意象的扭曲，患者非常在意自己的身材、体重，对身体形象有知觉错误，一直认为自己过胖，而刻意避免某类食物或仅进食非常少量的食物，并因此而太瘦、营养不良甚至死亡。神经性厌食症大致可分为节制型厌食症与清除型厌食症，并发症主要有：(1)生命器官的损害，如心脏和脑的损害、月经周期停止、心率和呼吸频率减慢、血压下降、指甲和头发发脆、皮肤干燥，并附有轻度贫血、关节肿胀、肌肉萎缩、骨骼变脆、心律失常和心衰等。(2)精神性疾病，如抑郁症、焦虑症、个性异常、物质滥用、自杀倾向、社交退缩等。

第二，神经性暴食症。神经性暴食症又称贪食症、饥饿症，患者食欲特强，是一种精神性的生理失常现象，即生理上并不需要，只是心理上永远有饥饿的感觉，因而吃下过多的食物。其行为常常发生在生活感到有压力、沮丧、无聊、深夜孤单时，患者通常在暴食过后有轻松的感觉，但随之而来的是极度的挫折与罪恶感。通常暴食症患者的发病过程是先从节食行为开始，节食使患者陷入饥饿状态，但却无法减轻体重，或达不到自己的要求，于是心理产生挫折、无助、失落的感觉，开始借着暴饮暴食，以满足内心的空虚。但暴饮暴食之后，为消除内心的罪恶感，又开始催吐、导泻。患者可能长期处于忧郁状态，常并发出现食道炎、肠胃炎、新陈代谢失常、全身乏力、心律不整、肾功能受损或情绪不稳、羞于见人、逃避人群等现象。

第二节　身体意象和饮食异常问题的成因分析

一、个体因素

身体意象和饮食异常问题通常与来自个体青春期时的内心恐惧、成长冲突有关,有时与个人性格偏差有关,如与内向、敏感、易焦虑、具有强迫性想法、完美主义的个性、社交能力差等因素有关。另外,思想固执、僵化、缺乏弹性、自我概念低也是导致身体意象和饮食异常的人格倾向。如女大学生的完美主义倾向与身体意象障碍、减肥行为及贪食症呈显著正相关。同时,身体意象与饮食异常问题也影响着个体健全人格的培养,使他们产生较低的自我价值感,影响其心理健康,诱导其不良人格的形成。

个体认知方式也是形成身体意象与饮食异常问题的重要因素。大多数有身体意象问题的青少年并不存在身体上的客观缺陷,但他们仍为自己的身体苦恼,甚至为此陷入不可自拔的焦虑、抑郁、妄想、人际关系障碍等病态的状态,认知层面存在问题。

二、家庭因素

家庭因素对青少年身体意象与饮食异常的影响主要体现在父母的影响。父母对青少年的影响是潜移默化的,表现在饮食习惯、身体意识规范、对于食物的态度等方面。父母为了让孩子将来能在社会上适应,尤其在教养过程当中可能会灌输形象美的观念,并期望他们能够符合社会上对身体意象的审视观点。家庭凝聚力、家庭经济状况等因素也对青少年的身体意象有重要的影响。家庭社会地位越高的人,对自己体重、外表的敏感度也越高,也较容易对身体意象有不满意的情形发生。不论社会如何变迁,家庭对孩子来说是最具影响力的环境,而父母则是最重要的影响人物。

三、社会因素

影响青少年身体意象与饮食的社会因素主要是社会文化与大众传播。而在社会文化中,传播媒体是最具影响力的媒介,各种平面电视媒体不断强调唯瘦为美,使青少年对自己的身体产生不切实际的态度,女性普遍朝比标准体重更轻的体形发展,而男性对异性体形的偏好也有相似的改变。

青少年特别是大学生容易受大众传媒影响,他们生活在一个高度社会化的环境中,这个环境的特点是社会媒介信息传播迅速,影响强烈,而有些信息会加剧青少年的身体意象不满意,导致严重的身体意象障碍与饮食异常问题。

四、性别与年龄因素

国内外研究普遍发现,身体意象问题更多发生在女性身上,女性比男性对身体更不满意。女大学生表现出对外貌更多的关注,她们会比男性更看中自己的身体外表并对其有较负向的感觉,这主要是受性别角色的刻板印象的影响。另外,人们对于身体意象的满意度会随着年龄的增加而提升并趋于稳定,青春期时由于生理的急剧变化,使得一般人大多会在青少年至二十多岁的时候最在意自己的外表,而此时对身体意象的满意度也较低,但随着年龄的增加,生理的变化趋于缓和,对外表的关注也逐渐降低,对身体意象也趋于接受及稳定。

第三节 社会工作对身体意象与饮食异常问题的介入

一、相关理论与模式

1. 精神分析理论

弗洛伊德的经典精神分析理论以意识、前意识和无意识三个概念来解释人的本质,把性本能作为人的心理活动与发展的基本动力,用本我、自我、超我三种人格成分的失衡来解释心理疾病的发生机制。从无意识概念出发,弗洛伊德将心理疾病患者的症状看作被压抑到无意识中的欲望寻求满足的曲折表现,看作压抑与被压抑的两种力量相互斗争的结果。精神分析的工作就是把患者本身并不能意识到的那些创伤和痛苦体验挖掘出来,使之上升到意识层面,重新加以认识,从而调整其人格结构,重组其内部动力。为此,精神分析就得利用自由联想、释梦、解释等方法使病人意识到自己无意识中的症结,促使产生领悟,进而消除病人的心理症状。

2. 行为主义理论

行为主义的理论来源有三个方面,即巴甫洛夫的经典条件作用理论、斯金纳的操作性条件作用理论和班杜拉的社会学习理论。其共同点就是学习,它们都是关于有机体学习的。发生机制和条件认为,人是一个完全被环境所决定的反应式的有机体。因此,行为主义咨询者将焦点集中于来访者的外显行为。由于行为是习得的,因此个体可以通过学习消除那些习得的不良或者不适应行为。由此,行为主义咨询的基本方法如应答性行为疗法、操作性行为疗法等,都是通过消除来访者不良行为,强化来访者的正常行为,即通过消除性学习而导致有效行为出现来达到治疗目的的。也正是基于这样的看法,行为主义咨询者在咨询过程中总是扮演积极、主动的角色,希望通过咨询者的努力来矫正和控制来访者的不良与不适应的行为,帮助来访者形成健康、有效的行为方式,从而实现帮助来访者更好地适应生活环境的咨询目标。

行为治疗技术主要包括放松训练、系统脱敏、自我管理、厌恶疗法、肯定性训练、模仿、操作性条件学习技术和代币管制法等。

行为主义咨询理论与方法有一定的适用性与实用性。

其一,该理论与方法强调对来访者问题或症状的直接关注以及所运用的方法都有较强的针对性,常能及时为来访者提供帮助,因此它比任何一种理论与方法都有更快的疗效、更短的疗程。

其二,咨询者所面对的问题,大多表现为行为问题,而行为的共同特征就是客观化且可以评价。因此,该理论与方法既消除了咨询过程中的神秘化色彩,也使咨询本身具有了更多的客观性。

其三,实践证明,该理论与方法对解决来访者如恐怖症之类的许多行为问题是有效的。确切地说,它对解决行为缺陷、饮食异常、药物滥用、心理性功能异常、肥胖等行为现象是一种恰当而有效的方法。

但行为疗法有明显的局限性,如根植于实验室条件下的有些方法很难被直接移植于现实的心理咨询情境中;对咨询关系的忽视,可能大大降低行为方法的有效作用;不重视来访者的主动性,使咨询程序显得过于机械;对来访者认识和信念的忽视,往往会影响对来访者不良行为的最终根除,这也正是认知行为疗法产生的背景原因之一。

3. 人本主义理论

人本主义理论又称"以人为中心的咨询理论与方法",其代表人物罗杰斯认为,人的本质是好的,人类有一种天生的"自我实现"的动机,人的取向就是成长、健康、独立自主、自我认识和自我实现;人各具潜质,每个人都是有价值的,是独特的个体,有本身的尊严;人有能力产生自觉认识和掌握自己的生命;人有自发性,可以自然地生长。

罗杰斯认为人性的积极性主要体现在三个方面。

第一,人性本善。罗杰斯认为从根本上来说,人性是善良的、理智的、仁慈的。每个人都具有自我成长、自我实现的内在驱动力。此外,罗杰斯还强调,人有与他人和谐相处的愿望和能力,这种彼此的亲和力构成了文明社会的基础。

第二,潜能无限。罗杰斯认为,每个人都有无穷的潜能,而且,罗杰斯对人的潜能充满极大的信心。每个人都是理性的,都有独特的价值,都应该得到应有的尊重,都有权利表达自己的信念,同时,每个人都应该有能力掌握自己的命运。

第三,自我实现。不仅是罗杰斯,还包括马斯洛,人本主义心理学家都非常强调人的自我实现的权利与可能性。罗杰斯认为,每个人都应该对自己负责,都应该能够自立,都应该实现自我。自我实现构成了人本主义最基本的人生理想和生活目标。

此外,这种乐观的人性论还强调人的建设性,宣扬人的社会性,主张人的理想生活。基于这种人性观,罗杰斯的"当事人中心疗法"坚信人最基本的生存动机就是要全面地发展自己的潜能,获得自我实现,而人之所以能够改变,是因为他们相信自己是可以改变的。这意味着当事人是有能力去有效地解决个人的问题的。因此,对于身体意象与饮食异常的年轻人,调动他们自身的潜能,相信他们能够改变是临床中特别要关注的。在罗杰斯看来,社会工作者应当把来访者作为一个完整的人予以关注,要帮助来访者成为一个个体功能完整发展的人,咨询者所要做的就是建立和促进咨询双方良好的辅导关系,即人际关系,反对社会工作者扮演权威、指导角色,而将基本的责任放在当事人肩上。

4. 认知行为理论与理情模式

认知行为理论是由许多心理学家各自独立地发展自己的体系而形成的。他们的体系都有相同或相近的取向,即认知取向。这里主要阐述由美国心理咨询家艾利斯(Ellis)创立的理性情绪治疗理论。他认为人天生有理性和非理性两种信念,情绪问题来自非理性信念;人天生有容易受人影响倾向,尤其青少年的时候;人的思想、行为、情绪是互相影响且同时存在的;人有谴责自己、他人及周围事物的强烈倾向;人惯于以他人对自己的期望作为生活准则;人有自由意志和能力改变自己的非理性信念;人的存在就是价值,而不是由他们的能力、表现等决定的。

理性情绪治疗理论目前在学校社会工作中应用广泛。这种理论认为人具有"理性与非理性、合理与疯狂的双重性",人的心理问题是由于不合逻辑的思考或不合理的观念所导致的,因此咨询的主要目标就是帮助来访者认识到自己可以通过更加理性的思维,实现更加有效率的生活。它是一种始终致力于改变来访者的错误推理方式、消除来访者恶劣情绪的方法。

概括地说,理性情绪治疗理论有三条基本原理:其一,认知是情感和行为反应的中介,引起人们情绪和行为问题的原因不是事件本身,而是人们对事件的解释、想法和信念;其二,认知与情感、行为之间是相互联系、相互影响的,负性认知是情感、行为障碍迁延不愈的重要原因,因此打破恶性循环是治疗之关键;其三,情绪障碍患者往往存在重大的认知曲解,一旦认知曲解得到识别和矫正,患者的情绪障碍必将获得迅速改善。依据上述原理,咨询者所扮演的角色常是积极的教导者的角色,大体通过"教导"和"驳斥"两类技术来完成具体的咨询与治疗操作。显然,理性情绪治疗理论与模式具有较广泛的适应性。

第一,人的许多心理问题确实与人的非理性思想或思维方式有关,特别是艾利斯所列举的 11 种非理性的观念、想法,在临床上已被证实与多种情绪失调相联系,由认知曲解、谬误而引发情绪、行为问题的事实得到了实务工作者的普遍认可。

第二,理性情绪治疗理论适用于包括青少年在内的各类人群,并可取得积极的效果。对治疗情感异常、焦虑异常、适应异常等极为有效。艾利斯所提供的研究数据也证明该理论对不同类型的来访者具有较好的咨询效果。

第三,该理论与方法强调咨询者的教导、指导作用,这较符合中国教师的固有角色,较符合中国学生的社会化特点及中国学校师生关系的现实状况,因而可能比较容易被国内学校的师生所接受。

第四,该理论与方法能够很容易地与行为技术相结合。而且这种理论与方法原理清晰,易懂易学,实际的咨询操作用时较短,咨询结束后来访者还能获得较好的自助能力。

因此,从咨询者的实际条件和咨询效益上看,理性情绪治疗理论也较适合学校的心理咨询与辅导。但是,由于该理论与方法把咨询的重点放在来访者的认知模式上,因而对来访者的心智能力要求较高。它无法为思维异常者和智力障碍者提供有效的服务,对年龄小的学生可能也无法取得预想的效果。同时该理论与方法强调咨询者的教导作用,这也可能导致咨询者将自己的价值观强加给来访者。

二、身体意象和饮食异常问题个案辅导

1. 青少年身体意象和饮食异常问题分类

一般我们将青少年身体意象和饮食异常问题,根据临床症状的表现分为三

个类别:(1)初级。该级别的青少年饮食异常症状较轻,大多数因为个别事件引发,经过家庭、学校的教育工作便可解决。针对该级别的案主,可采用对家长、教师进行合理的引导,使其在平时的生活学习中对案主给予更多关注即可。(2)二级。该级别的青少年受长期饮食异常现象困扰,且造成饮食异常现象的原因多为价值观的扭曲,需要进行一段时期的矫治方可恢复。面对该级别案主,社会工作者要对案主问题进行细致的评估,制订长期辅导计划,并与案主、案主家长达成协议方可介入。目前,这一级别的青少年饮食异常案主是社会工作者的主要服务对象。(3)三级。该级别属于重症病患,身体意象扭曲导致的饮食异常已直接威胁到青少年的生理健康,需要借助药物治疗。面对该级别案主,社会工作者应量力而行,适时将其转介到更高级别的治疗中心接受治疗。

2. 身体意象和饮食异常问题个案辅导策略

(1) 工作目标。

针对青少年身体意象和饮食异常问题的等级情况,首先应确定总的辅导目标和阶段性辅导目标。总辅导目标:帮助服务对象树立正确的人生观、价值观,悦纳自己,理性看待身边的人和事,增强是非判断能力,学会自我减压。阶段性辅导目标:第一阶段,培养信任,实现案主的充分倾诉;第二阶段,检查非理性信念,与非理性信念辩论;第三阶段,问题外化,与案主共同面对问题;第四阶段,培养健康的价值观;第五阶段,实践巩固。

(2) 辅导过程中可运用的技巧。

第一,对初级阶段的青少年案主,首先应向案主澄清身体意象的刻板印象,特别是女性案主。由于传统的价值观念及成长过程中许多因素的影响,与男性青少年相比,女性青少年较不满意自己的身体意象。针对女性青少年身体意象的问题,须提供适合的辅导措施。例如,提供团体讨论的机会,让学生讨论所谓的胖、瘦与两性角色的关系与意义,并适时指出其不合理的观念及对个人外表美丑、胖瘦等的刻板印象,以增进女性青少年对自己身体的肯定和接纳。其次,应引导案主正确看待密切关系人对自己的评价。密切关系人即与自己有重要关系的人对自己的评价,对青少年的身体意象、自我概念皆有影响。教师的期望和评价会影响学生的自我概念、行为表现等,为人师者面对学生时不应因学生外表美丑或身体上的其他问题而对之有不当的言行或批评,避免造成学生对自己不悦纳的感受与看法。

第二,对二级阶段的青少年案主,需要制订工作计划书,根据案主的变化,运用更多的辅导技巧与实践原则,帮助案主尽快恢复功能,实现正常的工作与学习。主要的技巧与原则有以下几方面:首先,无条件的接纳。对于身体意象和饮食异常问题的青少年,与他(她)建立良好的专业关系至关重要,无条件的接纳是建立良好专业关系的基础。接纳是一种支持,本身就具有治疗的功能。其次,增强权能。身体意象和饮食异常问题的青少年自卑与无力感特征明显,增强权能就是帮助其提升权力,获取资源,提高能力,提高掌握自己生活及命运的自主性。再次,激励原则。一般来讲,激励分为物质激励与精神激励,不论何种激励,恰当的使用对于身体意象和饮食异常问题青少年都是十分有效的,激励相对于被激励的个人来讲,能够发挥激励的正功能,提高干预与治疗的可持续性。

第三,针对三级青少年案主。当青少年已呈现出较为严重的饮食异常时,生理、心理因此发生了很大的改变,已经严重影响了正常的工作与生活。条件许可的情况下,建议适当转介,特别是需要与医院相关部门配合,合并营养治疗、药物治疗、认知行为、心理及家庭等多方面开展工作。实践中,可以协助服务对象到专科门诊或学校诊所进行彻底的身体检查;去精神科门诊评估其饮食问题的严重性,确定是否需要进行精神药物治疗或住院治疗;监控服务对象精神药物治疗的依从性以及副作用,定期询问处方医生的建议;如果案主体重严重过轻,危及健康,指导入院治疗。

三、身体意象和饮食异常问题小组辅导

1. 身体意象和饮食异常问题小组工作模式

小组工作介入青少年身体意象和饮食异常的模式主要有互动模式与治

疗模式。

（1）互动模式。互动模式也称交互模式或互惠模式，它关注小组中组员与小组和社会环境间的关系，希望通过个人、小组和社会系统之间的开放和相互影响达到增强个人和社会功能的目的。互动模式的基本假设是，个人与社会系统之间存在依赖关系，小组为个人的社会功能发挥提供了有效场所，小组带领者在这里通过组织小组组员互动，使组员发掘自身潜能，增加社会交往信心、知识和技巧，以更好地适应社会生活。互动模式的小组目标是促进小组成员产生社会归属感，形成相互支持，要求组员在团体中有平等互惠的动机和能力。社会工作者在互动模式下开展小组工作，应启发组员主动考虑问题，澄清组员的需要期待，挖掘小组的正向动力。

（2）治疗模式。治疗模式也称临床模式或康复模式，以治疗、解决个人问题作为小组工作的主要任务。治疗模式吸收了大量的精神医学、心理治疗与咨询的理论与技术。治疗模式关注小组组员的心理和行为问题，强调通过小组工作技巧来解决组员的问题，提供康复服务和预防服务。治疗模式的基本假设是，个人的社会关系与适应方面的问题能够通过小组的方式得到治疗，即社会工作者通过一定的工作技巧去影响小组动力，可以使小组组员改变自己的行为方式，并在小组中学习适应社会生活的经验，由此组员便可以获得自我发展，改变适应能力不足的问题，从而真正融入生活。治疗模式的小组目标是通过治疗促进个人行为的改变，治疗模式中的小组组员一般有较严重情绪和行为问题，身体意象和饮食异常问题青少年适合采用治疗模式。

2. 身体意象和饮食异常问题小组辅导的策略

（1）辅导目标。

第一，建立健康的饮食方式，维持合适的体重、均衡的液体摄取、合适的电解质水平，培养正确的体形知觉。

第二，停止过量饮食和催呕，恢复到摄取适量营养食物的状态，维持正常的健康体重。

第三,加强存在于饮食问题背后的认知和情感问题的认识。

第四,加强对低自尊、低控制能力和各种压力与节食、过量饮食和使用泻药之间的相互关系的认识。

第五,重新调整自我,不再把体重、体形和身材作为首要的、唯一的自我接受标准。

第六,澄清促发饮食问题的不合理信念。

第七,致力于不断改善情绪和心理状态,逐渐培养健康良好的饮食习惯。

(2) 小组干预技巧。

第一,无条件地接纳组员,同组员建立良好的信任关系,使组员打开心扉,清楚表达。了解组员目前的饮食方式以及身体知觉;了解组员的学习压力、社交适应或束缚抗争与饮食问题之间的关系。

第二,设置讨论情景,达成共识,纠正学生在体形期望上不合理的完美主义,帮助组员接受身体上合理的瑕疵。

第三,帮助组员澄清饮食习惯与形体的关联性,建立健康良好的饮食行为方式,布置并强化相关练习课程。

第四,通过小组游戏使组员认识到自己和别人一样都是人,都有不足,不会十全十美,小组过程始终强化这一观念。

第五,帮助组员认识其消极的、不健康的自我暗示。通过小组实现积极的自我暗示,提高自我调控的意识与能力。例如,“我已经超过了理想体重5斤,用合理的方法,4—6周我应该可以减下来”或“这是难熬的一周,但如果我同朋友们一起集体活动,练习放松技巧,听音乐,就可以避免我典型的狂吃行为”。

第六,帮助组员确定健康的体重目标,建立科学体重管理新概念。分享、借鉴、学习、成长,养成良好的生活方式,引入健康的体重管理新观念。

在运用小组的方法介入青少年身体意象和饮食异常问题时,多运用游戏与分享,使组员在没有压力的情境中实现自我的表达与改变。

案例7.1 身体意象和饮食异常问题分析报告

一、基本资料

案主张某,男,20岁,大学一年级学生,未婚,来自甘肃农村,家中排行老大,下有两个妹妹。中学成绩优良,大一仍保持中上。小学时,性格开朗外向。高一长青春痘,自认为丑陋,高三更觉自己衰老,苦闷、悲伤、孤独,对一切失去兴趣,不愿与人交往,不愿参加高考,曾对父亲说:"我会得精神病。"高三暑假问题减轻,入大学后又加重。案主诉说:"睡眠不好,头晕,注意力不集中,记忆力衰退。"认为自己"脸变长变丑;发育不良,将来不能生育;扁桃体发炎、淋巴结核;血液、血管有问题;大脑损伤",等等。常找医学杂志阅读,看完即联想到自己,怀疑患某种疾病。曾在医院就诊多次,用去医药费800余元,检查均未发现器质性病变,处方一般为脑乐静、B6、谷维素、健脑露、鱼肝油、西必林等。

二、背景资料

案主6岁左右,母亲离家出走,其跟随父亲生活。由于是家中长子,而且是家中唯一男孩,父亲给予他很高的期望。他对自己的要求十分严格,平时不允许自己浪费一点时间。小学时一直是班长,很受老师喜爱。10岁左右父亲再婚,后母生下一男孩。案主觉得父亲不像以前那么关心他了。根据调查,案主一家六口人,父亲和后母在某批发市场做生意,由于职业原因,父母无法照看孩子,而案主作为家里的老大很自然地承担起照顾弟妹们的责任。据了解,大嫂对他十分照顾,但却在他读高中时去世,对他打击很大。

三、主要问题

社工认为,张某的问题主要在于其母亲的离开、父亲的再婚、大嫂的去世、朋友交往的减少等,使案主的生活稳定性受到影响,缺乏安全感,而且案主正处于青春期,敏感、多疑、主观、要求十全十美。这导致他过分关心自己的身体状况,经常担心自己是否会得病,且对医生的诊断不信任。

四、原因分析

第一,案主在面临母亲离家出走、父亲再婚、大嫂去世、刚进入大学的不适应等多重压力之下,生活稳定性受到影响,缺乏安全感;再加上案主处于青春期,敏感多疑,要求十全十美。各种因素共同作用,导致其通过自我暗示和联想产生心理问题。

第二,作为家中的长子和唯一的男孩,父亲给予他很大的期望,案主生活在这样的压力之下,事事要求完美,一旦遇到难以应付的困难和挫折,就以自己有病作为暂时逃避的理由。这是以儿童的方式处理成人期遇到的困难,具有幼稚性。这说明案主虽然智力及生理年龄均已成熟,但情绪年龄尚不成熟,遇到困难挫折时恐惧占上风,这是导致他过分关心自己的身体,常怀疑自己是否生病的原因之一。

第三,从小失去母亲的疼爱,后母生下男孩后,父亲又不像以前那么关心他了,上大学后,朋友较少。这些原因使本来就自卑、敏感的案主产生心理失调,以身体不适为由,希望获得他人的关心和支持。案主就是把自己患某种疾病作为求救信号,其主观上有一种依赖感。

五、理论基础

1. 理论模式:理性情绪治疗模式

2. 理论假设

(1) 人论。

从哲学思辨的终极追问出发,理性情绪治疗模式首先发问的对象就是人本身:

① 人是有限的,人不是万能的神。有限性是人的重要特征。

② 人是会死的,现世今生是人唯一的生命,应该努力珍惜。

③ 追求快乐生活是人的本性,痛苦的生活有悖人性。

④ 人有自由意志,可以自由主动地选择自己的生活。

(2) 合理的信念。

① 对自己不合理的信念(如,我做事必须尽善尽美)。

② 对他人不合理的信念(如,对不好的人应给予惩罚)。

③ 对周围环境及事物的不合理信念(如,已注定的事无法改变)。

(3) 不合理信念特征。

① 绝对化要求,即从自己的意愿出发,认为某一事物必定会发生或一定不会发生,它通常与"必须""应该"连在一起,比如,"我必须获得成功""别人必须很好地对待我""生活应该是很容易的",等等。其不合理在于,人们不可能在每件事情上获得成功,即使某件事取得了成功,也不可能得到所有人的赞赏。而一旦这样的现实出现,持有此类信息的人就会受不了,因而产生情绪和行为上的障碍,这种绝对化的要求反映了他们不合理、走极端的思维方式。理性情绪治疗模式就是要帮助他们改变这种极端的思维方式,认识其绝对化要求的不合理、不现实之处,帮助他们学会以合理的方式去看待自己和周围的人与事物,以减少他们陷入情绪障碍的可能性。

② 过分概括化。这是一种以偏概全、以一概十的不合理思维方式的表现,是思维的专制主义。人们在对自己的绝对化要求中常常会走极端,认为自己某一件事情上办得不好,未获得成功,就是自己一无是处。事实上,这只说明这件事办得不好。因此人们应当就自己某一行为的表现进行评价,不能因一件事而否定个人的价值。

人们对他人也常有某种不合理的要求,如果对他人持有绝对化要求,就会发现他人的言行总是与自己作对,因而陷入消极的情绪体验中,如愤怒、怨恨、压抑等。

③ 糟糕至极论,即如果一件不好的事发生了,将非常可怕、非常糟糕,甚至是一场灾难。这将导致个体陷入极端不良的情绪体验,如陷入耻辱、自责自罪、焦虑、悲观、抑郁的恶性循环之中,难以自拔。将一件事情的负面效果夸大到极点,反映了个体走极端的不合理的思维方式。

艾利斯认为,人一出生就有一种心理倾向,即坚持自己的向往和追求都能得到满足,期望自己的愿望会实现,生活中某些向往和要求的确如愿实现了,这种积极的记忆强化了我们的"全能幻觉",使我们一旦遇到挫折和逆境,就无法忍受,认为这些不该发生在自己身上,从而导致不良的情绪。此外,文化、父母和竞争的社会,都在强化事事超过他人的非理性信念.这些信念虽然是上进的动力来源,但一旦过头,就会使人在思想上钻牛角尖,形成心理负担。

④ ABC 性格理论。ABC 性格理论中的 ABC 是简称,其中 A 是 Activting event 的缩写,B 是 Belief system 的缩写,C 是 emotional Consequence 的缩写,艾利斯想要表明的主要意思是,人的情绪结果 C、行为事件 A 以及信念系统 B 这三者之间有着内在的关联性,一般人常常认为,我们的情绪结果主要是由行为事件所引发,但艾利斯认为这只是表面现象,实际上,情绪结果本质上是由信念系统所真正引发。他的结论和信念才是行为昌盛的最终决定因素,通过对非理性思想信念的改变,我们就可以产生积极并且负责任的行为。

六、服务计划

1. 目标

使案主认识并消除紧张焦虑的非理性情绪,不再过分关注自己的健康,培养其理性面对困难和挫折的能力,增强其安全感和对他人的信任感,克服情绪困扰。促进其自我认识、自我重建,以及自我实现。使其独立自主,人格更为统合,提高其环境适应能力和理性处理事情的能力。

2. 目标内容安排

(1) 接案:社会工作者首先通过电话约定了与案主第一次见面的时间。

(2) 初次接触,明确辅导要求,确定问题。社会工作者向案主介绍有关理性情绪治疗模式的理论和方法,说明其情绪和行为的困扰不是由引发事件导致的,而是由其自己的非理性信念产生的。

(3) 检查非理性信念。社会工作者积极介入个案辅导过程,承担指导、教育和咨询的角色,鼓励案主探讨其情绪和行为困扰背后的非理性信念,帮助案主认识和理解其非理性信念和困扰之间的关系。

(4) 与非理性信念辩论。社会工作者帮助案主与其非理性信念辩论,指出它们的不合理和不切实际之处,让案主认识到它们的危害,并鼓励案主摒弃这些非理性信念,采取积极行为改变目前的生活状况。

(5) 学会理性的生活方式。帮助案主找出合适的、理性的情绪和行为反应方式,运用现实的理性信念去替代非理性信念,并把理性与合适的情绪和行为反应连接起来,形成理性的生活方式。

(6) 跟进服务。如果案主状态良好,工作者结案。

七、服务过程

历时三个月,分为四个阶段。

1. 第一阶段:确定问题

通过电话与案主约定了见面时间,并在社会工作者学校的心理咨询室进行了第一次对话。这次对话中,社工首先以"最近身体还好吗"开始谈话,案主说很不好,随后逐一讲述自己的各种疾病。社工以诚恳关切的态度,询问疾病的各种症状,与案主共同分析,发现不少症状与疾病不符。社工没有就疾病与案主进行争论,而是理性建议他去医院做进一步检查。至于脸变长、变歪,则请其知心朋友和家人直言辨别。

一周后,在社会工作者学校的心理咨询室进行了第二次对话。经过医生恰当的诊断、知心朋友及家人直言辨别的强化、社工对案主检查结果的理性解释和分析,案主逐步接受社工的理论,即其问题是由非理性信念和生活方式造成的。

2. 第二阶段:检查非理性信念

在社会工作者学校的心理咨询室进行第三次对话。此次谈话中,案主说"能认识到是非理性信念,但仍然感觉自己有病,为此十分苦恼,十分矛盾"。社工要求案主将自己认为所患的疾病列出来,归纳共同点,找出原因。

所疑病症	实际情况	分析原因
脸变长、变歪	少年的圆脸变成青年有棱角的脸	青春期发育快,变化大
静脉曲张	皮下脂肪减少,静脉显现	心理上敏感
喉结有问题	青春期发育快产生的错觉	知识准备不足
脑损伤	忧郁	产生错觉

通过列表,案主认识到自己身体是健康的,是心理上的问题。认识改变,心情变轻松。

一周后,在社会工作者学校的心理咨询室进行第四次对话。案主说"虽然已经认识到问题,但仍不能摆脱疾病观念的纠缠"。社工启发案主回忆童年和青少年时期的痛苦情景,揭示上述现象是长期的压力、孤独、无安全感等情景下产生的自动化思维,并帮助案主学习了两种克服的方法。在咨询室练习后,布置家庭作业。

(1) 行为标记法。

练习:列表回忆近两天心理痛苦的时间、地点、内容、次数、持续时间、程度。通过回忆,案主认识到心理痛苦并非持续不断。

家庭作业:要求逐日记录,强调"这样可减轻心理痛苦,产生治疗效果,增强治疗信心"。

(2) 思维阻断法。

练习:案主认为有错误观念出现时,大声说"停止",并代之以"我很健康"等阳性词语,然后通过游戏、找朋友聊天等积极方法转移注意力。

经三周自我监控,心理痛苦的次数逐渐减少,程度减轻,能逐步参加其他活动。

3. 第三阶段:与非理性信念辩论

在社会工作者学校的心理咨询室进行第五次对话。案主说已基本摆脱怀疑自己有病的固有观念,但在体育运动、社会活动中,总感到自己能力差,什么都不如人。社工指出案主"这话太抽象",启发案主列出具体内容。

经过对表格内容的分析和案主对其参加各种活动的回忆,社工帮助案主做出一些理性的具体结论,如"我主要是自卑感""我主要是没发挥潜力""这一次主要是退缩"等。

4. 第四阶段:学会理性的生活方式

一周后,在社会工作者学校的心理咨询室进行第六次对话。此次对话中,社工发现案主的认识进一步改变。讲过多次咨询，虽然已基本克服错误观念，但案主在实际中仍然比较消极、退缩。社工启发案主利用学期末的实习期积极进入工厂实习，向工人学习，与他们交朋友，每天坚持写日记，做得好的要自我表扬，学会轻松快乐地生活。

之后，在社会工作者学校的心理咨询室进行第七次对话。案主认为返校后一段时间"又觉空虚"。社工启发案主回忆实习中愉快的情境和体验，使他认识到生活实践是提高心理健康的重要途径，并建议他在周末积极参加实践活动，或者参加校学生会或社团的各项活动。并仍要求其写日记。

5. 第五阶段：跟进服务

与案主通过电话了解其近况，得知案主生活充实、愉快，但有时出现缺乏主动性、推卸责任、办事主观等行为，社工及时指出"这是一种错误的自动化思维"，特别引导培养利他精神、奉献精神，促进其人生观、价值观的改变。案主说参加了学校心理学社团，并积极帮助同学减少心理疾病带来的痛苦，不仅使别人的生活更愉快了，也使得自己的生活更加充实、积极、有意义。这说明治疗效果明显。

八、效果评估

经过理性情绪治疗模式，案主不再过分关注自己的身体健康，明显自信开朗了，注意力转移到工作和学习上，生活方式理性化。开始重新审视周围的人和事，行为表现也更加成熟、社会化，社会适应能力增强，逐步走向自我实现。

社工鼓励案主培养多方面的兴趣和爱好，积极参加一些有益的活动，增强身体素质和心理素质，转移对自身"疾病"的过分关注，不要整天围着自己转，对疾病要有一种"随他去"的态度。这是社工指导案主建立起理性生活方式的重要思路。实践证明，这条思路确实起到了较好的效果。

九、个案反思

第一，由于采用了单一的理性情绪治疗模式，难免会使得社会工作者忽视对案主内部感受的分析和理解,理性情绪治疗模式所固有的局限性,使社工把主要的经历放在案主检查和辩驳各种非理性信念上。采用单一的治疗模式,无法对案主的内部感受状况进行分析,也就无法理解案主内心的矛盾和冲突的情绪和行为表现,无法从整体上把握案主的变化。如果采用多种治疗模式综合治疗,应当更符合生活实际,更能收到疗效。

第二,这个个案治疗的是具有疑病心理的案主,所以对社会工作者的专业的医学水平有一定的要求。在这个个案辅导中,社工充分认识到自己知识的局限性。对此类案主的治疗不但要考虑其心理认知方面的问题,还应对案主身体上确实存在的某些疾病进行全面的分析和了解,给案主以权威性的解释和分析,这样能让案主更好地认识到自己行为的不合理。

第三,很多需要寻求帮助的案主心理都是比较脆弱的,多少都有些自卑心理。遇到这种情况,社会工作者就要善于鼓励人。只有让案主克服自卑,让案主变得成熟,以承认的方式面对生活中的挫折和困难,才能达到个案工作的目标。大部分有自卑心理的案主往往都会把问题的根源归因于自身,认为自己很差,没有价值。在这样的情况下,社会工作者就要多给案主以鼓励。让案主意识到人的存在是有价值的。这种价值不是由他的身份、能力或才智等决定,也不会因为受到挫折、能力欠佳或他人的贬抑而降低,这是人的一种先天固有的本性,使人趋于成长和自我实现。追求快乐才是生活的主要目标,这种快乐应该是长期的,而不是短期的。

第四,社会工作者应学会控制整个工作中的气氛,要善于观察、调整案主的情绪。社会工作者要不卑不亢,始终对案主的思维起引导、影响的作用,而不是让案主想怎么发泄就怎么发泄,那样既不能实现个案工作的目标,工作结束后也不会对案主产生多大的好处。在此次个案工作中,社工发现较好的控制气氛的方式是社会工作者提问,这可以帮助案主实现思维的转移,进而起到控制场景中气氛的作用。

§思考和练习

1. 青少年身体意象和饮食异常的主要表现是什么？

2. 身体意象和饮食异常问题的主要理论模式有哪些？

3. 试述理性情绪治疗模式对身体意象和饮食异常问题的介入路径。

4. 小组工作介入身体意象和饮食异常问题要运用的技巧和方法有哪些？

§小组讨论

1. 分小组讨论性别与青少年身体意象的不同所在。

2. 分小组讨论社会文化对青少年身体意象的影响。

第八章　青少年物质滥用与社工介入

　　了解掌握青少年物质滥用的基本概念,把握青少年物质滥用的现状,明确青少年物质滥用的成因,掌握青少年物质滥用的辅导及介入策略,以帮助青少年远离物质滥用。

本章要点

■ 物质滥用是指未经医生许可而经常过度或强迫使用某种药物,其结果是影响或危害个人健康、工作、学习等方面的适应,以致扰乱家庭与社会生活的正常秩序。街头少年与辍学学生是青少年非法物质滥用的重要人群。

■ 青少年物质滥用的常见类型有三种:青少年吸毒问题、吸烟问题以及酗酒问题。

■ 物质滥用的成因极为复杂,从微观而言,它与个人的生理、心理和人格有关,也受到家庭的极大影响。从宏观而言,这不只是个人行为,也是社会问题,受到团体的影响,并因社会的结构和文化差异而导致。

■ 对青少年物质滥用,社会工作没有单一的方法或介入是有效的。对于物质滥用者的控制、预防和治疗需要一个负有责任感的社会的共同努力,即由执法部门、医疗行业、学校、立法机关和其他社会组织等一切社会力量一起为实现共同的目标而努力。社会工作者参与控制、预防和治疗物质滥用的内容有三大类，即预防、治疗和环境的调试。

第一节　青少年物质滥用的概况

从 20 世纪 70 年代起，物质滥用问题在全世界范围内开始严重化，尽管各国政府以及联合国采取了许多管制措施，并且也取得了相当好的成绩，但仍然遏制不住它的发展势头。青少年是最容易受到其侵袭的高发人群，因此社会工作介入青少年物质滥用是当前青少年社会工作重点关注的问题之一。

一、物质滥用的概念界定

1. 物质滥用的定义

物质滥用是指未经医生许可而经常过度或强迫使用某种药物，其结果是影响或危害个人健康、工作、学习等方面的适应，以致扰乱家庭与社会生活的正常秩序。所谓物质滥用，主要指精神活性药物滥用，这些药物通常是指能影响人类情绪、行为、意识状态，并有致依赖作用的一类药物，包括麻醉性毒品（海洛因、可卡因、大麻）、精神药品（兴奋剂、镇静剂或致幻剂），以及生活嗜好品（酒饮料、烟草、咖啡）等（姜佐宁，1995）。本章主要探讨在青少年物质滥用中最常见的吸毒、吸烟、酗酒问题。

2. 物质滥用的特征

（1）产生物质依赖，因长期或过量使用某些物质，个体无法减量与停止，使用者对该药不能自拔并有强迫性用药行为。

（2）由于使用药物，往往导致精神和身体危害、社会危害。

（3）物质滥用已经扩展到社会一切阶层，所有年龄组均被波及，青年所占的比重最大。

（4）滥用者以男性为主，但女性所占比例日趋增加，滥用药物的起始年龄更为提前。

（5）街头少年与辍学学生是青少年非法物质滥用的重要人群。

（6）物质滥用者的初始动机往往是好奇，压力大会促使青少年再犯。

（7）物质滥用者普遍存在多种药物滥用的现象。

（8）滥用者愈来愈普遍地采用静脉注射的滥用方式，它是传播艾滋病的重要渠道之一。

二、青少年物质滥用的常见类型

1. 青少年吸毒问题

在所有有关青少年物质滥用的案例中，吸毒是对青少年身心健康破坏程度最大的一种。目前，吸毒问题已经成为一个世界性难题，而中国吸毒人数逐年递增的同时，青少年涉毒比例也在明显上升，尤其是在新型毒品中，青少年是主流的吸食人群（刘成斌、季小天，2015）。

（1）青少年吸毒的现状。

青少年吸毒行为是一种具有复杂背景的社会越轨现象。中国登记在册的吸毒人数从 1997 年至 2015 年一直处于上升态势。2015 年全国累计登记在册吸毒人数达 295.5 万名，吸毒人口猛增的同时，吸毒人群结构也在发生变化，青少年涉毒者比例明显上升。国家禁毒委公开的数据显示，2009 年中国登记吸毒人群中，35 岁以下青年占 58.1%，然而到了 2014 年 4 月，这一比例猛增至 75%。这一系列数据表明，青少年人群吸毒已经成为一个显著的社会问题（邓烈兴，2012）。

（2）青少年吸毒的特征。

整理不同学者对青少年吸毒情况的统计资料发现，中国青少年吸毒群体呈现出一定的结构特征：人数急剧增加，年龄偏低，文化水平偏低，群体化，团伙化，多人吸食，女性吸毒者呈上升的趋势，在校生吸毒人数上升，毒品种类增多，青少年以吸食新型毒品为主等。也有一些学者专门对某一地区的吸毒青少年情况进行调查，例如万志红在研究云南吸毒青少年的人口学特征、地区分布、经济状况等现象时，发现边疆地区青少年吸毒存在低龄化、民族多样化、受教育程度不足、无职业和无固定职业人数较多、婚前性行为严重、毒资大消费高、复吸率高、城乡结合部吸毒现象严重等情况。

（3）青少年吸毒的危害。

吸毒会严重损害人的身体健康，造成营养不良，损害呼吸道，损害血管和神经系统，引发多种精神病症状等；同时也会对青少年的心理产生难以弥补的伤害，许多青少年因为吸毒而变得精神萎靡，一蹶不振。在吸毒的过程中人们会产生飘飘欲仙的感觉，但在短暂的幻觉之后，他们会迎来更大的精神上的空虚，这种空虚只能用吸毒的愉悦感来填满，因此青少年在心理上对毒品的依赖性会越来越强，毒品渐渐地成为支撑他们生活下去的唯一动力，本来就不够坚定的青少年的意志也就被彻底摧毁了。所以，一旦染上毒品，将毁掉青少年的一生。

2. 青少年吸烟问题

中国作为吸烟消费大国，占据了世界 1/3 的吸烟人口。青少年作为一个易受影响的群体，更容易受到学业压力、父母、同伴等因素的影响，越来越多的青少年在好奇心的驱使下开始吸烟。

（1）青少年吸烟的现状。

近年来，由于家庭状况、学业压力、社会环境等因素的影响，青少年的初吸年龄有更加年轻化的趋势。吸烟对青少年的身体、健康发展危害严重，《烟草流行报告》指出，目前中国 30 岁以下的年轻人当中将有 1 亿人左右死于烟草的使用。青少年吸烟行为近年来呈现低龄化趋势，尝试吸烟率和被动吸烟率逐年上升并向女性蔓延。青少年开始吸烟的年龄越早，其成为常吸者的可能性越大，戒烟的可能性越小,成年后的烟量也越大,烟草对其身体所造成的危害也就越大。

(2) 青少年吸烟的特点。

第一,年龄上日趋年轻化。令人担忧的是,中国青少年吸烟率近年来有上升趋势,开始吸烟的年龄大大提前,1996 年全国吸烟行为流行病学调查显示,15—19 岁吸烟率为 9.7%,初吸年龄从 1984 年的 22.4 岁提前到 19.7 岁,据此估计全国 15—19 岁青少年吸烟人数 900 万,尝试吸烟人数不下 1 800 万。青少年吸烟将对其终身健康带来重大影响。WHO 估计按现有趋势,中国目前 20 岁以下青少年与儿童,将有 2 亿变成吸烟者,其中至少有 5 000 万人将因吸烟而早逝(35—69 岁死亡)(任学锋、安家琎,2000)。

第二,被动吸烟不可忽视。被动吸烟者是指非吸烟者在调查前一周内有一天以上暴露于吸烟者呼出的烟雾中。据调查结果显示,23 173 名不吸烟的青少年中,有 13 313 人遭受被动吸烟,被动吸烟率为 57.5%。在家庭内、家庭外以及家庭内外均遭受被动吸烟的比例分别为 42.3%、42.0%和 26.8%。男性青少年被动吸烟情况要比女性严重,13—18 岁年龄段青少年人群被动吸烟率最高(吴曦、杨焱、姜垣、冯国泽、南奕,2008)。

第三,与社会环境危险性正相关。青少年的吸烟行为随社会环境危险性的增加而呈明显增长的趋势:社会环境危险性越高,青少年越认可吸烟的好处,越否定吸烟的危害。六个月前的社会环境危险性、吸烟认识、吸烟行为能够很好地预测六个月后的吸烟行为(方晓义、林丹华、Li,2005)。

(3) 青少年吸烟的危害。

吸烟对于发育中的青少年的健康危害很大。由于青少年时期,各系统与器官的发育尚不完全,功能尚不健全,抵抗力弱,因此与成人相比,青少年吸烟的危害会更大,不仅呼吸系统和神经系统会受到影响,连骨骼发育和生殖系统也会受到影响,进而影响青少年的整体发育。除身体影响外,烟草中含有的大量尼古丁还会使学生记忆力减退、精神不振、学习成绩下降等。另外,吸烟还容易诱发不良行为,增加家庭负担,使青少年的成长时期蒙上阴影。

3. 青少年酗酒问题

(1) 青少年酗酒问题的表现。

酗酒问题表现为过度饮用包括酒在内的酒精饮料，表现出酒精依赖症状，多伴随着与酒精相关的不良生活后果。目前酒类被列入娱乐性药物和酒类的目录之中，两者都被广泛服用。酒醉虽不是新现象，但目前更为普遍。泛滥于超级市场的含酒精软饮料增长惊人，这些饮料味道像软饮料、柠檬水、可口可乐，色彩鲜艳、口味甘甜，对青少年甚至儿童都极具吸引力。

青少年饮酒最常见的去处因年龄而异，1—14 岁的较小的孩子往往是在家里喝父母给的酒，通常是在吃饭或家庭聚会的时候。14—17 岁，饮酒成了社交性的、向成人过渡的活动，特点是与朋友在俱乐部、舞厅和酒吧里喝酒。但是，大多数青少年明智地饮酒，与青少年饮酒相关的问题涉及酒醉。酒醉与侵犯及暴力行为、抑郁（包括自杀行为）、学业成绩不良以及冒险的性行为有关。酗酒和毒品一样，容易成瘾，很难戒掉。

(2) 青少年酗酒的特点。

① 年龄上多发生于高中之后，高中之前比率很低，高中之后显著增加。

② 酗酒的青少年情感困扰更多，多处于消极的情感状态，自我调节能力较低。

③ 青少年人群在酗酒后表现出不愿规避风险的倾向，醉酒状态下更容易做出鲁莽行为。

④ 酗酒青少年的成绩通常比不饮酒的学生差，酗酒青少年在记忆力、逻辑思考能力上面明显落后于不饮酒的青少年。

⑤ 有酗酒行为的青少年在日后更容易经历与饮酒相关的非意愿性伤害。

⑥ 酗酒青少年一旦在学校里获得了社会地位，就会引发其他青少年的模仿。

(3) 青少年酗酒的危害。

① 酗酒会对青少年的身体健康造成严重损害。

酗酒直接导致因酒精中毒而罹患各种疾病的人数增多。据世界卫生组织报告，18—24 岁的在校学生每年有 1 400 名因为饮酒死亡。青少年的身体处于成长期，酒精的滥用会损害其肝脏功能和语言功能。

② 酗酒客观上会瓦解青少年的认知功能,损伤青少年的心理健康。

酗酒行为很容易使青少年损害与周围其他人特别是成人(如教师、父母)的关系,使其无法与周围的群体氛围相协调,影响其社交生活,进而影响其理智处理问题的能力。

③ 酗酒会导致青少年交际行为及范围的局限。

酗酒青少年更容易在酗酒人群中获得认可,在不酗酒人群中较不容易获得认可,这就增加了其交往对象的局限性,也加重了其酗酒行为。

④ 酗酒影响青少年的学业。

酒精抑制中枢神经活动,损害大脑功能,造成反应迟钝。大多数酗酒的青少年会头晕、头痛、摔跤、暂时性失忆、反胃呕吐、无法上学上班等。酗酒对青少年人际交往产生的负面作用也会直接减弱青少年的学习积极性。

⑤ 酗酒使青少年犯罪的几率增大。

由于青少年在醉酒后更容易表现出不规避风险的特征,因此其犯罪行为就更容易发生。据美国有关机构统计调查,在 15—24 岁的所有致命的机动车事故和凶杀案件中,有半数涉及酒精;每年约有 7 万起性骚扰或强奸案与在校学生饮酒有关(王志亮,2011)。

⑥ 酗酒增加了其他物质滥用的可能性。

酒精被视为其他麻醉品之门,饮酒的年龄比吸食其他麻醉品更早,开始饮酒的年龄可能是推测进而吸食其他毒品的一个预测因素,这表明推迟饮酒年龄可能是预防工作的一项重要目标。

第二节 青少年物质滥用的成因分析

物质滥用的成因极为复杂,从微观而言,它和个人的生理、心理和人格有关,也受到家庭的极大影响。从宏观而言，这不只是个人行为也是社会问题，受到团体的影响，并因社会的结构和文化差异而导致。

一、物质滥用的影响因素

许多条道路都会通向物质滥用，例如，一名低自尊的青少年，较差的成绩、家庭功能失调、有压力的生活方式、破坏性的同伴团体关系和使用药物的父母，都可能使其倾向于物质滥用。我们主要从个人、家庭、学校及社会四个方面进行归因。

1. 个人因素

物质滥用往往与个人的生理状况、人格发展以及用药者的心理动机有较为直接的关系。

（1）生理需求因素。

身体不健康，因病痛使用药物导致成瘾，如失眠或治疗痛楚时因医疗需要，长期使用药物而成瘾。追求感官刺激是富裕生活下的副产物，由于药物的使用会引起生理上机能的变化，例如，松弛、亢奋等，使人想体验用药的感觉，之后又沉溺于生理的化学变化上。当生理上对药物产生依赖时，就会不断地用药以消除生理需求上造成的焦虑。

（2）心理因素。

第一，心理调适困难者。这类青少年遇事多悲观、消极、漠视或自我攻击，在面临挫折、压力或空虚时，为避免紧张不适，习惯以药物麻醉自我，借以宣泄内心的痛苦或逃避现实，视药物为解决问题的救星。第二，好奇心驱使。青少年期是进入成人的准备期，对四周环境敏感度高，好奇心强，很多青少年药物依赖源于最早好奇心的驱使，成瘾之后不可自拔。第三，缺乏独立自主性。依赖心强，容易附和、盲从，受人操纵摆弄。第四，人际关系不良。人际关系不良的青少年往往成就感不强，自卑倾向明显，为了求得同辈的接纳与认可，会出现异常表现行为。第五,药物认知不足。新兴毒品物质滥用者大多为无知青少年,对于毒品药物可能对自身及心理所造成的危害浑然不知。

(3) 青春期影响。

初次滥用药物多始于青春期的青少年,青春期是人生历程中的一个风暴高发期,心智未成熟却又渴望独立自主,在此成长期会有矛盾的反抗心理出现,企图通过药物的滥用来表示对成人社会及价值体系的反抗。由于青少年在性格发展上并不成熟,情绪也不稳定,挫折与好奇是导致吸毒的主因,青少年喜欢模仿与学习,新奇的事物易吸引他们去尝试。

2. 家庭因素

物质滥用从来都不是一个具体的个人行为问题,家庭是影响青少年成长的最重要的基础团体。人们在家里获得抚育和保护,获得亲情和归属感,也学习到价值与道德规范。在人格的形成与社会化的过程中,家庭产生的影响最早。不良的家庭环境同样是物质滥用的温床。

(1) 家庭结构缺损。

首先是离婚。家庭的结构缺损是导致青少年行为越轨、药物滥用、过早性体验、学业失败以及心灵创伤的高危因子。由于离婚导致家庭结构缺损的两个直接后果是:第一,造成离婚家庭子女心理失衡。由于父母的离异,使孩子的情感平衡状态被打破,造成他们性格的突变,形成孤僻、暴躁、冷酷无情的特殊心理。第二,教育的全面性受到破坏。完整的家庭教育应由父母共同承担,缺少任何一方,对子女而言都是缺陷。父母离异使家庭教育职能处于一种不能完全完成或根本不能完成的状况。据我国学者对 100 名离异家庭子女的统计表明,48%的孩子有自卑心理,40%的孩子性格孤僻、感情脆弱,25%的孩子情绪起伏不定,24%的孩子心理早熟(王娟,2007)。而这些心理与情绪问题的存在是导致青少年物质滥用的基本原因。其次是死亡和伤残。死亡和伤残所造成的许多后果与离婚相同,但也有自己的独特之处。死亡和伤残都导致了教育主体的分离,使家庭教育的完整性遭到破坏。家庭这一早期社会化重要载体的功能得不到持续有效的发挥,极大地影响了青少年健全人格的塑造。

(2) 家庭教育失职。

家庭教育主要包括家庭教育能力、教育水平和教育态度及其方式方法等方面。父母也是家庭教育的实施者,他们在日常生活、工作和学习中通过言传身教,使社会普遍认同的道德规范、行为准则能够被其子女内化。第一,家庭教育方式不当,是导致青少年产生心理偏差和行为偏差的重要因素之一。当父母管教态度欠缺亲情,或过于权威、专制,会直接破坏亲子关系,引发摩擦、冲突,促使青少年因感到压迫、疏离而容易接近药物。第二,家庭不良行为的影响。父母的身教重于言传,如果父母中有滥用药物习性者,都会使青少年更倾向于药物的使用。已有研究结果显示,父母亲吸毒会造成下一代具有高度犯罪及滥用药物的倾向。在某种程度上很难说物质依赖是遗传性的,但青少年仿效其父母的行为或者生活中重要他人的行为是确实存在的。

3. 学校方面

(1) 应试教育为先。

青少年最主要的社会参与是在学校中完成的,然而从吸毒青少年高频率的逃学、辍学记录来看,他们并不满意在学校的生活。许多用药者在学业上普遍有挫败感,学业压力大,学习成绩低落,在校园里没有归属感,随后表现为厌学、逃学、辍学,当结交上不良少年而染上吸毒恶习时,滥用药物行为随之而来。

(2) 同辈群体的影响。

同辈群体可能是青少年接触毒品的主源,交友复杂往往是接触毒品的第一步。青少年往往非常重视同辈间的看法,在寻求同辈认同的过程中,容易因畏惧同辈的恶势力,在明知或无知之下滥用违禁药物,导致成瘾。

(3) 预防教育不足。

在学校普遍唯成绩论的大背景下,品德与修养教育严重匮乏,关于药品的知识与相关法律配套教材几乎为零,教师课堂教学工作繁重,针对个别学生的单独辅导无从谈起。

4. 社会文化方面

(1) 社会结构与文化因素。

青少年物质滥用行为与整体社会的流行趋势以及广告的渲染不无关系。例如,近年来大型演唱会吸引了不少青少年彻夜狂欢;公然吸毒的画面,以及媒体争相报道艺人、运动员等涉嫌吸毒的案件,无形中都增加了毒品对青少年的吸引力。

(2) 人际疏离感。

都市化造成社会解体,在高度分工下造成人际关系淡薄、疏离,寂寞与空虚感丛生,青少年通常会通过使用违禁药物满足其幻想。

(3) 社区。

社会流动加剧,使得社区出入成员、居民的复杂性增加,药物的获取途径变得更加容易。青少年的苦闷来自学校学习成绩的滑坡、家庭气氛的凝重等,而药物可以缓解不愉快的情绪体验,药物的正增强作用正是他们所需要的。

(4) 大众传播媒体的增强与示范。

大众传播审查不够严格,内容缺乏净化,广告媒体常常传递出任何生理上的异样都可以借由药物来消除的讯息,另一方面,不良影视作品的示范,直接、间接提供了不良示范,让青少年仿效。

(5) 相关的教育与辅导机构缺失。

目前,具有教育性的收容流浪青少年的机构和积极辅导青少年活动的社团比较缺乏,青少年活动的场所,以及从事正当的休闲活动的机会严重不足,学校以应试教育为主,课外活动少而又少。

表 8.1 物质与情绪排除相关性(一)

特定物质	消除负向情绪
麻醉药物、安眠药	暴怒、害羞、嫉妒以及由这些感觉衍生的焦虑
刺激性药物	抵制抑郁、软弱的感觉
迷幻物	消除无聊,瓦解幻想
酒精	掩饰罪恶感、寂寞与焦虑

资料来源:管林初:《药物滥用和成瘾纵谈》,上海教育出版社 2008 年版。

表 8.2 物质与情绪排除相关性(二)

特定物质	成瘾者情绪特色	物质的效用
麻醉药物、鸦片剂	生活史经验:伤害性虐待和暴力受害者,长期感受痛楚尖锐的敌意和愤怒	舒缓、控制过去曾遭遇的痛苦和因内在强烈攻击性而引起的威胁感
镇静剂(安眠药、酒精)	焦虑、情感抑制	克服个人在亲密关系上所存在的深层防卫与恐惧,并让自己的情感或愤怒得以获致短暂或安全的疏解,但在清醒时,往往感受到人际的疏离、寂寞、阻绝

资料来源:管林初:《药物滥用和成瘾纵谈》,上海教育出版社 2008 年版。

第三节 社会工作对青少年物质滥用的介入

青少年物质滥用的根源是多元的,没有单一的方法或介入对物质滥用青少年人群是有效的。因此,对于物质滥用者的控制、预防和治疗需要一个有责任感的社会的共同努力,即由执法部门、医疗行业、学校、立法机关和其他社会组织等一切社会力量一起为实现共同的目标而努力。其中,社会工作者参与控制、预防和治疗物质滥用的内容有三大类,即预防、治疗和环境的调试。

一、青少年物质滥用的预防性介入

预防是解决物质滥用问题的第一道防线,也是从根本上解决物质滥用问题的重要一环。社会工作者可以通过宣传、教育等方法,对那些潜在的导致物质滥用的状况提高警惕,并采取必要的方法给予改善。如课堂上有关物质滥用危害性的教育、公共演讲,培训志愿者,为学生提供假期娱乐设施,开展同伴自助小组,以及结合家庭做好物质滥用的预防。

1. 如何辨识物质滥用者

有物质滥用的青少年的行为和生理将会产生一些异常现象,我们可以从精神、行为和身体上进行观察。

(1) 异常表现:体重减轻和食欲减弱;流鼻水或鼻孔发痒;瞳孔收缩及双眼流水;手臂、手背及身体其他部位有针痕;床单或衣袖有血渍;身上常有特殊的味道;面色灰暗、精神萎靡、沮丧,但时有不寻常的亢奋及无意义的举动;心神不定、躁动不安、精神恍惚、情绪易失控;用钱无度,向家人索取或向朋友借钱次数明显增加;交往对象神情怪异、言谈神秘、夹杂暗语,常有不良社会少年与其纠缠;做事不专注,工作绩效、学业成绩急剧下滑;旷课、逃学、离家出走、出入不当场所,常常借故外出、晚归。

(2) 与早期识别物质滥用者相比,预防物质滥用发生显得更为重要。易发生药物滥用青少年的特征表现:有行为问题;有情绪困扰;低自尊;抗挫折能力较低;意志力不坚定;支持系统较弱;家族成员中有药物滥用之人;经常相处的同辈、邻居有药物滥用之人;人格缺陷;有精神疾病。

2. 青少年物质滥用问题的预防分层

青少年的物质滥用预防工作是一项长期且艰巨的挑战,要结合不同领域、关心青少年的学校、家庭、社会及专业人员与义工共同来努力。目前在预防物质滥用方面是按三级预防的层次进行。

一级预防:防止正常人群沾染物质滥用的恶习,对象为一般大众和高危人士。一级预防是整个预防工作的重要基础。

二级预防:针对已经处于物质滥用初级阶段的人群,对他们进行适当的干预与控制,制止他们发展成为物质滥用者,并预防物质滥用通过他们进一步传播和蔓延。二级预防针对物质滥用高危社区的人群,包括试探或娱乐式用药者,对他们进行早期干预。

三级预防:对物质滥用成瘾者实施生理脱毒、心理康复和社会管理的戒毒过程,另外也要协助他们在戒毒后复吸和重新生活。

3. 预防物质滥用的社会工作理论与方法

(1) 认知行为预防复发模式。

认知行为预防复发模式认为,成瘾是一种经学习得来的复杂而渐进的习惯,康复是一个重新学习和历练的过程,滥用者在康复的过程中需要尽力完成协议规定的任务,并且做出自我制约及调节,想办法提升个人的能力及自我效能感,从而达到康复的目标。

(2) 认知行为预防复发模式主要有三个介入手法。

第一,认知重整。认知重整主要指正面描述,从而强化自我效能感和结果预期信念,令物质滥用者有信心可以控制自己的生命,而不是被毒品控制,从而提升戒药动机,建立应付困难及辨认高危情况的能力。另外,也可以协助他们寻找和订立人生的目标,使他们的人生除了毒品外,还有更多值得努力、学习的地方。

第二,技巧建立。技巧建立是指进行角色扮演、自我监察和预防复发扮演等,从而建立一些预防复发技巧。滥用者需要幻想自己处于高危情况,并做出适当处理,例如如何拒绝朋友的滥用邀请等。

第三,生活方式重整。生活方式重整主要是学习一些运动及技巧,例如自我松弛运动及时间管理等技巧,协助案主建立兴趣,对自己的将来抱有期望并为将来努力,找寻其他可以取得同辈认可的方法,从而重整滥用者的生活方式,降低药物对生活的重要性。

二、青少年物质滥用的治疗性介入

治疗是预防失败的必要补偿。由于使用不同的药物,相应的治疗也不尽相同,可以根据所服药物的不同特点采取不同的治疗方法,如非医疗性治疗、美沙酮疗法、强行戒毒、自愿戒毒治疗与社区治疗等。在为个人制订治疗方案时,需要对社会、家庭环境和关系、个人的长处与潜能等进行多方面的评估,然后再决定哪种方式更加适合药物成瘾者的需要。只有全社会方方面面共同配合,以多种形式,打防结合、堵源截流,做到疏而不漏,才能最大限度地使青少年远离不良物质。

1. 个案工作

(1) 危机介入理论。

危机介入理论强调案主的问题是介入的中心,社会工作者的介入重点是问题的解决和案主功能的恢复。具体做法:第一,社会工作者要迅速了解服务对象的主要问题。社会工作者需要将自己的注意力集中在青少年最近的生活状况上,帮助青少年整理自己的想法和感受。第二,社会工作者需要迅速做出危险性的判断。青少年在面临危机时,往往会做出一些破坏行为。因此,社会工作者要在了解问题的过程中对青少年采取破坏行为的可能性和危险程度进行评估。第三,社会工作者需要有效地稳定青少年的情绪。青少年的情绪在危机中是非常不稳定的,社会工作者需要稳定青少年的情绪,与青少年建立信任的合作关系。第四,积极协助青少年解决当前的问题。一旦青少年的情绪稳定后,社会工作者就需要协助青少年分析危机产生的原因,并根据危机发生的原因制订介入计划,帮助青少年克服危机的影响。

(2) 家庭治疗理论。

家庭治疗是指将家庭作为一个整体进行心理治疗的方法,假设家庭的动力和组织方式与个人的问题密切相关,家庭治疗则通过家庭动力和组织方式的改变来解决个人和家庭的问题。它是通过治疗者对某一家庭中的成员定期进行接触与交谈,促进家庭做出某些适应性的改变,同时,使家庭中患者的症状消失或减轻。家庭治疗的对象不仅是病人本身,它是通过在家庭成员内部促进谅解、增进情感交流和相互关心的做法,使每个家庭成员了解病态的家庭结构,改善家庭功能,产生治疗性的影响,达到和谐、相容、稳定。

例如,家庭中有一人吸食毒品,家庭中每一位成员都会遭受巨大的精神创伤。因此,在治疗过程中,运用家庭治疗方法不仅能给物质滥用者积极的影响,同样也能帮助家庭其他成员渡过难关。家庭治疗主要从四个方面进行干预:青少年；父母；家庭环境与家庭关系；与青少年父母有关的家庭外系统，如学校、司法系统、同辈群体和社会支持网络。相应的家庭治疗重点突出以下几个方面：增进家庭成员与物质滥用青少年之间的相互理解和信任；针对物质滥用青少年的家庭进行治疗；建立物质滥用青少年的社会支持体系；协助家人帮助物质滥用者端正、坚定其治疗康复的决心（Weinbeig and Glantz, 1999）。

2. 小组工作

青少年物质滥用问题小组介入的服务对象主要有物质滥用青少年群体、青少年家长、学校三部分，其中侧重于发生物质滥用问题的家庭和学校。

（1）对青少年的小组介入。

介入目标：第一，建立健康的生活方式。第二，制订计划远离上瘾的精神活性物质。第三，建立支持性的远离毒品同伴团体。第四，发展应对物质滥用诱惑的手段与方法。第五，发展社会性技能，增强自尊感。

小组干预过程：第一，通过与组员会谈，收集组员信息，评估组员目前的社会性/情绪功能水平和任何其他药物使用或滥用的情况资料。第二，鼓励组员用画画、写歌和诗、音乐、雕塑或沙游等来描述自己的情绪，诸如悲伤、愤怒、绝望。要求组员将这些有关个人情感的表达进行分享。第三，通过小组活动增强组员活力，缓解组员紧张的压力。第四，通过小组活动项目的完成，强化组员在学业上、家庭中和社会性发展方面的进步。第五，在小组活动中，要求组员列出物质滥用对其生活的消极影响（如失去以往的朋友、成绩下降、家庭问题、失业、丧失除毒品/药物之外的其他兴趣、健康问题、记忆力衰退、法律问题等）。第六，让组员描述其作为物质滥用者的将来和康复者的将来，并写出或画出这种描述；当组员的个人意识增加时，增加这种描述。第七，要求组员明确未来五年的前景，聚焦于可能的关系、家庭、职业目标和个人抱负，并将其以"给自己的一封信"的形式分享与保存。

（2）对家长和教师的介入。

介入目标：第一，加强家长和教师对青少年物质滥用问题的正确认识。第二,鼓励家长和教师对物质滥用青少年的戒断给予持续的支持和鼓励。第三,给予家长和教师一定的技能培训,使家长和教师配合制订的治疗计划,帮助物质滥用青少年康复并能够远离上瘾物质。

　　小组干预过程:第一,在小组活动中与父母和教师展开讨论。讨论关于青少年物质滥用的情况;提供支持并收集青少年在家中或学校中关于社会性情感功能、化学物质依赖的症状和行为问题的背景信息。第二,与父母和教师合作,制订一份关注青少年潜在的药物依赖的短期干预计划;如果有必要,寻求药物干预专家的协助。第三,促使物质滥用青少年的父母和青少年一起回顾评估的结果并讨论可选择的治疗(如住院治疗、门诊治疗、家庭治疗、物质滥用康复小组)。第四,在小组活动中帮助父母编辑一个可以参与药物依赖干预的社区资源、朋友和家庭的清单。第五,通过小组活动传授给父母和教师药物依赖干预技术的性质和过程,在这个过程中,所有人要对这个物质滥用青少年表达他们的担心,并且坚持让他(她)参加治疗。第六,通过小组的相关活动提醒父母和教师,在干预技术的实施和康复的过程中,可预见物质滥用青少年会出现撒谎、找借口、逃避及挑战等反应。帮助他们在面对他(她)的愤怒和否认时,做好准备。第七,在小组活动中指导父母和老师通过关注物质滥用青少年微小的特点,用言语表达其每天为促进恢复而做的努力和活动,以此来认识和肯定青少年。第八,在小组活动中,父母和教师进行讨论和分享,使他们准备好积极倾听物质滥用青少年的感受,强化提供时间进行感情交流的重要性。

　　3. 社区工作

　　社区是预防青少年物质滥用的重要阵地,进行以社区为主的早期干预和及时预防,能有效避免青少年物质滥用的行为。以吸毒为例,社区预防的具体措施主要有:通过电视、广播、报纸、书刊等大众传播媒介,不断向社区公众传递反毒防毒信息;适时举办禁毒教育展览,在人群流量大的公共场所竖立大型禁毒宣传广告,开展"创建无毒社区活动";在各个社区设立戒毒社工驻点,一方面做宣传工作,另一方面,可以迅速捕捉有关信息,防患于未然;在控制毒品泛滥的过程中,应将具备易成瘾人格特征、遭受重大挫折的个体以及某种特定职业者作为重点保护对象,充分发挥社区的作用,积极引导他们树立正确的人生观,以避免这些"易感人群"滑入吸毒者行列。

同时,社区也是物质滥用青少年康复治疗、重回社会的重要平台。以吸毒为例,通过社区、家庭、社工组成一支帮教队伍,实现戒毒康复社区化,让青少年远离毒品,回归社会;形成社区干部、民警、禁毒社工和涉毒人员家庭四位一体的工作模式;组建禁毒帮教志愿者队伍是社区戒毒网络另一条途径,挖掘、调动、整合社会资源为社区戒毒工作服务,建立并强化参加者的社区支持网络,给他们奠定将来正常融入社会的基础。

社会工作者可以组织社区内物质滥用青少年开展计划得当、步骤明确的活动,让物质滥用青年在活动中接受多样化的训练,帮助其增加重新融入社会的技巧和能力,使其有机会改善自我形象、树立自信心,与此同时,社会工作者利用社区资源帮助戒毒者进行康复与经济自立,协助其形成良好的社会支持系统。

三、学校对青少年物质滥用的介入

1. 学校在预防物质滥用教育方面的意义及策略

青少年是最容易受到毒品侵袭的高危人群,因此学校是进行预防性教育的重点。现今社会中,青少年均有机会在初等或中等学校中接受基础教育,故而在学校内进行预防性教育项目,是当前反物质滥用工作采取的主要教育形式。学校教育易于将预防烟、酒和毒品危害教育列入课堂教学的内容。

第一,学校预防吸毒教育应与整顿校风,加强全校、全班凝聚力相结合。

第二,预防物质滥用教育应与人生价值观教育紧密结合。逐步建立青少年积极、健康、阳光、向上、有理想的个性品质。

第三,在学校中开展丰富多彩的主题活动,使学生将充沛的精力运用于发挥特长与进行创造。

第四,配合学校心理卫生教育。提高青少年人格的顺应性,增强自身的心理耐受力和适应性,更好地面对现实生活。

第五,学校内反物质滥用教育可与其他行为障碍的预防性措施结合在一起。建议把校内反毒教育与预防艾滋病感染、防止少女怀孕、防止形成犯罪团伙结合在一起,形成综合性预防教育,借以减少各种行为障碍的危害并取得预防效果。

2. 学校、家庭、社区的有机介入

物质滥用表面看似个人的行为问题,实则是家庭、学校、社区与社会的综合性问题,学校、家庭、工作环境的情感支持意义非同寻常。应降低不良物质的易得性,净化社会空气,调试社会环境,给青少年创造一个良好的生活环境。

家庭与社区在青少年物质滥用的预防与治疗上扮演着重要的角色。在家庭干预方面,学校社会工作者可以通过家长学校开展专题讲座,为父母提供药物教育的相关知识,还可以举办亲子训练营等活动,促进亲子间的沟通与交流。在社区层面,除了联合社区为学校开展的干预活动提供支持性服务之外,还应当主动与社区相关组织保持联系,向相关组织说明学校实施的物质滥用干预项目,努力与社区组织达成稳定的合作关系,以运用政策、法律、社区规范等综合手段来预防青少年物质滥用。总之,学校社会工作预防物质滥用有效的途径与方法就是发挥社会生态系统的交互作用,加强学校、家庭与社区的有机联合。

案例 8.1　青少年物质滥用的分析报告

一、基本资料

案主陈某,男,17岁,未婚,某村居民,职业学校辍学学生,跟离异母亲同住,无业。案主在2016年首次吸毒,2017年年初劳教期满释放后终日无所事事,精神萎靡。前段时间又和以前的毒友联系上,经常出入夜店夜不归宿。

二、背景资料

案主的母亲与丈夫离异多年,案主与母亲同住,出于对案主的补偿心理,母亲对其一直很溺爱,导致他好吃懒做的恶习,职业学校辍学参加工作后结交了一些不良毒友,在毒友的教唆引诱下,在好奇心的驱使下,2016年6月在偷买毒品时被抓获,进行强制戒毒,随后被送入劳教所劳教,这次劳教使案主丢失了工作,这让案主异常痛苦、自卑,完全丧失了生活信心。案主的母亲看到儿子自甘堕落十分焦急,希望可以得到社区的帮助,使案主尽快脱离毒圈、戒掉毒瘾,重新树立生活的信心。

三、问题分析

第一,身体问题:案主的毒瘾还没有戒除,经常会产生不良的生理反应。在与案主的交谈中得知,案主经常吃不下、吐不出、睡不着。

第二,就业技能:案主在学校的成绩不太理想,长期闲散在家使得他工作能力比较低下。但就我们对案主的了解,他在高中之后就读了一所技校,如果继续在学校里好好进修,完全可以培养更高的劳动技能,使其慢慢融入社会。

第三,家庭问题:案主从小生活在单亲家庭中,母亲对其溺爱,案主也一直对母亲心存愧疚。这一方面导致了案主生活能力的低下,另一方面也导致了案主脆弱的心理底线。社工认为要解决案主的问题,必须与案主的母亲进行充分沟通,让她意识到自己对案主的教育方式有问题,并积极改正,以帮助案主树立健全的人格。

第四,社会功能问题:案主不良的交际圈是案主遇到问题的一个重要原因,社工需要引导案主重新进入一个更健康的交际圈。另外,从劳教所出来以后,案主的生活发生了很大的变动,产生了社会失衡问题。案主一时间对他人的信任感降低,无法与周围的环境相融合。社工需要帮助案主调整其与周围环境的平衡关系,恢复案主的社会能力,使其与环境达到和谐状态。

第五,心理问题:案主的心理防御能力比较低下,遇到问题很容易崩溃。其对毒品的依赖其实在很大程度上也是一种心理依赖,渴望通过毒品排解内心的抑郁。包括和以前毒友的联系,也是在试着给自己的心理找一个慰藉。社工要帮助案主正视自己,增强自我认同感,降低对他人过度的依赖,自己建立强大的内心。

四、工作目标

运用生态系统理论和个案社会工作方法对案主进行干预,对案主个人、家庭、社区、机构等各个层次系统进行认真的观察和分析,通过综合各种社会工作取向的方法,对案主的多元系统进行多元面向的干预,以协助案主获取多种资源,提高自身的胜任能力,促进其与周围生态环境系统的相互协调,最终成功摆脱毒品的侵害回归正轨社会。

第一,养成一种健康的生活方式。

第二,发展应对物质滥用的手段与方法。

第三,通过与案主会谈,收集案主信息,评估目前的社会性、情绪性功能水平和任何其他药物使用或滥用的情况资料,并制订短期治疗计划。

第四,鼓励案主将有关个人情绪的表达进行分享,缓解案主紧张的压力。

第五,要求案主列出药物滥用对其生活产生的消极影响(如失去朋友、成绩下降、家庭问题、失业、丧失兴趣爱好、健康问题、记忆力衰退、法律问题等)。

第六,让案主描述其作为物质滥用者的将来和康复者的将来,并写出或画出这种描述;当案主的个人意识增强时,增加这种描述。

第七,加强家长和教师对案主物质滥用的正确认识,鼓励他们给予案主支持,给予他们一定的技能培训,使他们配合制订治疗计划。

第八,帮助父母列出一个可以参与药物依赖干预的社区资源、朋友和家庭的清单。

五、服务过程

1. 专业关系的建立

某日上午,社区社工和专管员来到案主家中开始介入,社工向案主表达了友好与关怀的意愿,并希望与案主一同走过难熬的戒毒期。

通过十余次这样的交心沟通,社工和案主建立了良好的信任关系,激发了案主的学习动力,使其愿意利用社工的协助和影响,促进其与周围生态系统环境之间相互协调。

2. 案件的分析与诊断

社工根据以上所采集的资料,并综合自己对案主观察和交心所得信息,就案主情况做如下分析与诊断。

(1) 案主本人有摆脱毒品的强烈愿望,但每次都由于其意志力薄弱而以失败告终,在戒毒过程中反反复复十余次,目前又处于新一轮的生理脱毒阶段,心理和生理正经历着痛苦的煎熬,故而母亲的鼓励、支持和司法所心理辅导员的专业心理辅导至关重要。

(2) 与生理脱毒相比,心理脱毒更为漫长而艰辛,案主周围充斥着吞云吐雾的吸毒人员,因而社工的当务之急就是和案主的母亲制订交友监督计划,帮助案主摆脱毒友,结交或者重新找回昔日的朋友或同学。

(3) 案主十分害怕看到邻居顾忌他的眼神,有很强的自卑感。社工一方面鼓励案主参加社区志愿者队伍的各项公益活动,增加邻居对他的好感,另一方面对案主的邻居走访,鼓励他们给予案主关系和帮助。

(4) 案主的失业增加了家庭经济压力和精神空虚。社工认为,应帮助案主找到新工作,协助其在最短的时间内缩小与社会的距离,融入正常社会生活,担负起应有的家庭责任。

3. 服务与治疗过程

(1) 社工和综治专管员每周两次家访,给案主送去有关戒毒知识和励志的书籍,并以朋友的身份、聊天的形式帮他树立正确的世界观、人生观和价值观,激发其乐观向上的人生态度,增强家庭责任感。

(2) 帮助案主摆脱原来的毒友,重新“打造”健康的朋友圈。案主母亲帮其办理了新的手机号,毒友来家时,退休在家的母亲及时干预阻止,有效防止案主跟毒友取得联系。同时动员其参与本街道、社区组织的各项娱乐活动及社会公益活动,认识新的朋友。

(3) 接案当月,社工向负责社区劳保站的社工了解失业证办理条件,帮助案主申办了失业证领取失业金。五个月后,根据案主有六年驾龄且驾驶技术不错的情况,为其推荐了一家著名房地产公司老总司机的工作,并顺利通过了面试和试用期,成为该公司的正式员工,据说待遇还不错,这大大增强了案主的生活信心,使其真正融入正常社会生活中。

(4)将案主的情况和服务计划向司法所和社区民警做了详细的汇报,得到了他们的协助。社工在每次家访后根据案主的情况,决定是否联系司法所的心理辅导员提供专业服务。社区民警定期组织案主及其他戒毒人员学习,为他们讲述戒毒成功案例,为他们提供相互沟通的心得。

六、 效果评估

社工认为,此个案基本达到预期目的。对于案主来说,在得到社工的帮助后,他找到了生活的勇气和信心,不仅回归了家庭,承担起了应有的家庭责任,还积极参加了社区和志愿者的活动,重新融入了正常的社会生活中。在整个服务过程中,社工帮助案主戒掉了毒瘾,还实现了案主的增能。在整个帮教过程中,社工不盲目批评,而是注重社会工作专业价值理念的应用,在了解到案主强烈的戒毒意愿后,利用案主与母亲的深厚感情,挖掘潜藏其深处的潜质,保障了个案的成效。社工运用了理性情绪治疗模式、行为治疗法等多种工作方法,这些技巧的运用对案主来说无疑起到了良好的激励及促进作用,让案主意识到戒毒后,他还能走上正常人的生活道路。社工以生态系统的视角,整合案主周围的系统资源,如案主的母亲、前女友、社区文化活动中心、社区劳保站、社区志愿者组织、司法所、民警,等等,不仅帮助案主摆脱了原来的毒友,更为案主营造了一个健康的人文环境。

七、 专业反思

在介入过程中如何赢得吸毒者的信赖,成为他们值得信赖的同行者,是帮助吸毒者脱离毒海最难的一步。吸毒人员对社工了解太少,社工在去帮助他们时,对方基本都不了解戒毒社工是做什么的,对他们误解很深,以为戒毒社工会把他们带去强制戒毒。他们更担心的是,社工们会不会把他们吸毒的消息泄露出去。在介入过程中,除了运用专业社工知识,还要综合连接多方资源,使其戒毒后能融入社会生活,参与社会活动。

拓展 8.1 "滥用毒品的陷阱"心理测验

1. 你是否曾经抵抗不了诱惑而在上课时吃东西?

2. 如果在同一天内的不同时间,你约了两个不同朋友去逛街,你是否会回家换件衣服才去赴第二个约会?

3. 你有没有曾经因为父母给你"小费"才帮父母办事?

4. 你是不是一个喜欢寻找刺激、接触新事物、好奇的人?

5. 你是否会因为想得到朋友的认同,而刻意改变自己去迎合他们?

6. 你是否曾经因为想买一件名牌衣服或物品,而不吃饭存钱买?

7. 每当节假日或课余时间,你会感到无所事事吗?

8. 你是不是平均每天与父母相处的时间加起来不到一小时?

9. 你遇到不开心的事时,是不是找不到对象倾诉?

10. 你是一个不认输的、好逞强的人吗?

11. 你是不是经常感到每天都有不如意的事发生,又觉得很多人在欺负你?

12. 你是否觉得"嗑药"一两次是不会上瘾的?

如回答"是"的数目为 9 条或以上:你是一个摇摆不定、拿不定主意的人,周围人对你的影响非常大,你要多加认识及学习物质滥用对你的害处和拒绝朋友引诱的方法。

如回答"是"的数目为 5—8 条:你在一般的情况下能自行做出决定,但你也重视他人的看法,当遇到其他意见时,你会容易受人影响。

如回答"是"的数目为 4 条或以下:你对择友及兴趣方面,都有自己一定的标准,不易误交不良的朋友;你可以与你的朋友多参加有益身心的活动,增强对毒品诱惑的抵抗力。

拓展8.2　抵制多频诱惑(高危青少年群体适用)

目的:让参加者了解容易受到毒品诱惑的情境,并使他们计划应对的方法。

时间:30分钟。

道具:A4白纸和笔若干。

活动流程:首先,将参加者分为5—6人小组;第二,请参加者轮流说出容易使自己受到毒品诱惑的高危情境;第三,向参加者分发A4白纸和笔,提问,要求其将答案写在纸上;最后,分享交流。

问题:(1)为什么你在这种情境下可能会去吸食毒品? (2)目前你会用什么方法去抵制这种诱惑? (3)你还能想到其他方法来抵制诱惑吗?

注意事项:将答案写下来的过程不可少,这个过程可以为参加者提供足够的时间思考整理,也使最后的答案更有质量。在写下来的过程中,要防止参加者互相交流。

拓展8.3　禁毒纸球战

目的:通过提问和回答巩固参加者的禁毒知识。

时间:40分钟。

道具:白纸和笔(和参加者数目相当),计分用的黑板和白板、粉笔或白板笔,纸篓或盒子。

活动流程:第一,将参加者分组,每个人在白纸上写上他对禁毒的一个问题,再把白纸揉成一个纸团;第二,工作人员用一个纸篓或盒子收集所有纸团;第三,游戏开始,工作人员把一个纸球抛向空中,各组成员争抢纸球,抢到的人或其所在组组员可回答纸球上的问题,答对该组加一分,答错扣一分,然后工作人员扔下一个纸球;第四,所有纸球抛完后,工作人员评出优胜组并总结,同时集中讲解参加者答错或没有回答的问题。

注意事项:工作人员应注意提问的技巧,且应事先对禁毒领域有深入了解,这样才可能对参加者的问题给出较好的答案,如果参加者所提的问题难以回答,工作人员则可指导参加者查阅相关信息。对于参加者答错和没有回答的问题的讲解最好放在最后进行,如果参加者的情绪比较激动,在游戏中讲解的话可能收效甚微。抛纸球时最好向各个方向平均地抛,不然可能会引起不满。

拓展8.4　毒品危害大海报

目的:加深青少年对毒品危害的认识。

时间:15分钟。

道具:若干空白海报纸、各种颜色的白板笔或水彩笔(笔头以粗为佳,写在海报上要清楚醒目)、白板与磁铁若干(用黑板和胶带纸代替亦可)。

活动流程:第一,将空白海报纸固定在白板或黑板上;第二,邀请参加者自愿上来把他所知道的毒品危害写在海报纸上,越多越好;第三,当海报纸差不多被写满的时候,海报完成;第四,总结,将海报赠予第一个上来写的参加者。

注意事项:为了使最后完成的作品具有可看性,海报纸可事先做一些美化,如加上花边或小插画等。在填写过程中,工作人员要指导参加者使用不同颜色的笔,字体的大小也需有所控制,否则会出现海报无法被填满的状况。

拓展8.5　禁毒故事接龙

目的:加深参加者对禁毒工作的认识。

时间:20分钟。

道具:椅子。

活动流程:第一,所有参加者,包括工作人员围坐成一圈,工作人员介绍活动流程。第二,工作人员开始讲述故事:"小张大专毕业三年了,一毕业他就和几个志同道合的朋友一起开了一家酒吧,因为店里面的气氛很有特色,再加上旁边新落成了一所民办大学,客人一下子多了起来,生意也慢慢做大了,还在酒吧旁边开了一家咖啡厅,小张的腰包比以前鼓得更快了。广交朋友,做大生意——这一直是小张的目标,再加上开酒吧的关系,到现在他的朋友已经遍布整个城市,黑白两道都有人跟他称兄道弟。大家一起出来玩,免不了有一些危险的边缘游戏,摇头丸之类的东西在他的酒吧已经是见怪不怪了,最近他开始尝试海洛因等其他毒品……"第三,工作人员旁边的参加者接下去讲这个故事,一个人大概说两三句,每个人讲完都由工作人员再讲一段,接着才轮到下一个讲。第四,大家按顺序进行故事接龙。

注意事项:工作人员的作用是引导故事的发展,应该让参加者了解到戒毒是一件很难的事,所以工作人员可尽量讲一些主人公遇到的困难。

§思考和练习

1. 简述青少年物质滥用问题的类型。
2. 简述物质滥用社会工作的基本方法。
3. 学校社工如何介入物质滥用青少年?

§小组讨论

1. 学生分成小组,结合身边实例讨论物质滥用对青少年成长的危害。
2. 通过禁毒小组游戏及案例的学习,结合你的小组工作知识,请你设计一份《物质滥用青少年的小组治疗计划书》。

第九章 青少年受虐问题与社工介入

　　主要学习和了解青少年受虐的现状、类型以及青少年受虐的原因,掌握社会工作介入受虐青少年的理论、方法,有效帮助受虐青少年走出阴霾,恢复社会功能,并着眼于宏观环境的改变,从长远的角度有效预防青少年受虐问题的发生,减少青少年成长中的伤害事件。

本章要点

■ 青少年人群是一个特殊的群体,青少年的健康成长不仅对青少年自身、家庭以及社会关系群体产生直接影响,而且严重影响到整个社会的发展。

■ 青少年受虐是指未得到青少年同意或在青少年作出选择前对其身心予以侵犯,施暴者将受害人当作物体对待而剥夺其人格的行为。

■ 青少年受虐分为四种虐待,即身体虐待、精神虐待、家庭忽视、性虐待。与未受虐待的青少年比起来,受虐经验会导致受虐青少年在心理、行为、认知以及学业能力上受到损害。

■ 青少年受虐问题的成因可以从个人、家庭、社会三个方面展开分析。

■ 社会工作对青少年受虐问题的介入除了治疗性介入以外,还有其他介入方法,包括对受虐青少年的校园辅导干预、对受虐青少年的环境干预、对受虐青少年的医疗干预、对受虐青少年的游戏治疗和对受虐青少年的艺术治疗。

第一节　青少年受虐问题概述

　　青少年人群是一个特殊的群体，青少年的健康成长不仅对青少年自身、家庭以及社会关系群体产生直接影响，而且影响到整个社会的发展。当前中国社会正处于全方位的急剧转型时期，传统价值观念逐渐崩溃，家庭结构与功能也发生了巨大的变化。一方面家庭与社会对青少年的重视程度越来越高，另一方面青少年受虐的恶性事件也时有发生，且呈现增长趋势，对于这些处在危机中的青少年，社会工作的专业介入刻不容缓。

一、青少年受虐的概念界定及其现状

　　青少年受虐是指未得到青少年同意或在青少年做出选择前对其身心予以侵犯，施暴者将受害人当作物体对待而剥夺其人格的行为。与儿童虐待相似，由于青少年仍处在被抚养的地位，遭受虐待的情况不在少数。中国传统的教养方式就是"严父慈母"，即鲍姆林德所说的权威型（接受＋控制）教养方式，父母都处于绝对的强势地位，尤其在中国很多偏远农村地区，普遍认为父母打骂子女是正常的教养方式（朱婷婷，2005）。如段慧兰对湖南进行的农村小学生家庭教育调查结果显示，体罚是许多农村家长常用的管教孩子的方式。当学生考试成绩不佳时，26.0％的家长对子女采取的是批评指责或棍棒式教育，14.8％的家长规定子女以后不许做与学习无关的事情，甚至还有 4.4％的家长根本不过问子女的学习成绩（段慧兰，2000）。这些家长认为自己只是在管教子女，殊不知这已经构成了青少年虐待。基于很多家长有着这样的思想，目前中国青少年受虐问题的突出

特点就是性虐待比西方国家少,但打骂儿童以及情感虐待现象普遍存在。

二、各类型虐待及其影响

1. 青少年身体虐待及其影响

身体虐待是指对青少年造成的实际的或潜在的体格、生理损伤,或者不保护青少年免受体格、生理损伤,导致器官功能受损或是死亡。

表 9.1　遭受身体虐待对青少年的影响

时　期	青 少 年 期	成 人 期
效应	1. 身体与神经上的伤害 2. 不安全的依附关系 3. 避免与他人在目光上的接触 4. 负面的社会互动 5. 过动倾向 6. 沮丧 7. 社会疏离与退缩 8. 睡眠困扰 9. 智力缺陷 10. 攻击行为 11. 偏差行为	1. 攻击或暴力行为 2. 低自我概念 3. 社会疏离 4. 有虐待自己子女或配偶的危险性

资料来源:台湾家庭暴力防治专业人员工作手册。

2. 青少年精神虐待及其类型

精神虐待是指成人持续或严重地对青少年排斥或不当对待,损害青少年心理健康,或不利于其行为和情绪发展。所谓精神虐待行为包括以下几类:(1)拒绝给予青少年所需要的关心或帮助。(2)在大庭广众之下,对青少年实施体罚或怒骂等不顾青少年颜面的行为。(3)对青少年施加恐吓的行为,使其心生害怕。(4)禁止青少年参与正当的社交活动或与他人互动,而使青少年处于孤立的状态。(5)鼓励青少年参与或未予禁止青少年参与一些偏差或犯罪行为。(6)利用青少年,以满足自己的需求或利益。(7)拒绝或忽略青少年心理上的需求。

3. 家庭忽视及其类型

家庭忽视是指长期持续地忽视青少年,不能满足其成长所需的生理和心理需要。主要包括身体忽视、教育忽视、情感忽视。所谓疏忽行为包括以下几类:(1)遗弃。(2)未提供适当的食物、衣着、住所、安全照顾、医疗照顾及成长所需的教养。(3)利用青少年从事有害健康等危害性活动或欺骗行为。(4)利用身心障碍或特殊形体青少年供人参观。(5)利用青少年行乞。(6)剥夺或妨碍青少年接受教育之机会。(7)强迫青少年婚嫁。(8)拐骗、绑架、买卖、质押青少年,或以青少年为担保之行为。(9)供应青少年刀械、枪炮、弹药或其他危险物品。(10)带领或诱使青少年进入有碍其身心健康之场所。(11)其他对青少年不利或利用青少年犯罪的不正当行为。

4. 青少年性虐待及其影响

各种虐待及忽略中最严重的就是性虐待,青少年性虐待是指对于18岁以下未独立之青少年,其对性活动未能真正了解,却受到权威或胁迫使其从事性活动,而沦为性受害者的错误行为,这些性活动违反了法律或家庭角色对个人的期待。成年人对青少年的性虐待具体表现为包括带有刺激性目的的亲吻、拥抱、调戏青少年身体;玩弄青少年的性器官;更严重者强迫青少年进行性交、乱伦和强迫青少年卖淫;利用青少年拍摄或录制猥亵或色情出版物,或者供应青少年观看或使用色情出版物、器具或设施。

表9.2 遭受性虐待对于青少年的影响

时期	青少年期	成人期
效应	1. 情绪困扰 2. 忧郁与焦虑倾向 3. 创伤症候疾患 4. 行为问题 5. 人际关系困扰 6. 认知困难与扭曲	1. 情绪困扰 2. 忧郁与焦虑倾向 3. 创伤症候疾患 4. 人际关系困扰 5. 认知扭曲 6. 不快乐的人格特质

资料来源:台湾家庭暴力防治专业人员工作手册。

三、受虐青少年所呈现的问题

　　与未受虐待的青少年比较起来,受虐经验将会导致受虐青少年在心理、行为、认知以及在学业能力上受到损害。其中,高攻击性是遭受虐待的青少年最突出的行为问题之一。一方面,青春期的躯体受虐经历可能损害他们的情绪控制和表达技巧,使他们难以用语言表达情绪体验,只能通过行为(攻击)来表达内心的痛苦和愤怒。另一方面,可能由于受虐青少年常常处于受虐性环境,于是对周围环境中任何有关伤害性刺激的行为都保持高度警觉,并做出迅速攻击。此外,青少年时期各种受虐经历也与多种精神障碍有着密切关系,如抑郁、焦虑、注意力缺陷、多动障碍、创伤后应激人格障碍、受虐型人格障碍、物质滥用、性功能障碍等。

　　就像各种青少年虐待行为类型可能同时并存而无法清楚区隔其界限一样,各种类型的青少年虐待行为所导致的后果也往往会有所重叠。然而特定的虐待类型,也可能会有一些特定或是明显的心理、认知与行为后果。遭受身体虐待的青少年经常会显现出比较多外在的行为问题,包括不服从、容易发脾气、攻击同伴或是其他人、人际关系不佳、情绪困扰以及拙劣的社交技巧等。遭受身体虐待的青少年也经常表现出较差的同情心、比较容易有物质滥用与偏差行为的倾向,而在学业上的表现往往是比较不理想的。青少年遭受精神虐待比较可能产生内在人格特质上的适应不良现象,从而延迟与扭曲青少年的发展与机能,并且产生退缩与攻击的行为。遭受性虐待的青少年除经常会显现出比较多的心理问题与过多的性行为外,也经常显现出恐惧、创伤后压力疾患、焦虑、沮丧以及较低的自我概念。性早熟行为被认为是性受虐受害者最具特征性的行为表现。所谓性早熟行为指受虐青少年常表现出来的一些与其年龄和发展阶段不符的受虐化的性活动。与此相关的另一个行为后果是性杂乱。研究者认为,由于性受虐经历使受害者过早卷入性活动中,其既已建立起来的行为准则可能因此而瓦解或改变,也许这就是性受虐者常表现出性杂乱或性早熟行为的原因。至于最容易发生的青少年受虐类型——疏忽,虽然其对于受虐青少年的伤害可能不及其他受虐经验,也比较不易受到人们的重视,但是长期遭受疏忽仍然会对受虐青少年造成诸多戕害。遭受疏忽对于受虐青少年的影响往往与遭受身体虐待的青少年类似,这些受虐者经常会表现出攻击、行为问题以及较差的社交技巧。而他们也往往容易出现低智商、认知功能异常、语言障碍、学业中辍以及学业上的表现不佳等现象(陈涛,2011)。

第二节　青少年受虐问题的成因分析

导致青少年受虐的原因,往往不是某单一因素的简单作用,而是诸种因素交互作用的结果。某一因素是否起作用以及作用大小取决于与之相关的其他因素处于何种状况或何种水平。另外,分析研究青少年受虐问题,必须将其放在社会现实环境与家庭环境中来考察,青少年受虐待的原因比较复杂,但一般可归结为以下三个层面的因素。

一、个体因素

部分受虐儿童有智力和躯体发育迟缓,或有出生前后脑损害、早产及低出生体重的病史,致使其被父母视为负担,遭受虐待。一些儿童属于麻烦型气质,易激惹、哭闹无常、难于安抚和纠缠母亲等,容易导致父母的厌烦情绪而遭忽略或打骂排斥。反过来,那些受虐青少年可能会有心理和生理上发育不成熟或发育异常,进而给抚养造成困难,容易导致受虐的继续发生。甚至因为有一些在青少年中司空见惯的行为,如不按时起床、学业不佳、打架斗殴等,招致父母(或养育者)的厌烦和打骂。

二、家庭因素

每个受虐青少年所处的家庭背景都是不同的,也就是说受虐青少年的家庭特征并不是单一的,这也导致了青少年受虐成因的复杂性、多样性。一般来讲,受虐青少年的家庭特征有以下几种。

1. 父母类型

通常有两种父母类型:接纳—负责型(以儿童为中心)及拒绝—不负责型(以父母为中心)。拒绝型的父母也常被称为权威型,此种亲职类型被认为与青少年虐待的发生有关。权威型的父母对孩子的能力、情感需求、兴趣及自尊需求缺乏敏感度。他们依赖权力、威胁及处罚来控制孩子。这种父母对孩子的影响是,孩子容易产生社会退缩、缺乏主动和自发的行为,以及对同辈欠缺情感与好奇。虐待家庭常有的特征是家庭成员间会暴力相向,依据"虐待循环"理论,多数施虐父母(或养育者)本身在儿童期就有被虐待的经历。因此,父母类型可视为父母受上一代影响,面对子女所产生的适应型挑战(周轶,2012)。

2. 家庭压力

有些家庭生活在过度压力下,每个压力都会导致另一个压力的产生,有些家庭应对压力的方法便是崩溃或向外攻击。家庭收入不足及不良的居住环境与虐待之间高度相关。许多虐待青少年的父母应付生活事件的能力有限,当遭受挫折时就将怨恨转嫁到孩子身上。假若家庭有足够的支持,虐待模式可能因此中止,但若遭受压力或重复危机时,虐待模式就可能会再次出现。家庭出现危机时(如夫妻吵架、婆媳不和、失业、同别人吵架、与上司发生矛盾等),父母更难于忍受青少年哭闹或纠缠,容易对青少年施暴。

3. 精神疾病

与非施虐父母相比较而言,施虐父母通常有较多的情感性违常。例如,一些施虐父母智力偏低,有酗酒、吸毒、人格和情绪异常等精神和行为障碍。

三、社会因素

不同种族、不同文化以及经济发展状况会产生不同的针对青少年的教育观。一些落后的文化模式对青少年受虐产生了重要影响,如非洲地区对女童的割礼等。中国处在向现代化社会的转型之中,一些偏远山区的风俗习惯对青少年虐待有着不良影响。受传统性别歧视观念的影响,一些偏远地区目前仍有丢弃女婴、虐待女童的现象存在,许多家庭因贫穷将女婴淹死以减轻生活负担。特别是"不打不成材,棍棒出孝子"的教育方法至今仍影响深远,因此家长与教师体罚青少年的现象很常见。此外,社区内部环境的不完善同样导致了虐待情况的发生,青少年可能长期受到虐待却一直得不到救助,说明社区内缺乏这一系列的救助资源及应对的措施。

第三节　社会工作对青少年受虐问题的介入

本节内容主要是针对以上问题提出解决办法,以社会工作的视角看待青少年受虐问题,并总结如何进行此类青少年的辅导咨询和社工介入。

一、社会工作对受虐青少年的治疗性介入

1. 个案工作

(1) 介入过程。

对受虐青少年的社会工作介入首先要进行个案辅导,辅导的目标、内容或方

向大致可以围绕着以下几个方面展开(李娜,2012)。

第一,了解——让青少年当事人了解自己是受害者,以及了解会经常怕承认自己真实感受的部分。

第二,对原有的自己提出异议——当他们了解到自己是受害者时,他们会开始体验到痛楚及真实的感受;在辅导的过程中,他们应被允许反复体会这些感受。

第三,沉默——当新的感觉、顿悟出现时,青少年当事人会开始觉得在某些地方他们是有责任的(无论是消极或积极层面上);基于某些理由,他们觉得"我是自找的"。

第四,绝望——当辅导进行时,开始觉察到他们的童年和别人是不一样的;通常都会对自己所经历和他人不同的童年感到失落。

第五,对关系的再评估——青少年期受虐的青少年当事人会为满足其人际需求而寻求完整性及人际关系。

第六,面对——当青少年当事人可以面对情绪时,他们准备好面对加害者。

第七,再建构——青少年当事人被鼓励与他人做更多的接触。

(2) 介入技巧。

第一,提高自我评价,着重自我价值感的学习,克服罪恶感。

第二,避免用引导性或结束的问题来影响青少年的陈述。

第三,运用特殊技术时,应依青少年的成熟度而定。

第四,学习如何说"不"及如何应对潜在的虐待情境。

第五,告知何者是适当或不适当的触摸及治疗,并确定身体某些部位的隐私权和其他。

第六,地点最好是游戏室而非办公室。

第七,鼓励青少年受虐待时,立即告知他人。

第八,真诚表达你的关心。

资料9.1　语言技巧的使用

● 你可以说:"有我帮得上忙的地方吗?"

● 你可以说:"你愿意多和我聊一些吗?"

● 你可以说:"遇到这样的事,你一定很难过。"

● 如果没有同样的经验,最好不要说"我了解你的感觉"。

● 不要给意见,不说"你应该……比较好""你可以……"

● 你可以说:"多告诉我一些关于……"

● 你可以说:"你会怎么做?"

● 集中注意力听案主说话,不要在同时做别的事或漫不经心地涂鸦、拨弄物品。

● 态度不要紧张,让说话的人感到自在。

● 有耐心,不随意打断案主所说的话。

● 适时给予回应,如点点头。

(3) 家庭辅导。

许多发生青少年受虐事件的家庭通常有许多问题,家庭成员常需要适当地表达情绪或澄清错误的认知,所以近年来常采用家族治疗模式,将重要的家庭成员一起纳入治疗,特别是施虐的父母。家族治疗着重在增加家庭成员对其病态家庭系统如何持续及增强侵害事件之影响的觉察,有些父母可以借此机会治疗其童年时期受创的经验,也可以学习如何对青少年做出适切的反应。但弱功能家庭的每个人之间都有着很深的纠结,因此在进行家族治疗的时候宜根据每个人在家庭中的正负功能的角色做不同的处理。

2. 小组工作

团体治疗为人的行为提供了一面镜子,提供机会检验现实和尝试新行为,团体情境则鼓励成员采取行动改变自己的生活,其组织结构使成员们满足了他们的归属感,而过程中所处理的事则有助于成员了解他们如何在工作和家庭中发挥功能,并教给他们怎样在社会中找到自己的位置,因此成员可以从其他成员和团体领导者的回馈中获益。

研究发现团体治疗有助于增加受害者的自我概念。受侵害的青少年有机会在团体内与其他伙伴互动,借此挑战其不合理的认知,并增加自我概念,这些由同辈之间所产生的互动往往效果大于成人。

二、社会工作对受虐青少年的其他介入

1. 对受虐青少年的校园干预

遭受虐待的青少年在学校中常常会有典型的行为表现,如学业成绩不理想、较差的同情心、有物质滥用与偏差行为的倾向等。这些受创伤的孩子,待在学校的时间相当长,学校的教职、辅导人员如能在教学过程中及早辨识,加强通报,提供关怀辅导措施,并引进或转介相关专业资源进行治疗,协助受虐青少年跳脱不利的成长环境,必将极大改善受虐青少年的处境。

2. 对受虐青少年的环境干预

家庭的直接环境,即亲朋好友、邻里中的自然协助者,是可利用的良好资源,而且比实务工作者更常与家庭接触。个案直接环境中的机构及自然协助者都是促成受虐青少年及其家庭正向改变的资源之一。与专业人员或志愿者相比较,自然协助者的另一个优点是,他们通常在助人关系结束后,还会持续与该家庭保持联系。

3. 对受虐青少年的医疗干预

被虐待的青少年个案呈现出复杂的心理社会及法律问题,而这样的状况极其需要医疗、法律以及心理等专业的技巧来共同协助。对受虐青少年的医疗干预的工作内容包括:对青少年虐待的介入团体应设立在小儿科或急诊室;急救反应;不需预约的临床服务;对受性虐待的青少年及其家人进行心理评量。另外,也需要医师的咨询服务,以协助青少年及其家庭的管理,并协助行政人员处理面

对性虐待和其他虐待案件时的焦虑情绪。

除此之外,还要有一个特殊的诊疗室,实务工作者可对青少年应付压力、创伤能力的素质,以及举报后的影响进行评量。同时,也可和青少年保护机构合作,一旦案主进入儿科急诊室,就可以用来提醒医疗人员青少年案主被虐待的可能性。而这样的评量是在社工师、心理师、精神科医师,以及其他相关专业人士的共同监控下进行的。

4. 对受虐青少年的游戏治疗

发展导向的游戏治疗重视青少年的早期经验、现在与照护者之间的互动有何缺陷,以及这些因素如何影响许多变态病理行为之出现与持续。治疗被视为企图在受害者和治疗者互动的脉络中去修补这些缺陷的措施,必要的时候,治疗师会与孩子、父母、学校以及孩子的同辈一起,所以游戏治疗中的游戏是孩子与治疗者之间的桥梁,一方面使青少年学习社交技巧,获得许多不同的行为改变的机会,另一方面游戏是意识层次的活动,不须借由语言就能表达彼此的意思,而且通过游戏中的活动将潜意识层次的不愿说或不敢面对的想法和感觉不自觉表达出来。

对受到性侵害的青少年实行游戏治疗,可利用布偶戏的角色扮演,演出家庭剧及事实,或进行内含有大人、小孩、动物、车辆、医护人员、救护车、蛇、妖怪等迷你物件的沙盘,利用面具进行角色扮演,演出梦境故事、写日记或写一封信给加害者或重要他人,或进行互相说故事游戏等。游戏可以放松压力及压抑的感情,补偿幻想的失落、伤害及失败,对适应行为的自我发现有益,而且经由象征性或替代物,提升对冲突的觉察。因此借由游戏的过程让受侵害的青少年表达内在的冲突与情感,可使他们重新回溯及统整创伤经验,将其类化为新的知觉,并重新建立与他人的互动关系。

5. 对受虐青少年的艺术治疗

表达性的艺术治疗通过象征的创伤及转化,经由艺术媒介材料的选择与运用,在安全、保护、较无紧张情绪的状态下,协助当事人在创伤与弱功能的现实世界之间搭建一座桥,让创伤外在化及具体化,在可见的影像与感觉间持续修复及统整受害者的创伤经验,重新建立受害者对自我的控制感及与他人的联结。研究结果发现,艺术治疗具有良好的疗效,通过自我监控情感变化及梦境、记忆和回溯,使其更能觉察自我的感觉,进而通过建构的活动处理自己的情绪。

案例9.1 青少年受虐的分析报告

一、基本情况

案主小红,13 岁,小学四年级,面临父母的长期施暴,因为被虐待,长期生活在担惊受怕中,再加上长期的营养不良,发育状态明显比正常的 13 岁孩子迟缓。案主父母的长期施虐,使得案主的身体上留下了许多伤痕,包括被烟头烫伤和大腿被木炭烫伤,后背上被皮带抽打过的痕迹依稀可见,脖子上有被抓伤的疤痕。

二、背景资料

小红的父母都是农民,平时父母做些零工和小生意来维持一家人的生计,小红还有两个妹妹。由于小红母亲平时忙于照顾杂货店的生意,父亲经常在外打工,所以在上学之余,照顾两个妹妹及做饭洗衣的任务就落到了小红身上。

三、问题分析

第一,案主面临着父母的长期施暴,身体受到创伤。

第二,案主性格内向自闭,胆怯,惧怕与陌生人交流,基本人际交往能力丧失。

第三,案主精神受到创伤,家庭关系不和谐,缺乏安全感。

四、服务目标

第一,帮助案主改变其心理状态,建立起自信。

第二,运用认知行为治疗模式,对案主进行放松训练与脱敏治疗,帮助案主形成新的行为方式,并且帮助其构建有效的社会支持网络。

第三,与案主的父母进行沟通,让他们知道对案主实施家庭暴力是一种违法的行为,同时也对案主的身心造成了伤害,通过对案主父母的社会工作介入,从源头上防止案主遭受家庭暴力事件的再次发生。

第四,帮助案主建立起有效的保护网络,防止虐待事件的再次发生。

五、介入过程

1. 第一次工作

第一次工作的主要内容是与案主相互了解,与案主建立良好的专业关系,使案主和工作者能够在相互信任的基础上开展工作。而社会工作者必须完成的任务有:了解案主的基本资料与大致情况;形成对案主及其问题的初步预估。

2. 第二次工作

事先与妇联工作人员进行过相关交流,案主周一到周五要上学,所以把以后每次的工作日期都安排在了周六。案主是由妇联转介给社会工作者,由社会工作者主动接案提供帮助的。周六早上,案主在做完早饭后帮父母照看杂货店,社会工作者的出现让案主非常高兴,但是案主的父母指责社会工作者影响了案主看店。社会工作者向案主父母解释道,案主被社区选为重点帮扶对象,只要案主及其父母同意每周六抽出两小时时间配合社会工作者做调查,那么会拿到相应的研究补贴。同时配合研究者的工作也能够帮助缓解其家庭关系,再加上社区工作人员的帮助,案主父母在了解到社会工作者的工作不会影响他们的正常生活后,同意案主配合社会工作者来完成整个个案的研究。得到同意后,社工与案主进行了简单的交流。从交流中了解到,案主有经常被父母虐打的经历。案主一家五口租住在一间大概50平方米的门面房里,房间被隔开为两部分,前面摆满了货柜与杂物,货柜后隔出了一个小房间用来睡觉。第一次的见面比较匆忙,没有从与案主的交谈中获得更深入的信息。最后,社工与案主约定了下次会面的时间。

3. 第三次工作

由于这一周的具体工作内容是与案主共同制订工作计划,需要在一个相对安静与无人打扰的环境下进行,所以社工把本次会面的地点定在了社区工作中心。案主的准时到达使得第三次工作顺利展开。社工根据案主的能力与情景,与案主一起确定了适度的总目标,然后在相互讨论交流后又把总目标细化,制订出了有利于案主成长的可行性方案,方案在实施的过程中还会做出相应的调整,与此同时,社工还明确了案主与自己的责任与任务,从而与对方共同努力来达到互相约定的目标。在会面结束后,社工与案主约定好了下一次见面的时间与地点。

4. 第四次工作

此次工作的主要内容是帮助案主恢复其生理与心理健康,会面的地点在社区工作中心,案主按照约定好的时间来到社区工作中心与社工会面。在交流的过程中,案主告诉社会工作者,案主的父亲又因为在外面工作不顺心,回到家对她拳打脚踢来发泄。案主还主动卷起袖口让社会工作者看伤口。社会工作者为了案主的身体健康,及时带案主去医院检查了伤口,还开具了相关的验伤证明。在验伤的过程中,社会工作者发现,案主的后背和腿上布满了被皮带抽过的痕迹,胳膊上有被划伤的疤痕和新的伤口。在对伤口经过消毒处理和包扎后,社会工作者带案主回到了社区工作中心。在社区工作中心,为了缓解案主的情绪,在社会工作者的引导下案主进行了一些放松训练。放松训练是社会工作者教案主学习肌肉放松训练的方法,同时要求案主在治疗期间坚持自己练习,反复练习2—6周直到熟练掌握。

5. 第五次工作

由于社会工作者发现案主的父母又有虐打案主的行为出现,所以社会工作者第五周的工作内容主要是消除和防止这种恶性事件的再次出现。周六早上9点,按照约定的时间,社会工作者来到了案主的家中。在与案主的交流中,社会工作者得知案主这一周非常焦虑和害怕,害怕父母会随时打她,这种焦虑甚至让她夜不能寐,在学校也不能正常学习,无法正常生活。在社会工作者的主导下,案主进行了相关的放松训练。放松训练结束后,社会工作者给案主留了家庭作业,就是每隔两天要求案主根据社工的方法在家完成放松训练。在与案主交流完毕后,社会工作者的下一步工作就是与案主的父母进行面谈。在与案主父母的面谈过程中,社工表明了想帮助案主脱离被虐打境况的用意,案主的父母表示,他们并没有虐打过自己的孩子,社会工作者拿出了上周在医院验伤时开具的相关证明,案主父母顿时改口称自己的女儿不听话,他们教育女儿是很正常的事情。社会工作者为案主父母讲述了相关的法律法规,并且向案主父母耐心解释,他们的这种行为已经构成了虐童罪,严重的话会被拘留甚至被判刑。案主父母改口称他们只是教育不听话的孩子,并没有虐待行为。

在会谈结束后,社会工作者联系了妇联组织的工作人员,妇联工作人员对案主父母进行了相关的思想教育。

6.第六次工作

第六次工作主要是为案主建立主观焦虑等级,并且按照案主的主观焦虑等级对案主进行想象脱敏与放松训练。建立主观焦虑等级是指找出案主的焦虑事件,以平复其心情。

7.第七次工作

第七次工作的主要目标是帮助案主降低焦虑与不安,帮助案主的父母寻找一份稳定的工作,帮助案主增进家庭交流。周六早上9点,工作者准时来到了案主的家中,首先与案主进行会谈。在会谈的过程中,案主告诉社工,她认真完成了社会工作者留给她的家庭作业,现在做起放松训练非常熟练。案主告诉社工她手臂上的伤已经好了,只是又留下了一条疤痕,案主希望自己的父亲能够找到一份稳定的工作,这样就不会因为家里要花钱而打她了。在与案主会谈结束后,社会工作者与案主的父母也进行了会谈。案主的父母表示,由于家里五口人只靠这个杂货店维持生活,想找别的工作又找不到,所以经济压力特别大,也特别烦躁,烦躁时会拿女儿出气。社会工作者为案主父亲联系到了政府免费技能培训的机会,希望案主的父亲能够掌握一门技术从而找到合适的工作。案主父亲连忙答应,并且表示,只要能参加培训,找到工作,以后肯定会对女儿好一点。

8.第八次工作

此次的工作内容主要是评估与结案,从最初的接案、前期的准备工作到这一次,一共进行了八次工作。通过这八次与案主的接触可以看出,案主没有第一次见面时那么内向与无助,焦虑减轻了,对父母的恐惧也有所降低,案主可以不躲避别人的眼神,正常地与人进行交流。通过对案主家庭的社会工作介入,帮助案主的父亲接受政府免费的专业技能培训,为案主父亲找到一份稳定的工作奠定了基础,为案主父母普及了虐童相关的法律知识,并为案主的父母安排了相关的教育讲座。案主的父亲相信通过参加技术培训,能够找到一份稳定踏实的工作,案主的母亲专心照料杂货店以及照顾孩子,案主和她的父母都相信他们的生活会好起来。

9. 跟进

社会工作者在结案两周后又与案主及案主父母分别进行了一次会面。这次的会面也是在案主的家中进行的,选在了周末案主放假的时候进行。案主看起来比以前活泼了许多,主动跟社工问好,同时还搬来了凳子请社工坐。案主告诉社工,从结案后到现在,她的父母偶尔还骂她,但是已经不像以前那样对她动手了,边说还边卷起了裤脚让社工看,腿上并没有新的伤痕出现。案主现在在学校也不像以前那样自卑,会鼓起勇气主动和自己的同桌及周围的同学们说话,生活也不像以前那样不开心了。社会工作者与案主的父亲也进行了交谈,案主的父亲告诉社会工作者,技能培训课程要持续两个月,他选择了焊接工技术,政府说培训完成后还会帮他们联系工作机会,案主父亲表示现在每天非常忙,心情也不错,不像以前那样爱发火了,他还对以前打女儿的行为表示后悔,并希望自己以后再也不犯那样的错误了。

六、效果评估

案主填写的个案结束评估表显示:(1)案主对社会工作者辅导的整体评价为非常满意。(2)社会工作者对案主提供的帮助包括行为问题、学习问题、家庭关系、健康问题、情绪辅导、人际关系、生活适应等七个方面。(3)总体而言,社会工作者对于案主困难的解决从完全不能解决到完全解决分为1—10的10个等级,案主选择的等级为8,认为社会工作者基本帮助她解决了问题。(4)案主认为与社会工作者接触时,能够非常积极地面对和解决困难。(5)案主认为社会工作者的表现做到了关心案主、了解案主的需要。(6)案主认为在个案结束之时,达到了与社会工作者双方协议的目标。

七、专业反思

案主年龄比较小,再加上案主有经常被虐待的经历,心理防御较强,不爱与人交流,与社会工作者不容易建立起互相信任的关系,为社会工作的介入带来了一定的阻力。另外,由于案主未成年,所以案主自决的原则需要社会工作者通过耐心交流与引导的方式来实现,为介入带来了一定的困难。案主以前基本不和自己的父母沟通,也不会对父母的指责提出异议,在干预后期及跟踪案例的过程中,社会工作者发现案主已经能够与母亲正常交流,也会与父亲有一些言语上的沟通。

§思考和练习

1. 青少年受虐有哪些类型?对青少年有哪些影响?
2. 受虐青少年会呈现出什么问题?有什么解决办法?
3. 社会工作介入受虐青少年的主要方法是什么?

§小组讨论

1. 分组讨论社会工作介入性虐待问题的注意事项。
2. 分组设计针对不同受虐类型青少年的减压和增能类专业游戏,并现场演练。

第十章 青少年性问题与社工介入

通过对青少年性问题现状和表现的阐述,了解青少年性问题的社会危害,明确青少年性问题产生的原因,掌握社会工作对青少年性问题的预防性介入策略及个案、小组和社区工作的方法与原则。

本章要点

■ 青少年正处于性心理萌发、性生理成熟的阶段,他们渴望了解自身和异性的情况,迫切需要获取性知识,但目前性教育的现状不佳,导致青少年性问题层出不穷。

■ 青少年性问题带来多种危害,包括使双方承受巨大的心理压力或痛苦,危害身体健康,留下性心理的阴影,易感染上性病和艾滋病等。

■ 青少年性问题的成因应从个人、家庭、学校、社会四个层面进行分析。个人因素包括生理变化、心理与情绪、性道德、性观念;家庭因素包括亲子关系疏离、父母管教失当、家庭结构缺失;学校因素包括学校性教育缺乏、同辈影响;社会因素包括不良社会文化以及避孕和人流技术的迅猛发展等。

■ 社会工作对青少年性问题的介入,从前期预防和后期治疗进行介入。预防性介入包括引导青少年避免性行为的发生,形成健康的性观念和性心理,学校担当性教育主阵地,构建多方立体化的性教育体系,社会承担相应责任,宣传安全性行为的重要性等;治疗性介入强调个案、小组、社区等工作方法的综合运用。

第一节　青少年性问题概述

随着生理和心理的不断发育成熟,青少年的性意识不断增强,尤其是进入高中阶段的青少年,对异性充满了强烈的好奇心,即使父母或教师明令禁止结交男女朋友,但事实是屡禁不止,其实青少年学习和异性正常、和谐的交往,是青少年阶段的必修课。正确处理青少年与性的关系以及两性交往问题,是青少年社会工作的应有之意。

一、青少年性问题的现状

在青春期开始后,青少年对性好奇和有性冲动是健康和正常的表现。青少年正处于性心理萌发、性生理成熟的阶段,他们渴望了解自身和异性的身体情况,迫切需要获取性知识。但性教育的现状不佳,导致青少年性问题层出不穷。

1. 生理上的早熟与性知识的缺乏

目前,由于物质生活水平和医疗卫生水平的提高,中国青少年第二性征提前出现。据北京、上海、广州三城市调查显示,20 世纪 90 年代女孩月经初潮年龄平均是 13 岁,男孩首次遗精年龄为 14.5 岁。与 60 年代的调查资料相比,男孩初次射精的年龄提前了 2 岁,女孩月经初潮年龄提前了 1 岁多,生理早熟表现明显。据 2012 年《中国青年报》社会调查中心通过"民意中国网",对 3 032 人进行的一项调查显示,72.5% 的人曾经遇到性方面的困扰。同时调查显示,91.2% 的人认为目前青少年性教育缺失,其中 53.7％的人认为"严重缺失",这表明现阶段中国青少年性健康教育状况不容乐观。据《深圳市中小学性健康教育研究》对近 3 000 名学生、700 名家长的调查显示,学生获取性知识的主要途径依次为通俗杂志、影视作品、网络、学校性教育课程、同学间交流以及其他非正规方式,也就是说,青少年缺乏对青春期性生理知识、性行为规范等知识的系统学习,中国青少年性健康知识教育依旧处于较低水平。

2. 性早熟与婚育年龄推后

由于社会竞争加剧,青少年步入社会成家立业需要经历很长一段时间。性生理成熟与婚育年龄差距拉大,大大增加了发生婚前性行为的几率,未婚同居的现象相当普遍。由于一时性冲动,没有采取适当的避孕措施,导致少女怀孕率上升,堕胎、人流的现象越来越多。有些人为了满足性欲,发生性犯罪,甚至染上性病和艾滋病。这一系列事情的发生大大损害了青少年身心健康的发展。

3. 早恋现象普遍

青少年性生理成熟,性意识萌发,迅速度过了异性疏远期,渴望异性之间的交往,普遍对异性带有一种原始的、本能的、纯洁的、朦胧的思念与幻想。这时青少年的性别角色意识增强,男孩追求英俊潇洒,女孩讲求温柔文静,并且某些男孩喜欢在异性面前表现、突出自己。两性之间交往、接触频繁,并且开始谈论对方。青少年两性交往是很正常的,有助于青少年认识两性关系、完善人格和加速社会化进程。目前普遍缺乏对早恋的正确认识,盲目的限制会造成青少年叛逆心理增强,导致不当性行为的发生。

4. 性越轨行为凸显

越轨是指社会成员(包括社会个体、社会群体和社会组织)偏离或违反现行社会规范的行为。性越轨作为越轨行为的一类,主要指社会成员偏离或违反现行社会关于性行为规范的言行。处于青春发育期的青少年,由于对性有强烈欲望,在渴望拥有与成人一样的独立自由生活选择权利的性社会化过程中,在受到成人性文化的影响下,往往由于性冲动而导致性越轨行为的出现,从而对身心健康造成危害。

二、青少年性问题的表现

1. 性困惑

青少年进入青春期后,性生理发育促进了青少年性意识的迅速发展,而青少年健全的性心理结构尚未确立,对性行为的认知评价能力还不完善,面对各种性现象,处于矛盾之中,一方面受外界开放性文化影响,对性持无所谓或放纵态度,另一方面由于传统性文化的影响,对性过分否定和抑制,致使性能量得不到合理的疏导、升华,甚至少数人还可能以歪曲的方式表现出来。

2. 性变态

与生殖没有直接联系,或在寻求性满足的对象或满足性欲的方法上,以与众不同,并与当时的社会风俗相违背的方式获得性满足的行为都称为性变态,包括性心理方面的变态与性行为方面的异常。青少年由于性压抑等原因,性变态现象也日益严重。

3. 性侵犯

猥亵性的性行为是指一些未经同意的性接触或虽获同意,但同意只是在胁迫利诱下取得的。16 岁以下的儿童,在法律上无论其同意与否,都不能对其进行性行为或性接触,胁迫 16 岁以下儿童同意与他人发生性接触的均属违法行为。

4. 性交易

由于受价值观念的冲击和性开放观念影响,青少年性交易的比例也在不断升高。

三、青少年性问题的危害

1. 承受巨大的心理压力

青少年性问题给双方当事人,特别是女方带来了巨大的心理压力,有时青少年性问题是女方提出来的,但更多的是在男方要求而女方迎合的情况下进行的。对青少年而言,男女双方对青少年性问题都有一定的非法感,他们均怕被别人发现,处于恐惧、紧张、害羞的状态之中。由于男方性冲动很强烈,他们的青少年性问题大多是突然发生的,很少采取避孕措施或根本不知如何避孕,很容易导致女方怀孕。一旦发生青少年性问题,女方往往会很长时间处于"怕被人发现"和"担心是否怀孕"的恐惧之中,承受很大的心理压力。

2. 危害身体健康

青少年过早的性行为已经不足为奇,由于他们没有掌握正确的性知识,身体发育也不完全,大多数性行为是在无准备时发生的,很少顾及卫生问题,可能带来意外怀孕、人工流产、生殖道感染和受伤、性病、艾滋病的传播等问题。青少年发现怀孕后怕受到校方的处分,找不正规的小医院,在极不安全的情况下偷偷流产,使生殖器受到很大损伤,很容易引起大出血、感染等,导致婚后习惯性流产、宫外孕或早产的概率大大增加,影响到以后的生育能力,甚至危及生命。意外怀孕的青少年流产后又怕被人发现,坚持学习工作,得不到充分的休息和营养,严重影响身体恢复,给身体带来很大伤害。过早、过频的性行为对男性健康也有很大的影响,成为慢性前列腺炎的诱因。

3. 留下性心理阴影

由于青少年性行为一般发生的环境欠佳,如学校闲置的教室、车库、学生宿舍、临时租住的房屋、网吧或家中,他们害怕被他人发现,精神处于紧张状态下,这一系列的因素会导致性行为失败,从而使其心理受到严重的影响。在极度紧张、恐惧等心理状态下仓促进行的性行为根本谈不上和谐,而初次性行为的不和谐往往会使青少年产生心理压力,有可能影响到以后正常的性生活。

资料 10.1 关于青少年性问题的访谈记录

案主(女):我与男朋友初次发生性行为,那时候我们什么都不知道,根本没有采取什么保护措施。记得当他进入我身体的那一瞬间,我疼得差点晕了过去,之后我再也不敢和男朋友过性生活,初次的性生活给我留下了很大的阴影。由于没有采取保护措施,且听同学说会怀孕,我开始整天过着提心吊胆的生活,开始疑神疑鬼,生怕自己怀孕了。在很长一段时间内,我都没有什么精神,学习成绩开始下滑,生活也是一团糟。

案主(女):我与男友发生了无保护的性行为,结果两个月后我怀孕了,发现怀孕后我很害怕,根本不敢跟同学、朋友和家里人说。最后是我男朋友和我一起凑钱去小诊所做了人工流产,做完手术我们就急急忙忙回学校了。做完手术后的一段时间里,我的身体很虚弱,但怕缺席被记过,所以还是每天坚持去上课,那一段时间我真的感觉很痛苦。

案主(男):在没有和女朋友发生性行为之前,我所了解的性行为是很神秘、很具有诱惑力的,同时我也很想看看女生的私密之处到底是什么样子的。可发生之后,我觉得性和异性并没有我所想象的那么神秘和有诱惑力。现实和想象的差距很大,一下子性和异性对我而言就没有什么吸引力和诱惑力了。

案主(男):我对女朋友提出发生性行为的要求时,我猜想她一定会反对甚至会跟我翻脸,但令我万万没想到的是,她很爽快地就答应了,当时我很有成就感。事情过后,虽然我知道她的第一次给了我,但我还是开始胡思乱想:她对别人是否也这样?为什么她会这么开放呢?她对我是真心的吗?……这些问题一直充斥在我的脑海中,我开始变得很烦躁,经常会无缘无故地对她发脾气,我们的争吵不断增加,关系也不断恶化。我现在很后悔,我很希望我们能回到没有发生性行为之前,但似乎这是不可能的。

案主(女):我男朋友是一个才貌双全的男生,很受同学们的欢迎,在我们确定关系后,还是有很多女生暗恋他。我很爱我男朋友,很害怕失去他,所以在一次他向我提出发生性行为的要求时,我怕我拒绝了,他就会对我产生怀疑,认为我不爱他进而选择离我而去,所以我毫不犹豫地答应了。我希望借此向他证明我是爱他的,同时也想牢牢拴住他的心。

案主(男):学校基本没进行过系统的性教育,多是组织大家看一场录像,进行一两次讲座,这对于已经是成年人的我们来说,太"小儿科"了。

案主(女):学校教育基本上是"防范式的",只告诉我们不应该做什么,却不告诉我们事情发生后如何处理。

案主(男):学校应认识到不要让我们"被迫"用非法手段了解性知识。只要学校主动进行性教育,我们就会配合。

4. 易感染上性病和艾滋病

过早发生性行为,会面临更大的性传播疾病风险。哥伦比亚大学的桑德福特博士研究了8 000多名美国成年人的医学数据,研究发现那些在相对年轻时发生性行为的人面临更多性传播疾病的风险因素,包括有更多的性伙伴、借酒乱性等。由于有多个性伙伴的可能性更大,这就容易导致性病的发生和感染上艾滋病。

第二节　青少年性问题的成因分析

一、个人因素

1. 生理变化

青少年在进入青春期阶段后,由于荷尔蒙分泌的刺激,第二性征逐渐出现,男女的性器官也逐渐成熟,分别产生梦遗或月经的现象,伴随性征的逐渐变化,青少年对身体及与性有关的知识感到好奇,对与自己不一样的异性产生兴趣。荷尔蒙的分泌被认为与性活动的开始有关,因为荷尔蒙唤起生理上的成熟而直接影响性行为。研究指出,雄性激素的多寡与男孩子的性行为有关,亦与女孩子的性兴趣有关。

2. 心理与情绪

青少年在青春期想要自主及独立却困于现实,性成为表达或是满足情绪和人际需求的工具,这个因素本来和性没有关系,但却成为可能从事性行为的因素之一,青少年可能因为情感上的缺乏而追求爱情、解除寂寞,或是为了满足自尊心,或是为了发泄情绪而经由性行为来得到纾解,但即使可以得到暂时的解放,真正的需求还是没有被满足,反而会带来沮丧、低自尊、人际问题或性滥交。

3. 性道德

青少年时期生理上发生急剧变化,但心理层面的发展较为滞后,对于性道德意识更为模糊。性行为必须以合法婚姻为前提和基础。首先,性行为要符合社会规范,有益于社会风化。其次,应对性行为结果负责,包括对对方的健康和下一代负责。由于青少年缺乏基本的性道德和责任感,才致使青少年的性适应期延长,出现了性生活的生物性和社会性的矛盾。

4. 性观念

许多青少年把"性"作为衡量爱情的尺码,认为只有性才能维持和发展爱情。青少年的恋爱,大多数受到诸如经济支撑、信任关系的建立、因寂寞而恋爱、为炫耀而恋爱等因素的影响,恋情并不稳定,于是有人会采用发生性行为的方式来"拴住"对方,认为发生性行为可以使双方的爱情更加坚固。其实性行为会增加两人关系的复杂性,导致更多恋爱冲突发生。

二、家庭因素

1. 亲子关系疏离

一般而言,青少年与父母沟通少,性行为发生的时间会较早,也较有可能抽烟及喝酒;而与父母有亲近的关系,能感受到父母的支持和联系者,则性行为的发生似乎较晚。这个研究指出,亲子关系良好与否与青少年性问题发生的时间有关,若青少年能和父母谈论有关两性交往或有关性的议题,在这个历程中,父母与子女彼此分享情感及交换思想观念,则青少年较会保护自己。父母在性教育的角色上的差异对子女的影响也不一致。研究发现,若母亲常与女儿沟通,则女儿的性行为发生较晚;若父亲常与儿子沟通,则容易使儿子较早发生性行为,这与社会文化对于男女在性的角色上的不同也有关系。

2. 父母管教失当

父母的管教方式和管教的态度会影响青少年的性态度和性行为。在米勒(Miller)等人的调查中显示,15—18岁的青少年性问题与父母的管教方式呈曲线相关(安伯欣,2004),即性态度越开放、性经验越多的青少年,父母的管教方式越不严苛且越少规定或约束;而性态度保守、性经验较少的青少年,父母管教方式较适中。由此可知,父母亲对子女的管教适当与否是影响青少年性问题的因素之一。

3. 家庭结构缺失

家庭是社会最基本的单位,是个体社会化的重要社会环境,在个体的性教育中担负着重要作用。父母的性道德、性观念以及行为举止、生活作风无时无刻不作用于子女的感官和心灵,影响着子女性观念的形成。另外,父母的婚姻关系健全与否也是影响青少年性问题的因素之一。调查显示,没有父亲抚养长大的女孩比较可能成为性活动频繁者。家庭功能的健全与否、家庭成员对性的看法都会影响孩子的成长及观念。研究发现,较年长的子女会影响年轻子女的性行为,年长子女若是性经验较多,则年轻子女有性经验的可能性较高。由此可知,青少年处于模仿的阶段,很容易跟随自己心目中的楷模。

4. 性教育意识不强

在中国的传统家庭中,父母与子女很少谈论性方面的话题。一方面是由于父母自身性知识缺乏,想教育却不知怎么教育;另一方面是因为有能力教育的父母也不愿教育,认为子女对性知识的渴求是不正确的想法。父母对子女羞于谈性,使得青少年只有通过其他渠道得到性知识,这就增加了不当的青少年性行为的发生。

三、学校因素

1. 学校性教育缺乏

在学校教育中,课本上教的相关性知识有限,且生理上的知识较多,但青春期的青少年在心理上的调适也是很重要的,而学校往往会忽略这一环节,若是在不重视辅导工作的学校则更易被忽略。教师对两性教育的观念也是很重要的,若是教师能够以正确的观念与学生沟通,则学生在这一时期的调适会较好,若是教师也比较逃避这个话题,则学生在学校教育上无从得知正确的两性交往及性教育的观念,所以学校的性教育也是一个影响学生性行为的因素之一。

2. 同辈影响

青春期是青少年追求自我认同的时期,同辈团体则是青少年追求认同的重要他人之一,青少年会希望受到同辈的欢迎,会关切同辈对他们的看法,会为了获得同辈的认同而让同辈的行为成为一个效法的准则,所以会有从众行为及去个人化的现象,这对青少年是否从事性行为有所影响。统计资料表明,同辈团体是青少年性信息的重要来源,有关性、怀孕、生育控制等信息主要来自身边的同学朋友。研究显示,有 50% 的男生和 45.46% 的女生会找同学、朋友讨论或解决性的困扰,有 67% 的学生在和别人交谈时会谈到性的问题,且有 85% 是和同性朋友谈性的问题。另外,从国内外的文献中可以得知,同辈期望、同辈活动的接受度、同辈团体的压力、其亲密好友性行为的接受度、认为同辈有性行为的比例、同辈的性行为的比较等,均是影响青少年性问题的重要因素,而且有不少青少年均表达了自己发生性行为是因为同辈压力。再者,由于同辈团体是青少年性问题的主要咨询对象,且其言谈间亦常谈论性的问题,因此,青少年对性的看法容易受到同辈的影响,甚至会改变自己的想法去符合他人的期望,所以,一旦他们接触到不良群体,就可能形成不良的性道德观念,产生性行为问题。

四、社会因素

1. 不良社会文化的影响

在社会文化方面,大众传播媒体是青少年学习性知识的主要来源,大量色情信息充斥着社会,现今的偶像剧、创作歌曲、电影等,似乎都在传达着性,在青少年正对性感到好奇的时候,任何信息都将会直接灌输到他们的脑海里,对青少年从事性行为有不可抗拒的影响力。加上社会风气的开放,更让青少年误以为性行为是可以想有就有的,青少年看到的只是情欲的享受,却不知道后果的严重,导致许多性行为的发生。

2. 避孕和人流技术的迅猛发展

随着避孕和人流技术的发展,铺天盖地的广告在媒体和大学校园里出现。这也从另一个方面暗示了可以为青少年发生婚前性行为提供条件,创造更宽松的社会环境,并免除后顾之忧,使其不必担心患性病、艾滋病和怀孕所导致的一系列后果和麻烦。因此,青少年发生婚前性行为就变得更加草率。

第三节 社会工作对青少年性问题的介入

在当今社会中,青少年性问题越来越严重,对青少年的健康成长以及以后的感情、家庭和婚姻都有很大的影响,对他们自身的发展也有很大的影响。而这一时期的青少年自我控制能力较差,所以最易引发性问题。面对青少年性问题,个人应该从情感、意志上加以调控,家庭、学校、社会等从思想上、观念上来教育引导他们,同时也应借助一些专业的辅导咨询及介入策略,正确引导和预防,防患于未然。

一、青少年性问题的预防性介入

1. 引导青少年避免性行为的发生

第一,两性宜公开交往,避免单独相处,在四处无人、无所顾忌之下最易引发性冲动。青少年会把性误以为是爱情,而在冲动之下做出追悔莫及的事情。因此,青少年必须正确认识性和爱情的区别。

第二,树立正确的恋爱动机。有的青少年的恋爱动机是不符合道德原则的:或为填补精神空虚,或为追求异性刺激,或是抱有玩乐心态等。这些不良动机常常会扭曲爱情的纯洁,也为随意发生青少年性问题留下极大的隐患。只有树立正确的恋爱动机,追求共同的理想、共同的志趣,互相激励,互相帮助,以追求丰富的精神生活,寻找终身的事业和生活伴侣为目的,才能保持爱情的纯洁,避免性行为的提前发生。

第三,谨慎考虑未婚怀孕的问题。堕胎有害人体健康,因此应当尽量避免,否则就要考虑结婚的条件是否充分,生活上是否存在问题。青少年往往有学业未成、尚无稳定工作、经济上尚未能独立等问题需要慎重考量。

第四,避免接触黄色书刊与色情片。挑逗性的黄色书刊与色情片常使人充满性幻想,而不能专心于该做的事。尤其为人父母者,宜将黄色书刊和色情录影带妥善收藏好,避免太早让儿女接触,引发不良后果。

第五,规划正当的休闲活动。正当的休闲活动能陶冶人的情操,使生活更加丰富多彩、充实而有趣,更能避免青少年浸淫在不当的性幻想中。

第六,正确认识恋爱期的性欲和冲动。青少年出现性欲和冲动是正常生理因素和心理因素综合作用的结果,这并不是下流可耻的事情。但如果对性的冲动调控不力,恋爱中的男女也可能越过雷池。青少年性问题是一种不良性行为,它不受法律保护,不存在义务和责任,且可能引起一系列的性纠纷和严重后果。青少年应当认识到,人是有理性的,其行为应受到规范习俗、伦理道德的约束,应当承担起行为的社会责任。

第七，加强对女生的教育。社工可有针对性地利用不同形式的辅导小组、座谈会等干预手段，加强对女生伦理道德、爱情的权利和义务的教育，以帮助她们正确处理理智与情感之间的关系，辨明爱情与性的关系，掌握好与恋人交往中的礼仪方式和道德规范，防止出现行为偏差，以保持爱情的纯贞与高尚，增强再次选择的机会。另外，利用同伴群体间易交流、易互动、易学习和易配合的特点，可在学生中选择一些较活泼、开朗、好学的人进行培训，让她们成为宣传安全性行为的志愿者，使女生能更好地学习和认识安全性行为的重要性，把不安全性行为扼杀在摇篮里。对于热恋中的女生，当对方提出性要求时，要申明戒律，自我控制，学会说"不"。

2. 引导青少年形成健康的性观念和性心理

首先，观念上给予正确指导。进一步厘清概念，性教育不止是对性知识的普及，更是对受教育者进行有关性科学、性道德和性文明教育培养的社会化过程，它必须是清楚、权威、详细、完整的一个全面的性教育，应该包括：生理知识，如性卫生常识；性心理知识，如性生育心理；性道德教育，引导青少年树立正确的两性道德观，建立负责的恋爱婚姻道德标准等。

在关于性的问题上，既要消除残余的封建保守的观念意识，也要抵制西方的"性自由、性解放"的不良影响。性教育上应有的观念有以下几点：(1)树立正确的异性观：男女有别，但男女平等。男尊女卑的时代已经过去，应当建立起男女平等的观念，相互扶持与尊重，才能营造良好的两性关系。(2)提倡人道观念：性骚扰与性虐待都是不尊重人道的行为，应了解人人都是生来平等的，性方面的人道，也应该受到尊重。(3)了解性的现象：人体的结构，青少年的生理现象、发育过程，避孕方法以及怀孕过程等，人人都需要了解，以避免被误导。(4)注意性的卫生：性病通常是通过性接触传染的，性病因此也称为性传染病，性伴侣越多，得性病的几率就越高。小则危及健康，大则延祸子孙，故应该做性病的预防，并注意身体的清洁卫生，凡事体谅他人，为人着想，都是对另一方的尊重。(5)承担性的责任：未婚的人，应了解性是关系的起点，避免不顾对方的感觉，或对另一方造成伤害。

其次，性心理方面的指导。针对当代青少年性生理与心理发展前移，性观念开放，恋爱低龄化、公开化的特点，应使青少年逐步掌握性心理调节的方法，注意培养良好的情绪，培养健康的性心理。

(1) 教育青少年培养健康情绪，用增强责任感来控制情感、情绪。

(2) 适应生理发育，正确面对身体的早熟或晚熟，克服因生理突变、突增而产生的害羞、恐惧心理。

(3) 男女生共同活动，满足其与异性交往的需求。男女生共同活动对促进其身心健康发展与良好群体心理气氛的形成有积极的作用。

(4) 性文化的正确欣赏，允许看描写高尚爱情的作品，帮助青少年批判抵制黄色下流的文艺作品。

(5) 传授科学的性知识，打破性神秘感。在对待性问题上，持回避的态度是有害的，正确的做法是通过生理卫生课的讲授或由教师和家长指导青少年阅读有关书籍。

(6) 培养选择信息的能力，抵御不良性刺激。教师和家长应该引导青少年在纷繁复杂的社会信息中吸取健康的营养，抵御不良的性刺激。

(7) 充实精神生活，转移兴奋点。开展丰富多彩的课外活动，培养青少年广泛而健康的兴趣爱好，丰富青少年的精神世界。

3. 学校担当性教育主阵地

社工可以扮演倡导者、教育者和联系人的角色，与学校进行协商，在校园里设立性知识心理咨询室，利用自身的知识和技巧为在校青少年解决他们心中对性的困惑和烦恼，为他们提供科学可靠的性知识，增强他们自我保护的能力。另外，应指出性教育的必要性和紧迫性，倡导学校大胆开设相应的性知识教育课程，揭开性的神秘面纱，使青少年对性获得科学的认识，真正发挥学校性教育的作用。

4. 青少年的性教育需要全社会的互动

目前性教育还处在一个各自为政、难以互补的局面,因此,有效整合各方资源,构建多元立体化的性教育服务体系至关重要。首先,加强学校性教育。学校是性教育服务的最佳场所,而其中同伴性教育也是性教育的重要手段。其次,家庭是青少年性教育的重要组成部分,应鼓励家长为其子女提供家庭性教育。同时加大对其性教育方式、内容的指导。最后,社会性教育将有效弥补家庭性教育的缺陷,作为学校性教育的有效补充。在社会性教育中,应重视纳入各类社会服务组织,使它们成为青少年性教育的新鲜血液。

5. 社会承担相应的责任

政府要积极打击色情传播,大力普及性科学,宣传社会伦理道德,为青少年创造良好的生活环境。社会对青少年的性问题要具体分析、正确认识,不要一味地谴责,要关心他们的成长,为其成才提供人文关怀。

社工发挥教育者、倡导者、连接者、信息提供者等角色的作用,让大众了解到青少年性问题的现状、成因和危害,进而争取到社会、政府和媒体的支持,这样才能营造一种有利于青少年健康成长的社会环境,有利于引导青少年的性观念向着健康的方向发展。

社会媒体方面应该对青少年的健康成长承担相应的责任,各种期刊、杂志的发行等都要考虑到对青少年的影响,电视节目的播放要讲求质量,尽量减少播放那些不利于青少年健康成长的节目,尤其是带有色情内容的电视节目,防止青少年形成不健康的性观念。同时,媒体不要夸大青少年性问题的事实,错误引导大众认为青少年道德堕落。

应大力建设心理咨询机构,如建立心理咨询中心、设立心理网站、开通心理咨询电话等,让广大青少年在性方面遇到困惑时,能有一个供他们倾诉和宣泄的平台,使其能通过正确的途径获得帮助,了解关于性的知识,从而摆脱内心的困惑与烦恼。可以广泛开展一些性心理的辅导课,也可以采取个人辅导的模式。

6. 宣传安全套的重要性

安全套是保护性行为的有效工具,可是青少年往往忽视了其重要性,很多人认为戴安全套不能获得性快感,再加上过于自信,认为学生还是比较单纯的,性病、艾滋病等疾病在青少年中不可能出现。而女生也总是计算安全期,认为只要在安全期就不会有事,所以大多数人都会选择不戴安全套,进而发生无保护的青少年性行为。有调查显示,当被问及是否知道和运用"保护性性行为"的方法和技巧时,有 53.1% 的人回答是"否"。这很容易造成意外妊娠和包括性病、艾滋病在内的性传播疾病,危害青少年的身心健康。因此,社工可以采用讲座或座谈会的方式,在课堂上利用游戏的方法,轻松愉快地向青少年传授使用安全套的方法和重要性,降低青少年不安全性行为的发生率。

二、青少年性问题的治疗性介入

1. 个案工作

(1) 观察了解阶段。

由于青春期青少年对性比较敏感,而性心理又表现得隐蔽、含蓄。社工需要主动观察了解青少年的性困惑。主要通过看当事人的行为表现,听同学对其的看法、评价,甚至是听其他任课老师及青少年家长的反映,对当事人的性心理问题有大致了解,并引起足够重视。

(2) 调查分析阶段。

在观察后掌握了当事人基本情况的基础上,设计好谈话或咨询的方案,然后直接找当事人谈心。此时社工要运用聆听技术充分关注青少年,让青少年尽量吐露心声。在听的过程中,社工还要及时进行分析判断,看看青少年的问题究竟属于哪一类性心理问题,问题的严重性如何。

(3) 积极鼓励阶段。

人都有被尊重、被认可、被爱、被欣赏的需要。我们不仅要看到青少年性心理的不平衡及有严重后果的一面,更要考虑到其隐含着的积极、优秀的一面。让青少年在社工的肯定、鼓励下,树立积极的心态,这是咨询成功的重要前提。例如,一个男生为吸引女生注意而故意上课时顶撞老师,说俏皮话。传统的解释是他调皮捣蛋,破坏纪律,行为不稳重,但是我们还应看到他积极的一面,即他聪明活泼、有幽默感,而且有足够的勇气。

(4) 现身说法阶段。

现身说法其实就是对当事人实施干预的一种方式。由于青少年性心理敏感、害羞,所以社工提供的对策不应是直截了当的,建议用暗示影射的方式,让青少年从别人的经验、做法中获得启示。因此,社工可以举例他人或自己的体会、做法来告诉青少年碰到此类问题时该怎样看待与处理。

(5) 引导调节阶段。

在介绍了解决方法之后,就要积极鼓动青少年进行自我调节。指导不仅要解决当前的具体问题,更要对此类问题的不同情况进行处理。因此社工还可以相应地布置一些同类问题让青少年去思考,以保证咨询结果得以巩固,关键是让青少年的性心理问题在生活实践中得以调节、治愈。由于性心理的恢复有一个反复过程,因此社工的咨询可能是多次的,经过几个这样的过程,直至青少年性心理的健康好转。

2. 小组工作

舒茨在其人际需要理论中指出:"每个人都有三种基本的人际需要——包容需要、支配需要、感情需要。这三种需要中不管缺少哪一种,都不能算是完整的人际需要,人际需要无法得到满足可能导致精神崩溃,甚至死亡。"所以,对已恋爱的学生或已发生青少年性问题的学生不要仅仅停留在简单指责、干涉的层面上,或者把他们视为另类,而是应主动地给予关心、教育和指导,做到真正尊重他们,适当地包容他们,支持他们感情方面的需要,帮助他们处理好恋爱中的各类矛盾和问题。主要是要加强性观念的教育,帮助他们意识到恋爱意味着对恋人和社会承担责任和义务,并要以高度负责的精神处理好恋爱中的一系列关系,如恋爱与事业、恋爱与学习、恋爱与婚姻等的关系。

已恋爱或已发生青少年性问题的学生,他们之间存在着相同或相似的困惑和经历。所以,社工可以扮演教育者、辅导者的角色。首先,根据学生的不同问题和困惑,将他们组成不同的小组,以小组的形式与学生进行交流和沟通为主,以观念澄清和信息提供的方法为辅,对学生进行小组辅导。重点是让青少年意识到自己存在的问题及矛盾,意识到发生青少年性问题后应负的责任和应履行的义务,并帮助其及早予以处理,避免发生或再次发生青少年性问题,尤其是发生不安全的性行为。其次,适时运用同理心、真诚、尊重等技巧,让小组成员互相交流、互相传授相关的性经验和知识、互相安慰,社工适时对学生不清楚的观念或知识进行补充和讲解,通过借鉴同龄人的性体验和性感知的方式,使学生易于接受。最后,对于性问题困惑严重的学生,社工可以运用个案管理的技巧,将每一个学生的状况以及其独特的需求建立档案,制订相关辅导计划,聆听他们的心声,感受他们的心情,经过与他们本人的商讨,确立共同的人生新目标,促使其行为改变,脱离不良的焦虑,建立自己新的生活目标。工作重点是降低不良焦虑感的继续存在和减轻问题的严重性,进而给予他们最全面有效的帮助。同时运用个案工作的认知改变法、环境改变法、行为改变法等技巧,帮助他们摆脱青少年性问题带来的困惑或伤害,帮助他们建立正确的行为模式,树立积极的人生观、价值观。

3. 社区工作

性教育并不是一次性教育而是终身教育,由于性问题的个别性与隐私性,家庭教育起着重要的作用。但现有家庭性教育存在严重不足的问题,有调查发现,当被问及能否与父母在家轻松讨论"性"时,7.9%的人回答"是",92.1%的人回答"否"。由此可见,家庭性教育的缺失情况是多么的严重。因此,社工可以走访社区并进入家庭,或是在社区进行家长集体性教育辅导,向广大的家长宣传家庭性教育的重要性,使更多的家长更新观念,正视问题,增加自身的性科学知识,并依据子女的特点,对子女进行性教育和引导,使青少年了解更多的性知识,增强自我保护意识。

案例 10.1　青少年性问题的分析报告

一、基本情况

案主小李,高二学生,与同班同学小陈谈恋爱,发生性关系并怀孕。在得知自己怀孕后既不敢告诉父母,又担心被学校知道,选择悄悄去堕胎。由于担心在医院被熟人碰见,更担心此事被学校知道会受到处罚,小陈只是负责所有医药费用,但不愿意陪同小李去医院堕胎。最后,小李在好友丽丽的陪同下去当地的小医院做了药物流产。

二、背景资料

小李表示,儿时在农村由爷爷奶奶带大,由于是唯一的女孩,从小就学会了洗衣、煮饭,帮爷爷奶奶做家务。小李与母亲的关系相对比较亲密,母女之间在平时的学习及亲子沟通方面也比较顺畅,但由于母亲工作较忙,母女之间的沟通也比较少。母亲对于小李学习方面和物质方面的需求都会尽量满足,但对小李的情感需求难以回应,日常生活疏于照顾,对小李的恋爱经历及堕胎毫不知情。小李与父亲之间的关系比较生疏,由于父亲的性格和工作原因,亲子之间的交流基本上都是靠母亲进行转达。在家庭亲子关系中,父亲的角色缺失,父母对其管教比较严厉,多是片面性地要求好好学习。小李乐于助人、性格乖巧、懂事,十分体恤父母的辛苦。高三升学在即,小李期望自己能考上理想的广东外语外贸大学或者华南师范大学。

三、问题分析

第一,身体影响:抵抗力下降、出虚汗、易感冒、便秘、失眠。

第二,心理影响:自卑、孤独、焦虑、担心、恐惧,对爱情失望。

第三,学习影响:上课注意力不集中,回答不了老师的提问,考试不及格等。

第四,社交关系:在家里闭门不出,敏感,不愿意跟人交流,不愿意参加班级集体活动,认为同学嘲笑她,觉得同学议论她并常发生冲突。

第五,家庭关系:与父母的沟通存在问题。

四、服务目标

总目标:激发小李的内在潜力,调整心态,健康、积极地面对生活。协助小李走出堕胎后的阴影,融入到校园生活中,恢复正常的学习和生活。

具体目标：

第一，改变小李的认知行为，帮助小李建立良好的社会关系网络；

第二，协助小李制订健身计划，督促实践，达到增强体质、恢复健康的目标；

第三，协助小李制订学习计划，督促小李学习，达到提高学习成绩的目标；

第四，帮助小李建立良好、健全的家庭沟通模式。

五、介入策略

第一，运用优势视角，鼓励小李抛开消极的思维，从积极心理出发，多看自己的优点，发掘潜能。

第二，用抗逆力理论贯穿整个介入过程。在介入过程中帮其适度地缓解环境中的危机因素，并一步一步建立环境中的抗逆力，及时抓住小李的优点加以鼓励，对小李回到原来正常生活的想法输入希望，帮助她面对现在的生活，挑战自我，战胜困难，重新站起来。

第三，在介入过程中以认知行为模式的运用，帮助小李修复人际关系，鼓励其回归到朋辈群体中。

第四，运用社会支持模式帮助小李建立良好的家庭亲子沟通关系和学校、朋辈支持系统。从家庭、学校、同学关系中建立良好的外在保护因素，从而使小李的环境为个体提供良好的适配，构建抗逆力机制，为她提升心理能量，使她从堕胎事件中学习到相应的青春期知识和正确的处理方式，并对身体进行了解和照顾，从而慢慢地走出自己的负面情绪。

六、介入过程

1. 初步接触与建立专业关系

个案工作中，建立良好的专业关系是整个个案介入成功与否的关键所在，只有建立良好的专业关系，个案服务才能得以实施。只有在专业介入过程中保持良好的专业关系，才能帮助案主改变问题，最终达成服务目标。

2. 预估案主的问题及需求

在个案工作开始实施前，要对个体的基本情况和基本需求做一个初步预测和评估,带着问题和思考来开展工作,按照平等协商和自主配合的原则来实现相互交流,不断实现两者之间的相互信任和相互理解。预估是根据案主存在问题的主客观因素,找出问题产生的根源,发现案主本身及其环境中可利用的资源,来找出适当的方法和介入途径去帮助案主。

3. 制订个案服务计划

在接案后,经过社工对案主的接触与陪伴,社工与案主之间建立了良好的关系,在案主对社工充分信任的情形下共同制订了服务目标、服务策略及服务程序。

根据案主的资料进行研究分析,与案主共同制订了如下行动计划。

(1) 缓解小李的情绪,帮助她释放内心压力,引导小李调整心态,勇敢面对当前所面临的问题,鼓励她以积极的心态和行为去改变现状。

(2) 与小李面谈,通过情绪疏导、问题分析、现场解压等认知行为疗法帮助她有效解决压力问题。同时,让小李学会宣泄和放松、遇到困难时要向知心朋友、家人倾诉。鼓励小李多参加文体活动,通过写日记等方式,来帮助其消除内心的紧张和压力,避免逃避现实。

(3) 利用抗逆力策略,帮助小李建立合理的生活作息时间,按照计划进行学习与锻炼,充实生活,使她感受到生活中的成就感与价值感,增加她的自信心,弱化其堕胎后的心理影响。

(4) 鼓励小李在生活与学习方面与母亲之间多进行沟通,向母亲表达自己内心的真实情感。

(5) 通过电访、家访等形式与小李母亲进行沟通,让小李母亲了解其状况,争取母亲对小李的理解和体谅,并令其明白小李的问题与家庭的直接关系。

(6) 协助小李家庭建立良好的沟通模式,帮助其改善亲子教育模式,改善家庭成员间的关系。

4. 评估与结案

个案实施后期,社工主要以面谈的形式,定期与小李检视问题。与小李母亲保持电话联络,及时了解小李的家庭沟通模式的转变情况,并在必要时对其家庭沟通模式进行调整。在家庭系统的支持下,小李的进步比较快,在学业与人际关系方面的改善也回归常态。在后期,社工还与小李的班主任及丽丽了解了小李在校学习、改变的情况,并通过观察了解小李问题解决的稳定性。

社工在小李自我反馈以及学校老师、同学对小李近期表现情况的反馈下,认为个案目标已达成,可以进入结案阶段。在结案前,社工对小李进行了最后一次家访。在最后一次家访中,小李父母很感谢社工的服务,小李得知是最后一次服务,有些不舍,社工安慰小李,同时表示其有能力自己处理好人际关系和学习生活,鼓励她全身心地投入学习,面对接下来的高考。社工告诉小李,有需要帮助的问题时,可以打电话给社工。在结案时,社工再次向小李父母强调了家庭良好沟通的重要性,希望能保持现在已经建立的家庭亲子沟通模式。

服务结束后的两周内,社工致电小李及小李班主任,回访了小李目前的情况,小李能正常参加集体活动,上课偶尔也会举手回答问题,经常同好友一起出去逛街。问及小李与男朋友的感情时,小李则表示,高三的学习很重,大家都专注于学习,两人之间的感情比较平淡,没有什么来往。

七. 专业反思

社工在个案服务中,通过认知行为模式的专业手法介入,改变小李的不良认知,使其重新审视自己的思想,转变观点,从而改变自己的行为。社工通过行为疗法,运用自我管理方法,让小李通过自我控制来促进其学习行为的改变。同时运用社会支持模式帮助小李与父母建立良好的家庭沟通模式,帮助小李建立健全家庭支持系统,来促进小李的环境系统与自身的良好互动,以改变小李在堕胎后的低迷、厌倦等情绪。同时,在与家长进行频繁沟通后,小李自己也对将来考大学有所期望,社工利用这一点,从优势视角出发,利用抗逆力理论策略,鼓励小李学习。与此同时,通过提高小李的学习兴趣,提高专注力和增强体质,通过执行介入方案来丰富小李的生活,充实小李的日常生活,以此提高其自信心,以解决小李的问题。总的来说,虽然在服务过程中遇到了不同程度的困难,但在社工与案主的共同努力下达成了最初制订的服务目标,服务进度也基本能按照计划来完成。

从社会工作专业角度来说,在开展服务的时候,我们在坚持社会工作伦理与价值观的同时,也要结合案主的实际情况,因人而异、因地制宜地运用专业的社会工作知识与手法为案主提供服务。根据案主在服务过程中的转变实时调整服务方案,最大限度地保护案主利益,更好地实现服务效果与服务目标,提高服务质量。

资料 10.2　什么是紧急避孕药?

紧急避孕药是在无保护性生活后,或觉察到避孕措施失败(避孕套破裂、滑落、漏服避孕药等)后采用的一种"紧急避孕"措施,以起到预防非意愿妊娠的发生。紧急避孕药主要有两种:一种是米非司酮片,商品名为"弗乃尔",其优点是在性事后 72 小时内只需服用一片,避孕效果在 99% 以上,低剂量米非司酮是国家药检局在 21 世纪初批准用于紧急避孕的新药。另一种是左炔诺孕酮片,商品名为"毓婷""安婷",其特点是在性事后 72 小时内服用两片,间隔期为 12 小时,避孕效果在 98% 以上,是在 20 世纪 90 年代开始用于紧急避孕。紧急避孕是指在无防护性生活或避孕失败后的一段时间内,为了防止妊娠而采用的避孕方法,药物避孕是其中最常用的方法。

关于紧急避孕药物,还有几点需要注意:首先,药物紧急避孕只能对本次无保护性生活起作用,且一个月经周期中只能服药一次,本周期服药后性生活仍应采取其他可靠的避孕措施。其次,紧急避孕只是一种临时性补救办法,绝对不能作为常规避孕方法反复使用。再次,紧急避孕失败而妊娠者,新生儿畸形发生率高,必须终止妊娠。最后,紧急避孕要在医生指导下进行。紧急避孕药不能多吃,只能是偶尔采取的方法,如果作为一个常规的方法,反复吃避孕药,会干扰女性卵巢功能。

资料 10.3　可能发生未保护性行为青少年的特征

第一,人际互动不单纯。因为中国教育制度重在升学,所以大部分学生的生活重心都放在课业上,生活圈也较狭隘,除了与家人和学校、补习班同学接触较为频繁外,人际交友方面很单纯。若发现校园中的某学生与社会人士或是年纪稍长的人往来密切,辅导老师应该多关心该学生,注意其是否有发生未保护性行为的可能。

第二,涉入不良场所。不良场所指的是舞厅、酒店、网吧等场所。因为这些场所的出入人员通常都较为复杂,青少年如果进出这些场所,很容易结交到不良朋友,甚至沾染上违禁物品,更有发生未保护性行为的危险。辅导老师或导师若发现学生经常上课精神不集中,或是得知学生有涉入不良场所的情形,应该多加观察注意。

第三,突然变得有钱。现今社会信息传播迅速,网络普及,青少年课后的休闲活动较以往多了上网聊天一项,加上近年来社会风气的变化,不正常的网络交往时有所闻。学校教师应注意班上学生零用钱的使用状况,若有学生突然手头变得宽裕,并且添购了很多名牌商品,应与该学生家长联络,注意是否有不正常网络交往的危机。

第四,偏差与犯罪行为。青少年如果有吸毒、喝酒等偏差行为,通常也会伴随有发生未保护性行为的可能,辅导老师应该随时注意学校的学生是否有其他的偏差与犯罪行为。

第五,低自尊。低自尊者常通过赢得其重视的人的爱和注意,补偿深藏于内心的被拒绝感及不被接纳感。低自尊学生可能会希望通过与对方发生性行为的方式来赢得他人的爱及注意,以重获自尊,即使其所处的关系带来痛苦,仍然会流连于这种不健康的关系。

第六,同辈有性行为。同辈有性行为比例愈高的学生,其婚前性行为与态度愈开放,而愈羡慕同辈有性经验的学生,其婚前性行为与态度也愈开放。因此,同辈有发生未保护性行为的学生容易受其影响,辅导老师也应该要多加留意。

§思考和练习

1. 青少年性问题的表现是什么?

2. 青少年自身应如何正确应对性问题?

3. 对青少年性问题,我们如何正确引导?

4. 概述社会工作视野下青少年性问题个案辅导的模式。

§小组讨论

1. 针对小组提出的青少年性问题的案例,讨论如何通过社会工作专业方法有效介入。

2. 小组内同学分角色扮演早恋中的青少年,模拟可能会发生性行为的场景,并提出避免发生性行为的措施。

第十一章　校园欺凌与社工介入

　　通过明确校园欺凌的含义、表现和特点,了解校园欺凌的现状,探明校园欺凌的成因,结合学校社会工作的专业理论和方法,从预防、治疗和发展三个层面介入校园欺凌问题,净化校园环境,保护青少年健康成长。

本章要点

■ 校园欺凌是指身体强壮的学生欺负弱小的学生,进行言语羞辱、敲诈勒索甚至殴打等行为,令其在心灵及肉体上感到痛苦。通常欺凌者不觉得自己不对,而且受欺凌者往往默默承受而不敢反抗和告发欺凌者。因此,恶性循环导致受欺凌者的身心备受煎熬。

■ 校园欺凌的成因包括个人、家庭、学校、社会四个层面,个人因素包括个体性格缺陷、社交技巧不足、心理健康教育缺失等;家庭因素包括家长素质不高、教育观念落后、不良家庭环境等;学校因素包括师生关系、同学关系不良导致预防与介入欺凌行为不足;社会因素包括校园周边环境不良、暴力文化的影响、不良社会风气的影响等。

■ 社会工作从预防、治疗和发展三个层面介入校园欺凌问题,治疗性介入从个案、小组、社区三方面入手;预防性介入包括青少年心理健康教育、学校教育、

家庭教育与社会教育相互配合;发展性介入从提升自身权能层面介入校园
欺凌。

第一节　校园欺凌概述

学校是青少年学习成长的重要领地,理应给正在成长中的青少年提供保护
性环境,但近年来校园欺凌事件愈演愈烈,这既与社会文化有关,也与学校教育
只重视知识教育,而轻视道德和心理教育有关。在欺凌过程中,欺凌者会使受欺
凌者产生心理问题,影响身体健康,甚至影响人格发展。

一、校园欺凌的概念界定

校园欺凌是指身体强壮的学生欺负弱小的学生,进行言语羞辱、敲诈勒索甚
至殴打等行为,令其在心灵及肉体上感到痛苦。通常欺凌者不觉得自己不对,而
且受欺凌者往往默默承受而不敢反抗和告发欺凌者,如此恶性循环导致受欺凌
者的身心备受煎熬。校园欺凌多发生于校园隐蔽处,但不局限于校园内,放学后
同学间的欺负行为也算在内。校园欺凌分为单人实施的和多人实施的暴力,受
欺凌者往往在人数上少于欺凌者。

二、校园欺凌的主要表现

第一,叫侮辱性绰号,指责受欺凌者无用,侮辱其人格等。
第二,对受欺凌者进行重复性的物理攻击,包括拳打脚踢和使用管制刀具、
棍棒等攻击。

第三,强索受欺凌者金钱或物品,损坏受欺凌者的个人财产、教科书、衣物等。

第四,欺凌者明显比受欺凌者强,而欺凌是在受欺凌者未能保护自己的情况下发生的。

第五,传播关于受欺凌者的消极谣言。

第六,恐吓、威迫受欺凌者做其不想做的事,威胁受欺凌者服从命令。

第七,让受欺凌者遭遇麻烦,或令受欺凌者招致处分。

第八,孤立、排挤受欺凌者。

第九,网上欺凌,即在网络或论坛上发表具有人身攻击成分的言论。

表 11.1 校园欺凌的形式

变 项	计 分*	Q省X市某地			A省X市某地		
		小学	初中	高中	小学	初中	高中
综合欺凌行为	0—150 次	10.0	11.6	9.9	10.5	11.2	9.1
言语欺凌	0—30 次	4.2	4.5	3.9	4.7	4.6	3.5
肢体欺凌	0—30 次	1.5	2.0	1.2	1.0	1.4	1.1
强索欺凌	0—30 次	1.0	1.2	0.9	0.9	1.0	0.8
关系欺凌	0—30 次	3.0	3.4	3.3	3.5	3.7	3.3
网络欺凌	0—30 次	0.3	0.5	0.6	0.4	0.5	0.4

注:*回答:没有=0次,很少=2.5次,一般=5次,颇多=7.5次,很多=10次。

资料来源:校园欺凌现象问卷调查数据。

三、校园欺凌的特点

形式的多样性。言语欺凌、关系欺凌、肢体欺凌最常见,网络欺凌在五大类型中发生率最低,因为这是一种新兴的欺凌行为。

行为的反复性。校园欺凌通常都是重复发生,而不是单一的偶发事件。

行为的普遍性。言语欺凌、关系欺凌、肢体欺凌,加上强索欺凌和网络欺凌的总发生率为 7.34%,考虑到欺凌行为的隐蔽性,大约十个孩子就有一人遭遇校园欺凌。

行为的不平衡性。除去言语欺凌,初中综合欺凌行为次数高于小学和高中。

行为的隐蔽性和难以判断性。很多青少年由于年龄小,缺乏认知,不能判断欺凌现象。

第二节　校园欺凌的成因分析

一、个人因素

1. 个体性格缺陷

欺凌行为的发生受特定的心理特质影响,如胆小怕事、孤僻不合群、过分敏感的学生容易遭遇欺凌行为。再者,学生成绩优秀和家庭条件优越的孩子容易引起别人的嫉妒而遭受欺凌。

2. 社交技巧不足

此阶段的青少年处在成长期,身心发展不稳定,人际交往中摩擦、矛盾、冲突多,但人际沟通技巧不足,往往无法有效处理这些问题而采取欺凌的方式予以解决。

3. 心理健康教育缺失

缺少爱的教育的孩子不懂如何关怀他人,无法感受受欺凌者的痛苦。从小被溺爱的独生子则会比较自私任性,支配欲强,不懂关心别人,缺乏包容心。有的孩子因长期遭受欺凌而心生不平衡感,为发泄情绪,转而欺负更弱小的人。

二、家庭因素

1. 家长素质不高,教育观念落后

父母的教养方式直接影响着孩子的心理健康和人际交往。家长功利世俗、过分注重成绩的态度会使孩子因无法达到父母的期望而产生自卑的心态,容易形成受欺凌的性格。如果家庭环境中暴力行为不断,经过长期耳濡目染,孩子会形成用暴力解决问题的思维模式和应激行为反应。

2. 家庭贫富差距造成的差异

家庭条件优越的孩子会自视甚高,看不起别人,甚至欺负弱小。而贫困家庭的孩子往往对金钱和权力充满渴望,在利益的驱动下,极容易走上犯罪道路,以不正当的方式获取财富和地位,甚至不惜伤害他人。

3. 不良家庭环境

不良的家庭互动模式、破碎的家庭关系会给孩子造成不安全感,他们因在家庭得不到温暖关怀形成心理创伤,而产生欺凌他人的心理。

三、学校因素

学校和老师对欺凌行为认识不全面,对比较严重的肢体欺凌较关注,旨在防止事态扩大,但恰恰是对言语欺凌和关系欺凌的忽视,纵容了欺凌行为的进一步发展。

学校内同辈群体之间的亚文化影响。朋辈群体之间存在不良的沟通互动模式,学生学习、模仿和借鉴而习得不良的行为互动方式。

师生关系不融洽,有些教师缺乏人文关怀,实行不当的教学方法,使学生害怕教师,不敢向教师报告欺凌行为。

学校缺乏必要的法制教育,学生不知法、不懂法,认知能力弱,无法明辨是

非,对欺凌行为的后果认识不足。因此,欺凌现象不断产生,无法根除。

四、社会因素

1. 校园周边环境不良

随着教育事业的飞速发展,学校后勤化改革不断推进,校园与社会的围墙越来越模糊,校园的周边环境越来越复杂,社会不良文化渗透在校园之中,诱导欺凌行为的产生。

2. 暴力文化的影响

现代社会媒介带给孩子极大的影响,他们看暴力书籍、影片,玩暴力游戏或者看色情录像、影片等。大量的研究表明,欺凌者对于支配和控制受欺凌者有较强的欲望,而这种欲望的根源则来自一些媒介对于欺凌行为的不当宣传。

3. 不良社会风气的影响

社会竞争激烈,越来越多的人奉行优胜劣汰、弱肉强食的生存规则,践行不择手段的生存策略,导致恃强凌弱的现象陡增。人与人的心理距离愈加疏离隔阂,自私自利,无视他人。

第三节　社会工作对校园欺凌的介入

一、社会工作对校园欺凌的治疗性介入

1. 个案工作

校园欺凌事件发生后,社工要针对欺凌者、受欺凌者以及情境中的他人进行专业介入。

(1) 针对受欺凌者的危机介入。

第一时间排查身体伤害,如有需要,及时协助医治。建立"心灵在线"工作站,社工对于受欺凌者进行一对一的面谈提供支持,与案主建立信任关系,增强受欺凌者的安全感。面谈除了建立专业关系,更为重要的是澄清被欺凌的相关问题,包括被欺凌的原因、频率、方式以及案主本身对于欺凌事件的态度等相关信息的搜集。通过访谈了解受欺凌者的困境,帮助其展露内心的真实想法,并鼓励他们,当别人不公正地对待自己和提出不合理要求时,要采取行动保护自己。另外,对于受欺凌者的优点和长处进行表扬和鼓励,布置一些符合能力的任务,增强其抗逆力和个人力量,进行社会技能训练,加强人际交往技巧等方面的训练。同时,辅导家人对受欺凌者提供及时的保护与支持。

(2) 针对欺凌者的介入。

介入的主要内容包括:依据相关的法规适度惩罚;认知调整,特别是人性观、生命观等的价值观的澄清与引导,情绪管理,行为修正训练等。

(3) 针对情境中人的介入。

除了欺凌者和受欺凌者,在事件发生的过程中还有很多目击者,这些人包括协助者、附和者,也会有保护者。协助者和附和者都是社会工作介入的目标系统,即需要改变的人,对保护者一定要给予肯定和鼓励。

(4) 针对特殊情境中人——教师的介入。

教师具有绝对的影响力和控制力,社会工作者可以通过个案会谈技巧,促进教师自我觉察、自我调整、自我改变、自我成长。

2. 小组工作

小组工作的方法可以借助小组动力,实现成员的转变和成长。建立受欺凌成长小组,组员同质性较高,小组成员之间的互动互助有助于获得归属感及成就感。在小组工作过程中,帮助青少年调整认知,培养同学间的友爱之情,发展亲社会行为。良好的同辈群体支持对于预防校园欺凌是十分必要的,通过开展团队教育,培养团队气质和精神,形成更加多元的支持网络,进而降低校园欺凌的发生率。

　　小组活动的一般流程包括：首先，建立朋辈小组，通过青少年历奇活动，在游戏过程中让学生彼此熟悉，在活动过程中学会合作，增强相互信任和解决难题的能力，提高抗逆力。其次，小组内进行角色扮演，欺凌者与受欺凌者互换角色，站在对方的角度切实体会校园暴力。再次，参与"风险大逃亡"活动，了解可能出现的校园欺凌的风险以及对未来自己的影响。还可以通过"反欺凌主题班会"设计有针对性的活动，对所有情境中人进行介入。最后，处理离别情绪，巩固效果，包括讲座巩固、成果分享会、"离别派对"、"我的承诺"等。

　　具体小组活动的设计主要围绕两个方面展开：一是开展情绪宣泄活动，引导受欺凌者宣泄内心的"情绪垃圾"，恢复受欺凌者的自信心，疏导心理障碍。二是开展培养自信的小组活动，既表现在口语语言方面，也表现在身体姿态等非语言方面。为提高受欺凌者自信地表达自我的能力，运用正确的行为方法，如挺直腰板，注视对方的脸，以平静、坚定的声调大声说出对方的名字，在模拟情境中进行自信表达练习。

　　3. 社区工作

　　青少年所在的社区（无论社区环境还是社区文化）会多方面影响青少年成长，因此，在欺凌行为的防控和介入中，对于社区环境的管理以及社区文化的营造是十分必要的。

　　第一，加强学生宿舍的安全管理，学生宿舍是时常发生欺凌行为的场所，通过开展学校宿舍文化节，以宿舍为团体的合作形式，改善宿舍成员间的关系。对已经有矛盾和冲突的学生宿舍进行有效的干预，及时处理，预防对学生的二次伤害，保障学生的身心健康和财产安全。第二，构建温馨、和谐的社区文化，建立和谐、开放、包容型的社区文化有利于降低校园欺凌。第三，完善社区功能。当学生社区功能缺乏的时候，学生倾向于脱离可控的社区去满足自我的需求。比如，在学生社区里面缺少足够的生活设施和娱乐设施，学生为了寻求服务，就会离开熟悉的生活空间，在这种情况下更容易触及风险。第四，加强学校社区安保。常规化的安保基本设置在校园的地理界限上,其实也应该在学生经常活跃的社区范围进行相应的保护工作,尽量保证学生的人身安全。

二、社会工作对校园欺凌的预防性介入

第一,加强青少年的心理知识教育和心理技能训练,培养学生的健全心理,提高学生的社会适应能力,提高抗逆力。一个人的健康成长,心理健康是非常重要的方面,培养青少年形成学会接纳他人,自尊、自爱等心理品质,对减少校园欺凌现象是非常有利的。对少数有心理行为问题和心理障碍的学生,给予科学的心理咨询和辅导,使他们尽快摆脱障碍,形成健康的心理品质,提高心理健康水平。常遭欺凌的青少年,往往会遇到困难,如学业不佳、融入困难、教师批评等,容易产生自卑心理,选择逃避。对于这种青少年,应教育他们树立信心,发现自己的优点,勇于表现自己和改正不足。

第二,发挥家庭教育的功能,预防校园欺凌发生。父母或监护人一方面要重视孩子的发展,给予孩子更多关注,并时刻注意孩子的变化,注重与子女之间的沟通,增进亲子关系、促进家庭和谐,这是避免校园欺凌的重要途径。另一方面,家长应具有较强的法制意识,反思自身行为对孩子是否发挥着正确的示范及引导作用,传递爱与善的理念,避免子女因家庭、同伴、社区等不良因素的影响和同化而实施暴力行为。同时,家长作为校园欺凌干预体系重要的组成部分,可以定期参与到学校防欺凌工作讨论、反思及改进工作中。

第三,学校教育是预防校园欺凌最基本、最重要的一条防线。(1)健全监控和评估体系设计。通过学校社会工作者的协调和组织,设计出一套学校教学人员、行政人员、其他服务人员、学生和家长广泛参与的监控评估体系。这套监控评估体系包括对于频发暴力校园地点的监控、日常学生生活区的监控、阶段性心理—社会状况监控和评估,对一些存在较高风险群体的重点监控和保护,加强学校管理和服务,切实保护学生的身心安全。(2)注重家校联合,有效防范学生欺

凌现象。校园欺凌现象的防范不能只局限在校园内,而应是学校、家庭、社会三位一体。教师要与班里的学生家长保持经常性的全程联系,加强交流沟通。同时,也要培训家长正确教育子女,当孩子们遭遇暴力行为时,不要沉默,不要以暴制暴,要迅速报告学校,共同解决。(3)构建校园支持网络。努力构建学生—学生的同伴支持网络、学生—老师(辅导员等)的支持网络、学生—服务部门(心理咨询中心、学生服务中心等)的支持网络。(4)集中对学生开展以校园欺凌治理为主题的专题教育,作为教育主管部门,要加强对学校开展校园欺凌专项治理的指导和检查,责任督学要对责任区内学校的专项治理全程监督,发现问题应及时与校方沟通(张燕婷、付佳荣,2014)。

第四,社会教育主要是配合学校和家庭教育建立良好的教育环境。学校欺凌的防治离不开政府的主导作用,政府教育主管部门要加强学校安全管理机制,健全安全管理机构,制定岗位安全职责,落实资金、资源情况。建立健全预警机制,协调相关职能部门、建立学校安全预警机制和预警公告,督促中小学安全教育、安全风险预防工作落到实处。对于已发生的学生欺凌和暴力行为,要从有利于恢复孩子身心健康、尽快回归正常学习生活的立场出发,理智、冷静地处理和看待争端,避免情绪化宣泄和媒体的过度曝光。对欺凌者,及时进行有针对性的教育引导和帮扶;对于受欺凌者,及时开展心理疏导和家庭支持。

三、社会工作对校园欺凌的发展性介入

经过长期探索及实证研究发现,为了更有效地治理校园欺凌问题,学校应组建包括学校、教师、社工及家长、学生在内的多方合作联盟,明确分工,形成合力,共同捍卫文明、和谐、友善的校园环境。在处理校园欺凌问题上,社工不仅要运用专业理论知识,整合服务经验及服务模式,支持学校建立、完善校园欺凌网络,还要注重提升学生的自我保护意识及对欺凌事件的应对能力。在应对方法学习中,尤其重视提升学生的求助意识及旁观者教育,引入剧场表演方法,引导学生

从认知的转变到行为的训练,让每个学生都成为防欺凌的主体。在整个社工介入的过程中提升受欺凌者的个人能力,增强受欺凌者的信心。在社会工作介入的整个模式里,青少年学生的角色和主体性被肯定,学生作为核心的主体进入整个介入模式之中,并通过广泛的参与获得了新的赋权。同时,有效介入处理校园欺凌恶性事件,并以中立、理性、依法合理的态度促进多方有效沟通,防止矛盾和冲突的加剧。

案例 11.1　校园欺凌的分析报告①

一、基本情况

案主小杨,男,14岁,性格内向,经常受到副班长小崔的欺负,如果不给小崔钱,他就跟老师说小杨没背书,没有做作业。在欺凌事情被揭露后,副班长还威胁要"弄死"其他同学。

二、背景资料

案主父母文化程度低,家庭经济水平不高,父母与小杨缺少交流,经常以暴力、体罚的形式惩罚小杨。发现小杨受欺凌的是小杨的父母,因为最近几年,他们发现他经常偷家里的钱,每次都对他一顿暴打,但是,小杨却从来没有向他们透露过偷钱的目的,直到最近。小杨父亲说:"我们用鞋打,打过以后用小棍子,腿上、屁股上都被棍子或者鞋打青了,他哭了,才告诉我们此事。"

三、问题分析

第一,由于案主性格内向,又寡言少语,在受到欺凌之后,心中的委屈无处发泄,长时间积压在心里,留下了较为严重的心理阴影,从而产生自卑、忧郁等负面情绪。

第二,案主的日常生活、学习受到严重影响,不敢与人交流,成绩大幅度下降。

---

① 详见卫义战士的博客:http://blog.sina.com.cn/u/3542417034。

第三,案主的性格内向,对他人的信任感较低,自我评价也不高,心理防御机制不健全。

四、服务目标

第一,向案主提供及时有效的帮助,缓解其心理压力,使其负面情绪及非理性信念能够得到发泄和纠正,从而使他在面对欺凌时有正确的应对方式。

第二,鼓励案主表现自己的优点,改变负向自我评价,促进其提高自信水平,形成正向自我评价。

第三,让案主学会与人沟通的技巧,积极参与集体活动,学会如何正确处理同学间的矛盾,建立朋辈群体支持网络,恢复其社会功能,促进健康成长。

五、介入过程

1. 第一次会谈

通过社工与小杨的深入交谈,让小杨意识到副班长欺负自己的行为是不对的。

2. 第二次会谈

主题是通过反映感受,驳斥非理性信念,转变负向自我评价,形成积极乐观的心理态度。这次面谈通过社工自我袒露和案主感受反映,缓解了案主的消极情绪,增强了其自信心,改变了其负向的自我评价。

3. 第三次会谈

主题是鼓励案主多参加班级活动与社交活动。这次会谈让案主认识到了欺凌行为给他人际交往带来的影响。通过社工的鼓励和支持,案主的负面情绪和困扰得到一定的缓解,同时鼓励案主走出自己主观臆想的世界,主动与他人交流。

4. 角色扮演

社工与小杨在学校活动室展开了一次角色扮演游戏,主题是认识和学习新的行为方式。

社工在一张纸上画了一个简单的小熊头像,贴在活动室的沙袋上,然后自己作为欺凌者模拟打人场面,小杨在一旁观看。看着社工击打沙袋的动作,小杨也攥紧了拳头,紧咬嘴唇,用恶狠狠的眼神看着沙袋上的小熊头像,只是一句话不说。

小杨与社工分享了自己的感受,如果看到别人被欺负,自己作为旁观者,他没有想过会上前帮忙,自己也不清楚为什么会这样。社工给小杨解释道,如果受欺凌者在遭受欺凌时,选择逆来顺受,也不反抗,反而会让其他人以异样的眼光看待受欺凌者,更不用说会上前伸出援手了。还有,如果在欺凌行为发生过程中有旁观者有加油助威的行为,会使欺凌者打得更多更重。如果受欺凌者在受欺负过程中向他人求助,会激起被求助者的责任感和正义感,从而使得欺凌者获得帮助和保护,能够及时阻止、中断施暴行为。所以,社工在这次活动中建议案主在遭受欺凌时不要放弃求助于他人,而选择忍气吞声。

5. 环境干预

班级是小杨学习生活的重要场所,班级风气对学生的成长至关重要。社工找到小杨的班主任,积极沟通,促使班主任关注同学之间的不良互动,并对欺负同学的副班长批评教育。同时开展友爱班级的讲座和联欢活动,改善班级环境。

六、 效果评估

1. 成效评估

个案辅导进入尾声,社工让案主谈谈自己的变化。案主谈到,自己在接受辅导之后,每天的心情变好了许多,但是有时碰到欺负过自己的副班长,还是会有点儿紧张害怕;比以前变得爱说话了许多,与人交流也不害羞了,变得大方了;还交了几个新朋友,独自一人的时间变少了;也变得自信了,在课堂上敢于大声回答老师的问题,更多地参加学校活动;以前被欺负后产生的各种不理性想法都消失了,取而代之的是想要更好地保护自己。

2. 技巧评估

在服务过程中,社工通过同理心、自我坦露等会谈技术表达对案主的支持和关心,进一步引导案主说出内心的真实感想,并给予建议、忠告,促其摒弃非理性信念,形成积极向上的生活态度。角色扮演的方法让案主尝试不同的想法和应对方法,并付诸实践,取得了预期效果。

七、专业反思

社工与案主共同回顾整个辅导过程，案主注意到了自己的成长，相比以前产生了一些好的改变，社工也肯定了案主积极配合的态度和所做的努力与尝试，然后社工与案主一起展望未来，让案主坚信自己有能力和信心独自面对未来可能出现的困难。因为上次谈话时已经提前告知案主，让他有结案的准备，所以他没有出现依赖情绪，社工顺利结案。

由于案主所处环境短期内不会发生变化，所以心理健康的恢复并不是很容易，需要长期的努力才能够最终完成。根据后期的回访，结案初期，案主心理状况有了一定的初步改善迹象，等到第五个月时，案主完全不再沮丧和不自信。通过社工的个案服务，案主的心理创伤得到消除，情绪稳定，社交活动恢复正常，学习成绩也有了一定的提升。

§ 思考和练习

1. 什么是校园欺凌，其具有怎样的特点？
2. 校园欺凌形成的原因是什么？
3. 社工对校园欺凌有哪些治疗性介入方法？

§ 小组讨论

1. 如何看待社工介入校园欺凌问题？社工的优势体现在哪些方面？
2. 分组讨论并设计一份针对初中学生的预防校园暴力的策划书。

第十二章　留守青少年与社工介入

留守青少年是中国城市化进程中的产物,这个日趋庞大的群体引起了社会工作者的重点关注。通过了解留守青少年的含义和现状,把握留守青少年常见的问题,通过社会工作专业理念和方法,从预防、治疗、发展三个角度关爱留守青少年群体,促进其问题的解决和功能的提升。

本章要点

- 留守儿童是指父母双方外出务工,或一方外出务工,另一方无监护能力,处于生理、心理成长发育关键期,但无法与父母正常共同生活,缺乏生活照料与情感支持的未成年人。而留守青少年是指具有留守儿童相似家庭状况的13—18周岁农村户籍的未成年人。

- 留守青少年问题不是一个群体的问题,是时代发展变迁的产物,留守青少年存在一系列问题,包括抚养质量、亲子关系、性格偏差、学业不佳等方面。

- 社会工作对留守青少年的介入,从治疗性、预防性介入以及学校社会工作入手。预防性介入从政府、政策、社会、学校、社区、家庭六个方面入手;治疗性介入从个案、小组、社区三个方面入手。

第一节　留守青少年概述

一、留守青少年的概念界定及现状

1. 留守青少年的定义

留守儿童是指父母双方外出务工，或一方外出务工，另一方无监护能力，处于生理、心理成长发育关键期，但无法与父母正常共同生活，缺乏生活照料与情感支持的未成年人。而留守青少年是指具有留守儿童相似家庭状况的 13—18 周岁农村户籍未成年人。留守青少年更具特殊性，原因在于他们正处于成长发育的关键时期，他们无法享受到父母在思想认识及价值观念上的引导和帮助，成长中缺少了父母情感上的关心和呵护，相对来说容易走向发展的两个极端：一方面变得异常坚强和勇敢，另一方面有些青少年产生认识、价值上的偏离和个性、心理发展的异常。

2. 留守青少年的现状

伴随现代化和城市化这一历史洪流，越来越多的农村青壮年进入城市谋生，与此相伴的是许多孩子在父母陪伴缺失的情况下，留在了农村与祖辈一起生活。目前，留守青少年数量约 6 683 万人，包括城乡流动青少年和农村留守青少年。在全部农村青少年中，留守青少年的比例达 28.29％，平均每四个农村青少年中就有一个留守青少年（全国妇联，2008）。

在已有的留守青少年研究中，李庆丰将留守青少年的监护分为三种：隔代、上代和自我监护（李庆丰，2002）。段成荣、周福林则进一步细化为六种监护类型：青少年单独留守、与母亲留守、与父亲留守、青少年与母亲及其他亲人留守、青少年与父亲及其他亲属留守、青少年和其他亲属留守（段成荣、周福林，2005）。

二、留守青少年的常见问题

第一，留守青少年多由祖辈照顾，"隔代教育"问题在留守青少年群体中最为突出，由于老人溺爱或亲友疏于管教而导致缺少正确的价值引导。

第二，留守青少年由于长期被托养或寄养，缺少与父母之间的交流，缺少关爱容易导致心理缺陷，也容易造成亲子关系紧张。

第三，很大一部分留守青少年表现出内心封闭、情感冷漠、自卑懦弱、行为孤僻、性格内向，缺乏爱心和交流的主动性，还有的脾气暴躁、冲动易怒，常常因小事打架斗殴。

第四，留守青少年一般家务劳动较重，课业压力较大，常常学业不佳，影响未来的职业发展。

三、留守青少年问题的社会危害

留守青少年问题不是一个群体的问题，是时代发展变迁的产物，留守青少年作为祖国的未来，他们身心的健康成长有助于他们成为全面发展的人才，更有利于城乡一体化的和谐发展。留守青少年的健康成长会为新农村建设、新文化发展以及新繁荣做出积极贡献。而这一问题的长期存在也将导致严重的社会后果。首先，大量留守青少年在正常家庭教育缺失的情况下长大，他们成才的几率大大降低，最终导致文化的断层和将来部分国民素质的下降；其次，留守青少年在没有父母照顾陪伴的情况下，学习成绩不佳，厌学、辍学问题严重，最终导致未来经济建设生产力的低下；最后，留守青少年的悲剧最终导致城乡贫富差距继续变大和社会不稳定，如中国的青少年犯罪率明显提高，并呈逐步上升态势。

第二节　留守青少年问题的成因分析

一、心理补偿机制

留守青少年在很大程度上可能会视自己的状况为一个心理缺陷，由于无法得到满足，产生自卑感并渴望获得心理补偿。这时，若不能及时缓解，则可能引发心理冲突，并导致伤害行为。根据人格特征发展不同，有人选择直接攻击（攻击将自己留在家中的父母，或者因为嫉妒而攻击非留守青少年的同伴）或转向攻击（攻击其他无辜者），一些性格内敛而不善表达的青少年也可能选择自我攻击，即自杀或自残。

二、角色混乱

留守青少年进入青春期以后，极度渴望获得成人化的自我同一性，所以，在这个过程中非常想要扮演大人的角色。而由于父母长期在外无法获得合理的引导，因此产生了角色混乱并表现为各种行为上的偏差。

三、标签效应

留守青少年可能在其所生活的环境中受到一定的歧视或偏见，导致其被贴上"问题青少年"的标签，以至于在这样的社会影响下更多会显出问题的行为，可能由于难以承受这种压力而出现问题。

四、交往障碍

由于留守青少年在缺少父母陪伴和关爱的家庭环境中长大，在与人交往中没有学会如何表达自己的爱。和不是留守家庭的青少年在一起玩耍时,常表现出自卑,渐渐封闭自我,沟通能力变得更弱,如此形成恶性循环。

第三节　社会工作对留守青少年问题的介入

一、社会工作对留守青少年问题的治疗性介入

1. 个案工作

针对学生的个性化需求开展个案工作。留守青少年由于家庭教育的缺失,对其学习、心理健康等方面都产生了一定程度的负面影响。个案工作介入的对象主要针对心理、行为等方面存在困难的留守青少年。首先,通过一对一的帮助,初步与留守青少年建立信任关系,让留守青少年感受到别人的关爱。其次,了解他们的生活现状、社会需求、社会资源及利用情况,梳理存在的问题。再次,促进服务对象的自我表达,与服务对象进行深度访谈,了解问题背后的动因,有针对性地加以解决。最后,采取差异化的介入方法,挖掘服务对象的潜能。具体做法如下。

(1) 社会工作可以通过协商确定沟通频次,采取电话、书信、网络等方式,为留守青少年与父母沟通提供便利,并对沟通过程进行专业引导以帮助他们改善亲子关系。

(2) 个案工作者可以采用行为修正模式来修正留守青少年在生活以及学习上的行为偏差,帮助他们更好地适应生活。

(3) 学习方面的问题,社会工作者可以通过辅导学业促进案主改变。

(4) 通过鼓励、支持、引导等技术对留守青少年进行心理治疗和心理情绪辅导。

（5）改变家庭结构，进行治疗性会谈。对留守青少年的家长定期做辅导，减少生活中的冲突和不愉快等，引导他们正确指导案主的学习及生活。

（6）提供免费的法律咨询服务，联系政府、媒体等社会力量介入。

2. 小组工作

组织同质性较高的同辈群体组成小组，通过对小组内学生进行干预和服务，通过组员间互动、组与组间的互动共同完成小组活动，组员间更容易产生心理共鸣，组内青少年相互学习，相互支持，帮助他们寻求更多的支持资源。

（1）开展兴趣小组、学习小组、人际交往小组、情绪控制小组、互帮互助等小组。

（2）开展"自画像"小组活动，让组员在他们自画像绘制的过程中，积极看待自己，面对内心真实的想法。

（3）小组成员说出各自的留守故事，在过程中对情绪失控的个案开展"空椅子"活动，帮助排解内心伤痛。

（4）利用团队建设的活动（"七手八脚""室内探险"等），增加小组的凝聚力，组员一起交流，相互支持，一起面对问题并提出解决方案。

（5）组建留守青少年的志愿服务小组，发挥其价值，帮助他人，学会积极处理生活中的困惑。

3. 社区工作

社会工作要以社区为依托，在社区建立留守青少年活动平台，营造关爱留守青少年的良好氛围。

（1）在社区内对部分服务对象进行前期需求调查、评估以及活动宣传，通过多种媒介，社区集中力量帮助留守青少年。社区以居委会为单位，按照网格开展留守青少年大清查活动，采取走访入户、询问调查等方式摸清情况，建立留守青少年档案。

（2）社区对于正处在叛逆期的留守青少年建立咨询点，预防偏差行为和心理问题的出现。

(3)社会工作者可以动员社区内不同团体组织及居民广泛参与,调动社会各方面力量,壮大社区人才队伍,充分挖掘和连接资源,帮助留守青少年所在的家庭。

(4)建立关爱留守青少年志愿者服务队伍,适时开展法律知识、安全常识、社会道德等讲座培训;聘请医生、派出所民警等志愿者到家长学校进行授课,请社区优秀家长现身说法,传授教育经验。

(5)以社会工作机构为载体,充分利用社区的硬件设施,创建留守青少年友好型社区,设置青少年活动室、书画室等各类兴趣空间站,社区开展针对留守青少年的社区活动,为留守青少年提供必要的活动场所。

(6)开展社区教育,对社区留守青少年教育的社区环境中的问题进行分析,规避网吧、歌厅等风险组织机构。

(7)建立社区互助小组弥补资源不足的情况,通过邻里互帮互助活动,开展积极向上的社区文化娱乐活动,优化社区环境,让留守青少年在文明的社区中受到良好的熏陶。

二、社会工作对留守青少年问题的预防性介入

1. 政府方面

预防留守青少年问题的产生,要从源头上解决,需政府部门加大力度宣传"留守"的危害性,以多种方式让农村父母认识到"留守"对孩子的不利影响,使父母尽可能不让孩子"留守",减少留守青少年的数量。

2. 政策层面

促进留守青少年相关法律法规和相关政策的制定。呼吁政府制定有利于留守青少年教育的新的社会政策,保障留守青少年教育等方面的权利。政府在政策制定上,应当在教育拨款方面适当倾斜,加大对教育的投入,改善办学条件。执法部门加强社会治安管理,打击针对留守青少年的各种犯罪违法行为,禁止未成年人上网和网络不良内容的传播。可以通过协调各组织间的关系,整合多方

面的资源以增加教育资金投入,促进教育资源均衡分配,妥善解决留守青少年在外地的上学问题。政府部门应加大投入,比如在农村投资建厂,教授农民科学耕种,大力发展科技农业,倘若农村经济好转,农民留在农村发展,将会大大减少留守青少年的数量。

3. 社会层面

营造一个关爱留守青少年的社会环境,对于家庭、学校和政府来说,是义不容辞的责任。只有社会各界共同关注,多方位、多角度地采取相应措施,并建立起一套行之有效的机制,才能使留守青少年受到正常、健全、完善的教育,让他们和同龄人一样健康快乐地成长,进而使外出务工人员更好地服务于中国的现代化建设。全社会应共同努力,比如社会团体和经济发达城市可对口支援乡村,用全社会的爱心让留守青少年得到更健康的成长。

4. 社区层面

举办关爱留守青少年的社区活动,积极推动社区社会工作,给予留守青少年无条件的关爱,弥补家长的缺位,加强留守青少年的社会支持体系,并在经济层面对家庭困难的留守青少年应予资金援助,帮助其完成学业。

5. 学校层面

首先,引进学校社工,设立心理健康课程,向学校教师进行专业培训,引导其增强对留守青少年的关注。社工和志愿者可以利用下午的课余时间,以谜语、模仿、游戏等形式与青少年互动,志愿者则随时关注每名孩子的表现,迅速做好情况记录,进行留守青少年的需求评估。活动中,社工还可以引导青少年谈理想、聊家人等,引发他们的思考。社工和志愿者还可以结合互动活动中青少年的表现,为每个青少年量身定制成长辅导方案。其次,学校开展家校联合活动,对于照顾留守青少年的家长举办讲座,提升其亲职能力。定期对家长及监护人进行专题教育培训,传授青少年教育的科学理念和方法。尽可能向临时监护人介绍一些教育孩子的常识,开展一些座谈会,让他们了解孩子,更好地引导和教育孩子。同时,要充分利用春节外出务工人员返乡的"黄金季节",召开家长会。最后,净化社会环境,加强对学校周边环境的监督管理力度,尤其是网吧、游戏厅、录像厅等,这些不良社会环境对自制力比较差的青少年存在着很大的吸引力,容易使他们误入歧途。

6. 家庭层面

父母多考虑孩子,对外出打工做审慎决定。如果家庭经济确实困难,可让文化程度稍高的一方留在家中监护子女,一般以母亲为主。如果需要父母双双外出务工而祖父母又没有能力照看孩子,父母可在亲戚朋友中为孩子寻找"代理妈妈"。"代理妈妈"可以辅导孩子学习,对孩子进行思想道德教育。在外打工的父母,一定要及时了解子女的情况。一方面利用书信或电话定期与孩子进行交流沟通,让孩子感受父母的关爱、家庭的温暖;另一方面向教师和临时监护人及时了解孩子学习生活等方面的情况。另外,父母都外出务工的,如果条件允许,可带着孩子在打工地接受义务教育。

三、学校社会工作对留守青少年的介入

对于留守青少年较多的学校,可以通过购买的方式引入学校社工,在学校提供基本教育之外,全方位介入留守青少年潜在或已出现的问题。学校社会工作由专业社会工作人员在学校开展服务,这种方式可以为学生提供多种形式的活动,并且可以适当拓展,利用各项资源。具体做法如下。

(1)建立留守青少年档案,定期对其进行家访,对留守青少年加以关注和重视,针对有心理、行为等问题的青少年进行专业的社工服务。

(2)建立健全教师家访和与留守青少年谈心制度。定期召开帮扶教师、留守青少年、临时监护人座谈会,引导留守青少年健康成长。

(3)加强学校与家长和孩子之间的联系和交流,开设亲情电话,让留守青少年的父母知道校长、班主任等的电话。

(4)开展心理咨询活动。重视心理健康教育课,建立心理咨询辅导站。特别

是班主任要及时发现青少年的心理问题,及时排除他们心理上存在的问题,帮他们养成积极向上的心态。

(5) 驻校社工对学校教师进行培训,对于留守青少年可能出现的心理问题、行为进行培训,引导教师使用尊重、接纳、个别化等理念关心爱护留守青少年的学习生活。

(6) 在中小学校普及教职工结对帮扶或学生结对帮扶留守学生制度,建立"留守青少年之家",使留守青少年体会到家庭的温暖。

(7) 每周一次的社工课为学生提供多样化的活动,在活动过程中组建成长互助小组,完善留守青少年的学校同辈群体的支持网络。

(8) 针对有困难的个案,进行深度访谈,与个案建立信任关系,引导其表露自我,疏导其消极情绪,克服其成长过程中的问题,提高其解决自身问题的能力。

(9) 与家庭建立家校合作模式,促成家长、学校之间的联系与合作,与留守青少年家长建立联系,引导建立健康的亲子关系。

(10) 积极开展形式多样的教育活动,营造健康向上的校园文化氛围。在学校举办的活动中,把乡土文化引进课堂,展现留守青少年的长处,帮助他们走出自闭的心理障碍。同时组织留守青少年广泛参加社会实践活动,帮助他们改正不良的观念和行为,树立正确的人生观和价值观。

案例12.1　留守青少年的分析报告

一、基本情况

案主小伟,彝族,14 岁,五年级学生,独生子女。母亲患有轻度精神分裂症。父母在外打工,现跟随外公、外婆居住,成绩不错,和老师、同学相处良好。但看上去很外向的小伟却喜欢说谎,最近又出现偷窃的行为。

二、背景资料

三年前,父亲带着患病的母亲背井离乡,去浙江开了一家牛肉粉店。之后,小伟就住在外公、外婆家里。社会工作者观察到,小伟现在居住的简陋的房间里放着两张木板搭起来的床。据外公、外婆反映,他们觉得小伟是周围同龄孩子中最听话、最懂事的孩子,他经常帮助他们做家务、干农活,学习成绩也一直比较好。

小伟在外婆家有三个好朋友,因为小伟性格很好,大家在一起玩也很开心,但是时间长了,大家发现小伟总是说谎,经常骗他们和外公、外婆。有时候,他明明没有做作业,却说自己在学校就已经做完了;还有时候,小伟会想各种办法骗走他们的零食。这些事情都让他们感觉到小伟是一个爱撒谎的人。

社工从小伟的同学那里了解到,小伟很爱说大话,考试的时候喜欢作弊,甚至还抄其他同学的。最近有同学发现他偷了班上一个女同学放在书包里的10元钱,并告诉了班主任,班主任当着班级同学的面批评了他,还通知了小伟的外公、外婆。

班主任反映小伟在上课的时候是一个表现很积极的孩子,总是主动回答问题,学习成绩也一直很稳定。虽然不是前几名,但是也算中等生。小伟在课上最不受老师欢迎的举动就是爱接老师的话,还总是谎称自己肚子疼而要求上厕所,实际上却是在外面玩耍不上课,最近又发现他有偷窃的不良行为。

小伟在这三年中接受了父母离家赚钱的事实,并且习惯了一个人独来独往的生活,有了困难首先想办法自己解决,解决不了就找老师,实在不行就给父亲打电话,很少与外公、外婆交流。社工在与小伟的对话中了解到,小伟有着很明确的理想和未来规划,是个很有想法,同时也很爱表达自己想法的人。可以看出,小伟有十分强烈的被人关注的愿望。

三、 问题分析

第一,说谎和偷盗问题。小伟是三年前转学到这个学校的,在同龄人群体中,他一直想树立一个骄傲的形象。但是现实又有很多限制,让他无法成为自己想要成为的那种人。于是他开始用说谎来维护自己的形象。但是当同学们都了解他是个什么样的人之后,大家也就都不再被他所说的内容吸引,于是小伟决定用偷东西来引起他人的注意,他个人并没有意识到偷窃带来的严重后果,只是为了引起他人关注。

第二，性格问题。小伟看上去性格活泼，与大多数留守青少年不同，但实际上他喜欢说谎，形成虚假的性格，缺乏对自我的客观认识，其实这是一种自卑心理。

第三，家庭问题。小伟是家里的独生子，在父母没有离开之前，对他十分关爱。但是到了外公、外婆家里，这样的关爱就停止了。外公、外婆年纪大，无法时刻照顾到孩子的心情，所以小伟无法得到自己期待的结果。

四、相关理论

第一，"人在情境中"是社会工作的重要术语，而留守青少年处于家庭、学校、社区、社会的交叉场景之中，由于环境的复杂性、动态变化性，需要社会工作者对他们在实际生活场域中的各种社会关系进行特别关注。

第二，增能理论指导。社会工作者注重案主的能力，从个人层次、人际层次和环境层次为服务对象增能。

第三，优势视角下，坚持青少年与成年人一样，平等享有相同的价值，同时尊重青少年的基本需求和权利。在专业服务过程中，尊重青少年主体，努力激发其发展性；从积极的角度理解青少年成长中的各类问题；尊重青少年的自主选择权利，把每一个青少年视为独立实体加以个别化对待。

第四，家庭结构。结构家庭治疗者认为，问题之所以出现，是由于家庭结构存在异常。因此，可以试图通过改变家庭结构来帮助求助者解决问题。社工通过与全部或部分家庭成员的治疗性会谈以及其他专业技术来协助家庭成员改善家庭关系，建立良好的家庭互动模式，从而从根本上解决整个家庭及其个别成员的问题，促进家庭的良性运转和家庭成员的身心健康。

五、服务目标

第一，心理辅导，使留守青少年更加自信乐观地对待生活。

第二，减少生活中的冲突和不愉快，引导他们正确地学习及生活。

第三，留守青少年能够渐渐自如地、开放地谈论自己的想法，相信自己有足够的潜能去克服学习和生活上的困难,以此提升自我的效能感。

六、服务策略

1. 建立伙伴关系

建立、发展和维系留守青少年和社会工作者双方基于真诚、理解、信任而构建的伙伴关系是做到这一点的必经途径。因此,社会工作者和留守青少年双方应该是一对结伴解决困难的伙伴。在社会工作者介入留守青少年的成长过程中,伙伴关系代替权威关系具有十分深刻的意义。对于个性抗拒排外的留守青少年来说,及时快速地与其建立伙伴关系,化解他们的排斥心理,能够为以后工作的开展创造有利条件。实践证明,爱玩是青少年的天性,采取游戏的介入方法,与留守青少年一起玩他们熟悉的游戏,有利于快速打开局面。

2. 运用同理心

同理心的培养和使用是社会工作介入留守青少年问题的重要方法。在社会工作介入过程中,社会工作者进入留守青少年的内部价值体系,体验留守青少年的感受、情绪和想法,然后再把感受到的"留守青少年的感受"准确传达给他们,让留守青少年认识到同社会工作者之间是平等关系,以消除留守青少年的不信任,并以爱和理解来激发留守青少年的内在抗逆力。社会工作者也可以采用自我披露的方式运用同理心,与其分享自己的困难经历,如此,留守青少年能够渐渐卸下防备,谈论自己的想法,并相信自己有能力去克服学习和生活上的困难,以此提升自我的效能感。

3. 整合多方力量

学校社工与案主所在学校、留守青少年家长联合,利用社会工作专业优势和学校服务平台,将留守青少年家长紧密连接在一起,并与政府及社会力量结合,制定相应政策,加大支持力度,提供有效资源,联合社会力量,为留守青少年提供良好的社会成长环境。

七、社工介入

社工针对小伟的情况进行了个人层面、家庭层面、学校层面、社会层面多方面的介入,促进小伟个人问题的解决和社会环境的持续改变。首先通过社工多次面谈,小伟意识到说谎和欺骗行为不但不能使他获得他人的关注和喜爱,还会让他失去别人的信任。社工还跟小伟探讨了几种合适地表现自我的方法,小伟经过一段时间的尝试,伙伴关系有所改善。另外,社工也联系了小伟的父母,跟他们沟通了小伟的情况,小伟父母抽出时间回家看望他,并提出要为小伟办理城市入学的手续,尽可能带他到城市生活。社工也积极联系了学校的老师和同学,向他们说明了小伟说谎和欺骗行为背后的原因,争取老师和同学们的谅解,给予小伟更多关注和关心。经过一段时间的观察,小伟的老师反映小伟不再有欺骗行为,说话也不那么夸张了。最后,社工与小伟所在村委会联系,动员村民平时多关注小伟家的状况,及时帮助小伟的外公外婆处理问题,无法处理的问题及时反映给村委。

§思考和练习

1. 什么是留守青少年?
2. 留守青少年存在的问题及其成因是什么?
3. 学校社会工作如何介入留守青少年问题?

§小组讨论

1. 社工应该以怎样的角色介入留守青少年问题?
2. 社工如何引导监护人预防留守青少年出现问题?

第十三章　新市民子女与社工介入

　　通过对新市民子女现状及问题的认识,了解形成新市民子女融入困境的成因,并从治疗、预防和发展三个角度,运用社会工作的介入方法,帮助处在青少年阶段的新市民子女更快融入城市社会,建构和谐的社会关系。

本章要点

■ 新市民是农村进城务工人员、城市下岗人员和兼职的异地在校大学生等群体的集合。新市民子女随城市化发展而产生,是一个被城市边缘化的特殊群体,他们跟随父母从农村来到城市后,在学习、生活、人际交往、心理上融入城市社会需要一个过程。其中,教育和社会融入成为能否扎根城市的关键。

■ 新市民城市融入成为当前社会转型期对社会发展具有深远影响的社会现象,并面临一系列的问题,其中包括心理适应不良、人际交往不适、在校表现不佳、生活习惯差异、休闲生活不足等问题。

■ 新市民子女融入问题的成因分为四个方面:自身因素,包括心理失衡、价值观混乱、社会交往受限制、新市民子女的课外活动不丰富等;家庭因素,包括物质生活条件较差、收入水平较低、家庭教育较弱、亲子关系疏远等;同辈群体的边缘性因素影响较大;学校因素,包括教育针对性不强、忽视心理健康教育、教师失范、学校教育和家庭教育之间脱节等。

■ 社会工作对新市民子女的介入，分为预防、治疗、发展三个层面，预防性介入从
完善法律制度、合理配置资源，利用新媒体、加强宣传教育，政府统筹主导、社
会力量参与，协调各方力量、重视家庭教育等四个方面进行。治疗性介入从个
案、小组、社区三种工作方法进行有效介入。发展性介入需要通过赋权与增能
的方式来促进新市民子女及其家庭能力的提升。

第一节　新市民子女概述

　　新市民群体是城市中一类特殊人群，他们伴随城市化而生，在城市融入的过
程中面临一系列问题，其中子女的教育和社会融入成为能否扎根城市的关键问
题。以助人自助为理念的社会工作的介入对提高他们自身技能和认知，消除新
市民和市民之间的隔阂，更好地融入城市生活十分有益。

一、新市民子女的概念界定

　　新市民是农村进城务工人员、城市下岗人员和兼职的异地在校大学生等群
体的集合。新市民是中国城市建设的主力军，他们为城市的现代化建设流血流
汗，立下了不可磨灭的功劳，理应享受与城市居民同等的权利和待遇。但由于历
史原因，他们一直戴着"外来者""农民工"的帽子，难以得到平等公正的待遇。近
年来为提高进城务工人员的社会地位，使他们享受与市民平等的待遇，将进城务
工人员改称为"新市民"，其子女称为"新市民子女"。换言之，新市民子女是指跟
随进城务工家长一起进城生活并在城市中接受教育的子女。教育部公布的
《2011年全国教育事业发展统计公报》显示，2011年全国义务教育阶段在校生

中,进城务工人员随迁子女共 1 260.97 万人,这较之于 2010 年增加了 93.79 万
(张婷,2011)。同他们的父辈一样,这个特殊群体在经济上已脱离了土地农作的
束缚,生活与社交环境也逐渐从农村熟人社会圈向半熟人或陌生人社会过渡,城
市社会融入是他们的最终归宿。当面临农村与城市文化冲突时,这种冲突所带
来的迷失感很可能使他们沦为城市中的边缘人,为城市和谐稳定发展带来隐患。
据教育部统计,截至 2015 年年底,全国义务教育阶段的新市民子女达 1 367.1 万
人,占全国义务教育阶段在校生总数的 9.76%。其中,进入公办学校就读的比例
达 80.4%(戎庭伟,2014),这表明目前中国以公办学校为主接收新市民子女就学
的格局已经基本形成。然而,入学机会的均等只是做到了教育起点公平,这些新
市民子女在"进得来"城市公立学校后,生存和融入却存在许多困境。

二、新市民子女的常见问题

1. 心理适应不良

在城乡文化差异的语境下,新市民子女进入城市公立学校读书,其实质是获取
身份、建立新的自我认同的过程。大多数新市民子女的自我认同处于认为自己是
"外地人"的防御性认同,在社会认同上呈"内卷化"态势(戎庭伟,2014)。虽然在没
有见过世面的同龄人面前认为自己是城里人,然而在城市有太多的现实压抑着他
们,无法将自己认定为城里人。现存的户籍制度和教育制度限制了他们向上流动
的机会,最终新市民子女只能进行"外地人"这种消极的、否定性的身份认同。这种
认识上的偏差,容易导致新市民子女形成自卑、怯懦、攻击性强等性格特征。来自
国家二级心理咨询师董汪洋"新市民子女夏令营"四年的观察,在新市民家庭中,约
有 10%的孩子会出现大大小小的心理问题,比率稍高于普通家庭的孩子。

2. 人际交往不适

因为自我认同为外地人,新市民子女自然而然与城里的孩子形成了隔阂,在
与同学相处中常有冲突,无法融入集体生活中。他们往往感觉自己被家庭所忽

略,道德情感冷漠,慢慢地开始自我封闭,不愿与人交往,时间久了,情感变得冷漠。这些情绪容易导致新市民子女产生对城市感知的消极心理,对城市人产生脸谱化的认识,使他们对城市人敬而远之或存怨恨心理,甚至进行贬低乃至污化。一旦遇到不平等,有时会直接采取一些比较激烈的对抗行为,以此来直接或间接地表达他们的不满或平等诉求。

新市民子女表面上表现出很听父母和教师的话,没有越矩行为,但其内心并不认可周边环境中的道德行为与规范。同时,他们道德意志薄弱,行为出现偏差,对于是非善恶缺乏正确的道德判断,有时甚至会出现混淆或颠倒。

3. 在校表现不佳

由于敏锐感知到了"城市人"对自己的歧视,新市民子女在心理上普遍存在着自信心不足、自我评价偏低、自卑、自闭、压抑等心理特征;又因为学习基础差、能力弱导致自信心不足和成绩落后,产生厌学情绪;与此同时,他们对前途发展的担忧导致他们焦虑、难以安心学习。

4. 生活习惯差异

新市民子女处在城市社会的边缘和底层,他们往往住在社区卫生条件差和拥挤的房间,缺少父母照料,饮食不规律。一些孩子营养不良,感染疾病,还有一些甚至遭受家庭暴力。相对于那些在父母严格管控下成长起来的城市青少年,新市民子女的行为则相对自由散漫、不守规矩。在衣着、卫生、语言及饮食习惯、学习习惯、生活规范等方面容易与城市青少年产生冲突。

5. 休闲生活不足

新市民子女习惯了紧张的学习节奏,不能主动地去安排和利用休闲时间,而是被动地接受父母与教师的休闲安排。因此,他们的休闲生活缺乏合适的动机,且缺乏重视与指导,呈现出"孤独"趋势和无人问津的状态。一旦时间充足,他们会对多出来的时间感到不知所措,在毫无意义中度过。他们的休闲认知淡薄,且缺乏休闲技能,休闲活动主要以娱乐消遣性内容为主,而进行丰富知识、增长见识、有利于自身发展提高的活动的青少年所占的比例不高。

三、社会工作介入新市民子女社会融入的必要性

新市民城市融入成为当前社会转型期对社会发展具有深远影响的社会现象,并面临一系列的问题。如何适应新市民城市融入的现实需要,建构面向未来的新型社会服务和社会管理范式,是亟需研究的重要课题。

社会工作的介入为新市民子女融入提供了理论准备与实务基础。社会工作者秉持专业价值理念,把新市民视作从农村社区向城市社区进行社会迁徙的价值个体,并协助那些陷于困境和危机的新市民挖掘潜力,培养城市归属感和荣誉感,通过推动新旧居民社会互动,帮助新市民顺利实现城市融入。

社会工作具有介入新市民子女城市融入的专业优势。作为一种专业的服务工作,从调研、评估服务对象的需求开始,运用专业方法和手段,针对新市民子女城市融入过程中出现的问题,以新市民子女为中心,从本体的视角考虑问题,充分发挥在困难救助、人文关怀、心理疏导、关系调适等方面的专业优势,为有需要的新市民及其子女提供专业服务。

社会工作不仅重视新市民子女个体的认知发展,而且重视新市民子女对城市社区适应能力的提高,以新市民子女个体发展与城市融入的顺利实现为最终追求,从而提高新市民子女城市融入的效率。社会工作者通过与新市民子女之间的沟通与交流,增强城市融入的针对性与新市民的主体性,使城市融入的推进在淡化强制色彩的同时增强自觉融入的效果。

第二节　新市民子女融入问题的成因分析

新市民子女是一个被城市边缘化的特殊群体,他们跟随父母从农村来到城

市后,在学习、生活、人际交往、心理上融入城市社会需要一个过程。而在这个融入过程中出现了诸多问题,幼小的心灵在融入过程中承受着巨大的负担,渐渐形成了自卑、逆反、封闭、仇视等不良心理。而新市民子女本身、其父母和学校以及社会等周围环境都是导致这些问题出现的重要因素。

一、新市民子女的自身因素

1. 心理失衡

新市民子女自身往往在完成学习任务之余,也肩负着分摊父母劳动的担子,很少去考虑如何跟城里的孩子一样去主动吸收城市文化,了解城市的资源,并主动融入这一个城市中。即便住在城市之中,他们仍然是城市社区活动的旁观者,实际上仍然徘徊于城市的边缘,以至于不能被城市接纳,甚至有时被孤立。因而他们在无人关爱、缺少朋友、处处遭受冷遇的情况下,很容易形成内向、自卑、孤僻的性格,时间久了产生偏激性格,成为问题少年。

2. 被标签化

与同龄的城市孩子相比,新市民子女少了许多娇气,在生活上能吃苦,动手能力强,热爱劳动。但在城市学校,这些优点却成了城市孩子歧视农村孩子的理由,"憨""傻""笨""脏"是城市孩子对大多数农村孩子的评价,于是在学校便形成了两个天然的隔膜很深的阵营。新市民子女在班级中被孤立、忽视和歧视,因此他们对人生观、价值观产生了质疑,也进而导致行为上无所适从。

3. 社会交往受限制

新市民子女生活圈子相对较小,活动空间较为狭窄,往往是限于父母、教师、同学这一圈子,这就限制了他们的生活轨迹,同时也局限了他们的眼界。城市孩子有共同的话题、共同的信仰、共同的价值观念,而新市民子女因身份、地位、家庭背景、生活方式的不同,没有很强烈的归属感,不能与城市子女正常交往,出现边缘化现象。

4. 新市民子女的课外活动不丰富

大多数新市民的居住条件并不理想,他们的住所及其周围并没有充足的活动场所及健身娱乐设施,同时繁重的工作之余属于个人的时间所剩无几,没有精力和体力去陪伴孩子开展有教育意义的课余活动。有研究显示,新市民家长对休闲时间的安排主要是做家务,占休闲时间的 43.6%,从侧面说明新市民子女的课余活动结构不合理且内容充实度不高。课外活动的匮乏和单一会导致新市民子女缺乏对生存环境的归属感,而在自我意识飞速发展的高年级阶段,更会影响孩子自信心和自我调适能力的发展。

二、家庭因素

家庭是一个系统,家庭中每个人都有自己的角色,并相互影响。新市民子女生活的家庭是处在城市社会边缘的群体,对其社会融入影响较大。

1. 居住环境较差

新市民子女大多居住条件较差,往往都是十分拥挤的空间,无法拥有健康舒适的居住环境,且安全系数较低。此外,居住地人员复杂、人员流动较大。这些因素对新市民子女的健康成长十分不利。因为根据科尔曼和布彻·卡森的报告,有五种家庭特别不利于孩子的健康成长,包括不充裕家庭、动荡家庭、反社会家庭、虐待家庭和不完整家庭(缪建东,1999)。大多数新市民家庭是典型的不充裕家庭,对新市民子女的发展的影响较为明显,小时候环境的影响一定程度上决定了他们的观念和心理。

2. 收入水平较低

新市民收入水平较低,而身处城市这一高消费的社会环境,其交通、住房、饮食、衣着等生活成本都比农村高,这也大大制约了他们在子女身上的经济投入。新市民子女在衣着、饮食、学习用品、居住条件等方面都与城市青少年有着较大差别,使其无法在城市的同龄人中找到自己的位置和归属感,进而产生落差和失衡心理。

3. 家庭教育失当

对新市民子女而言,其父母面临着巨大的生存压力,工作时间长,劳动强度大,无暇顾及子女的教育。再加上他们本身文化知识水平和自身修养普遍不高,对子女的教养方式不够民主,不能给孩子应有的情感关怀和理解,存在着明显的强制性,忽视子女的主体性、能动性。父母也常常无意识地把自己的苦闷、痛苦发泄到孩子的身上,忽略了孩子的心理感受,使孩子承受了巨大的心理压力,从而导致人格发生变化。也有一部分家长把所有的希望寄托在孩子的身上,但是他们又不重视地区教育的差异,频繁转学,给子女的学业带来困境。不切合实际的要求不但不能促使子女体会成功的快乐,反而会使他们产生厌学的情绪,有的甚至选择逃学。

4. 亲子关系疏远

亲子关系相对疏远,使新市民子女内心缺少理解与关爱,他们感觉不到父母对自己的关爱。在子女与父母意见产生分歧时,有的父母通过利用自己的家长权威来使子女服从,采取粗暴简单的"棍棒教育"。当新市民子女产生道德困惑时,父母缺乏耐心和倾听,丧失了心理交流的机会,导致他们容易产生自卑心理,性格变得内向孤僻,并伴有焦虑情绪。

三、同辈群体因素

新市民子女进入城市后,其同辈群体发生了变化。新市民子女有着两类同辈群体,即城市本地孩子和有着相似迁移背景的新市民子女。由于身份、地位、家庭背景、生活方式相差不大,同为新市民子女的群体很容易形成归属感,这一同辈群体对青少年社会化有较大影响。但以新市民子女为主体的同辈群体带有很强的边缘色彩,同辈群体的边缘性不利于新市民子女与城市本地孩子的正常交往,只会强化他们自身的边缘化地位,甚至造成新市民子女之间不良行为习惯的相互传染。

四、学校因素

1. 教育针对性不强

在中国现阶段,大多数学校把知识传授放在第一位,教育异化为考试,这极大地影响了新市民子女道德品质的健康发展。新市民子女作为社会生活中的弱势群体,其道德教育应区别于城市学生,而学校没有注意到这个群体的特殊性,致使新市民子女的道德教育一直处于从属地位。而这对于新市民子女的成长也有较大的影响,使新市民子女的道德品质的发展和问题的解决总是出现偏离,无法得到更好的处理。

2. 忽视心理健康教育

新市民子女在出现心理困惑时,找不到合理的情绪疏导出口,长此以往,心理问题导致行为出现异常。大部分学校没有针对新市民子女的心理建立辅导平台,更没有专职的心理教师,而新市民子女容易产生情绪低落、孤独(抑郁)倾向、自卑(自责)心理,这些心理异常会影响新市民子女的健康成长,容易导致新市民子女出现社会越轨行为。

3. 教师失范

在青少年时期,学校和教师的教育作用逐渐超过了家庭和家长的作用,而成为青少年社会化最重要的社会环境因素。在现实的教育活动中,一些对新市民子女存有偏见的教师在处理城乡孩子的争端时,容易偏袒城市孩子;在教学上忽视新市民子女;在语言上没有顾忌到新市民子女的自尊心。另外,因为城乡学习进度不一样,新市民子女的学习基础薄弱,不可避免地会影响班级和整个学校的教学质量,对教师和学校的业绩考核会有所影响,导致有些教师流露出不乐意的态度,或说出鄙视的语言。学生心目中最重要的人就是教师,教师的排斥也会使新市民子女遭受心理重创。

4. 学校教育与家庭教育脱节

学校无法真正了解新市民子女的生活环境及内心世界，也不利于新市民及时掌握自己子女的在校情况。学校与家庭沟通不足，使两者相互推脱责任，在这样的情况下，新市民子女道德培养必然会出现问题。

第三节　社会工作对新市民子女的介入

一、社会工作对新市民子女的治疗性介入

1. 理论视角

（1）生态系统理论。

生态理论把人类成长的社会环境（如家庭、机构、社区）看作一种社会性的生态系统，强调生态环境对于分析和理解人类行为的重要性，聚焦于情境、个体及两者间的复杂互动关系，注重人与环境间各系统的相互作用及其对人类行为的重大影响。生态视角下的社会工作实务将关注点放在社会互动过程和新市民子女与其周围环境之间的交流上。由此可知，新市民子女的社会适应不是其单独个体的事件，而是受到多层系统的影响，从微观系统的个人，中观系统的家庭、学校、同辈群体等，到宏观系统的价值观与社会意识形态等。

（2）社会学习理论。

借鉴班杜拉在《社会学习理论》中提出的"观察学习"。班杜拉认为学习者可以将自己观察到的行为与自己原有的经验结合在一起，从而达到增长经验的效果。新市民子女通过参与小组工作，在小组的过程中，通过观察学习社工提供的经验、方法以及从其他组员那里习得经验，可以提升自己的人际交往能力和技巧，形成良好的同辈交往模式。

(3) 人格发展理论。

埃里克森指出青少年时期容易出现自卑情绪的困扰,在这个阶段,青少年掌握知识、能力以及学习相关的行为准则,通过达成一定的目标获得满足感,并追求更高的进步。在这个过程中,若是能得到肯定和鼓励,就能激发勤奋感;若是没有完成目标,就会产生自卑感。新市民子女由于心智没有完全发育成熟,本来就会出现问题,在面对新的环境时,会表现出无所适从、角色混乱等,会增加其出现问题的可能性。社工要帮助新市民子女对自我有正确的认识,开展换位思考等活动,使他们在处理新同学、新朋友的关系上能处于理性的位置。

(4) 优势视角理论。

优势视角强调优势是第一位的,问题本身是第二位的。优势视角的基本信念包括:第一,赋权。赋权集合了五个方面的理念:新市民子女与社工之间的合作关系;强调新市民子女的潜在能力和优势;关注新市民子女的个人、家庭及其环境方面;视新市民子女为具有积极行动能力的个体;从关注个人角度扩大或应用到同类弱势人群。第二,成员资格。优势视角的成员资格不仅承认服务对象的成员类型,包括其作为成员所拥有的尊严、权利等,而且认为成员应享受公正的待遇,受到公平的重视。第三,抗逆力。这是当一个人面对困境时能够做出积极的正向选择和处理方法的能力。在不断的研究和探索中,研究者发现人们在遭遇严重困难时会反弹,在逆境中拥有克服困难、解决问题的能力,这种能力超乎我们的想象。第四,对话与合作。在对话中,我们了解并承认他人的重要性,同时对个人与他人、他人与制度、他人与制度之间的争议进行交流协商,弥补缝隙(全国社会工作职业水平考试教材编写组,2007:309—310)。

2. 介入方法

(1) 个案工作。

新市民子女面对心理困惑时,往往因为找不到合适的倾诉对象,才导致偏差行为的产生。个案工作针对新市民子女的各种困境,通过运用直接或者间接的治疗技巧,减轻新市民子女的内心冲突,调整自己的人格,掌握人际交往技巧,改善新市民子女的周围环境,促进他们更好地融入社区、融入城市。

第一,对新市民子女进行心理疏导。针对新市民子女角色矛盾和心理困扰,采用人本治疗模式,利用倾听、同感、接纳和无条件的爱等技巧,让孩子打开心扉、自我倾诉,并在放松的环境下感受自己内心的冲突,领悟自己的真实状况,忠实于自己。从而使其调整自己的行为,接纳周围环境,为建立社会支持网络提供接受条件。

第二,改善亲子之间的关系。面对新市民子女家庭中出现的亲子关系不和谐问题时,首先要引导家庭成员认清问题不在人身上,而是在家人之间的交往方式上,使其不断思考自己的行为对他人的影响,从而建立父母与子女之间良好的沟通方式。另外,家庭成员间的互动往往是长辈对晚辈的影响较大,父母应以身作则,并以合理的教育方式,给予子女正确的引导。通过介入新市民子女及其家庭,运用家庭治疗方法,改变其对家庭的看法,改善家庭结构,实现新市民子女自我与客观的一致,消除自我认同的矛盾,实现家庭成员之间的良好沟通,融洽亲子关系,建立家庭成员间的支持网络。

第三,采用理性情绪治疗。理性情绪治疗模式的理论基础主要包括该理论对于人的哲学假设、人性假设、ABC性格理论以及日常生活中的主要非理性信念等。人天生具有理性和非理性两种信念,理性是人们成长和创造的保障,非理性则导致人们陷入情绪困扰。有效的帮助方式能使服务对象克服各种非理性信念,最终使服务对象的情绪和行为困扰消除,帮助服务对象形成一种积极的理性生活方式。新市民子女陷入身份认同的边缘,不利于他们融入城市生活,无论是在学校学习还是人际交往方面,社工应通过情绪疏导以及理性情绪的建立,让新市民子女可以对自己有一个新的认识,更好地融入城市以及学校生活。

第四,采用行为主义模式。行为主义模式的基础是人的行为主要取决于外部环境,以反应学习、操作学习、观察学习、认知学习四种学习形态为指导原理,在社会工作者的指导下让服务对象不断重复期望行为,渐渐消除问题行为,同时树立一个榜样,让服务对象学习正确的行为模式等,助力服务对象问题的解决。

帮助新市民子女通过各种方式的学习更好地融入城市、学校生活。让新市民子女渐渐磨去胆怯、自卑等消极心理以及其反射的行为,让他们可以充满信心地迎接新生活。

(2)小组工作。

小组工作的介入以人际间的互动为基础,通过专业小组活动来恢复和增强个人、团体的社会功能。可以通过举办各种生存技巧训练小组、学习兴趣小组、城乡同龄人共融互助小组等,教授新市民子女城市日常生活中行为方式等新生活技能。通过小组中的角色扮演使新市民子女进行角色体验,鼓励其学习城市同辈群体的行为,内化现代城市的价值理念,逐步建立适应城市生活的生活方式。实现新市民子女与城市子女间的接触互动,增进彼此的联系,加深了解,改变对彼此的不良印象。这种友好的团体环境使他们能够互相欣赏、互相帮助、互相进步,缩小彼此之间的差异,进一步深化新市民子女的城市认同感。在这一过程中,同辈群体间还可以建立相互支持网络,形成长效发展机制。

(3)社区工作。

社区是新市民子女学习、生活和工作的主要场所,是新市民子女继续社会化的重要环境。面向当地社区居民进行思想宣传教育,使其逐步形成对新市民子女的尊重意识;面向新市民子女,开展丰富多彩的社区活动,鼓励新市民子女走出家庭、走向社区、走进邻里,增加其与当地子女的互动,建立良好的邻里关系,形成社区认同感,实现社区网络的支持。

通过推动全体居民共同参与解决新市民子女城市融入问题的活动,提高新旧居民的参与意识和能力,增强城市社区凝聚力,特别是增强新旧居民的互助意识,从而提高全体社区居民相互协作解决城市问题的能力。通过举办活动,争取社会资金、物质、人力等,为本社区新市民子女服务建立多元化的、互构共建的社区管理模式。

除此之外,还要积极引导家庭和社区与学校之间的沟通。一方面,可以将学校活动引入社区,让社区感受学校教育的力量;另一方面,将新市民子女家庭带入学校,开展联谊交流。通过"引进"与"走出",实现彼此间的互动,使新市民子女不断增强对社区和学校的认同感。同时,家庭与学校间建立联系,加强家校沟通,形成相互支持的网络,为新市民子女构架起成长的空间,促进其对城市生活和学习的融入(蒋新红,2015)。

二、社会工作对新市民子女的预防性介入

1. 完善法律制度,合理配置资源

注重教育资源的配置与教育手段,教育资源的合理配置首先要明确政府责任。呼吁政府适时建立超越户籍的社会保障体系,尽快出台涉及新市民子女的相应法律法规,切实维护新市民子女的合法权益,为新市民子女的健康成长营造一个和谐的家庭与社会环境。

2. 利用新媒体,加强宣传教育

为推进新市民子女的城市融入健康有序进行,增强宣传效果的影响力和渗透力,要突破主要依托常规宣传平台的传统模式,更多地利用新型传播媒体,通过新闻网站、专题微博、项目微信、电视专题新闻报道、大型社会电子显示屏、公交移动电视等,对新市民子女的城市融入进行立体多元的宣传报道。这些新媒体内容丰富、形式新颖、受众面广、通俗易懂、易于接受。通过这些新媒体全方位、多角度的宣传,最大限度地扩展宣传范围,进一步统一认识,整合资源,提升新市民子女城市融入的整体水平。

3. 政府统筹主导,社会力量参与

由政府统筹主导,对新市民子女的城市融入问题进行整体规划,组织引导社区居委会、专业社工组织、其他社会组织及驻辖区单位等参与推进新市民子女的城市融入活动。为广泛吸引社会力量参与推进新市民子女城市融入活动,由政府以免费或低租金形式,为那些帮助新市民子女城市融入的机构建设提供场地,进行补贴,落实优惠政策。组织协调政府工作人员、社区工作者及其他志愿者,

特别是专业社会工作者,广泛开展融入疏导、教育辅导、市民互动等政府公共服务及志愿服务。对有明显心理障碍、行为失范,家庭生活困难的新市民子女等重点帮扶对象,由政府统筹协调,统一委托专业机构专项实施,提供专业化的服务。

4. 协调各方力量,重视家庭教育

政府有义务协调学校、社区、专业社会工作机构以及其他社会组织,通过各种方式指导新市民子女的家长树立正确的教育观念,引导他们认识让子女培养健全人格和不断完善自我的重要性,为孩子的成长营造良好的家庭环境。

三、社会工作对新市民子女的发展性介入

新市民子女对新环境的接纳(对新文化的服从、同化与内化的过程)是循序渐进的过程。对城市生活的融入过程既是一个政策引导的过程,也是一个青少年继续社会化的过程,青少年在这一过程中既是作为一个客体,也是作为一个主体存在的,能力建设是此群体发展层次中的重要一环。

社会工作者需要通过赋权与增能的方式来促进新市民子女及其家庭能力的提升。社工要以平等、合作、互助的伙伴关系介入。首先,应该意识到每个新市民子女都有各自的优势和能力,有解决困难的能力,只是这种能力被问题的表象掩盖,这就要求社工充分挖掘新市民子女的潜能优势,多劝解、多鼓励,而非从问题视角出发寻找服务对象的缺点和不足。其次,整合新市民子女的优势资源,包括个人优势和环境优势,提升其自信心和战胜困难的勇气,激发抗逆力,在介入中赋权。在社区通过运用社区资源,组织、教育、参与、协调和自助互助等策略,依赖于社区意识的凝聚和提升,发展性社会工作可以通过社区各种活动的举办(大型社区拓展活动、社区探访活动、文娱趣味活动、同龄人游戏活动、社区室内小组活动等)增加相互了解及互助合作的机会,最终发展出社区成员共同的价值观和意识,形成社区意识。在社工活动的过程中,新市民子女与社区原有青少年形成连接,增加了对同辈群体以及社区的认同、与邻居以及朋辈群体的沟通,有

效增加了新市民家庭及其子女的社会支持网络,逐步在陌生环境中搭建起新的资源网。最后,引导其付诸必要的行动,切实走出困境。

案例 13.1　新市民子女的分析报告

一、基本情况

案主丽丽,女,14 岁,六年级学生。丽丽在 2013 年跟随父母来到新城市并转入当地继续上学。

二、背景资料

丽丽家属于农业户籍,家庭一共四口人,丽丽是姐姐,家中还有一个弟弟。父母在工地上工作,丽丽跟着爷爷奶奶在家乡生活。后来父母认为城市学校的教育好,便将丽丽带到城市生活和上学。家里的经济不太宽裕,加上丽丽的爷爷奶奶都需要照料,所以生活很拮据。丽丽的父母总是因为一些经济问题吵架,甚至因为此问题闹过几次离婚。父亲回家后基本不监督丽丽的学习,丽丽的学习也很少得到辅导。由于丽丽在转校后成绩一直下滑,父亲还因此打了丽丽很多次,并辱骂她笨。后来父亲形成了丽丽的学习成绩总是很差的刻板印象,觉得她什么作业都不会做,即便丽丽答对了,她父亲也认为是蒙对的,或者是在学校抄同学的。

三、问题分析

第一,案主跟不上学习进度和老师讲课的节奏,学习成绩下降。

第二,亲子关系紧张,家长总是因为学习的事情责骂案主。

第三,案主在学校没有朋友,感到很孤单,难以正确处理同学关系、适应学校的学习和生活。

四、服务目标

第一,主动引导案主逐步和新老师交流,增加师生感情,并主动向老师询问不懂的问题。

第二,纠正案主的学习态度,提高其学习动力、积极性、主动性。

第三,通过与家长的会谈,提高父母对孩子的关爱和辅导。

五、介入技巧

1. 鼓励与再保证

个案工作会谈中最常用的工作方法就是鼓励,特别有用的是对自信不足的案主,鼓励可以提高案主解决问题的能力。案主的优势和潜能往往是社会工作者通过用一些鼓励、表扬的方法来挖掘的。其中,鼓励是最常用到的,对案主所获得的进步和改变的肯定往往通过表扬与赞许来实现。如能选择适当时机,社工能够帮助案主增加信心与希望。

2. 改善自我对话

自己给自己的信息叫作自我对话,所有人都有关于自己的内在世界的理念,这种理念是否符合客观事实都称为自我对话。社工帮助案主纠正他们对现实的认识,从而改善自己的社会行为。它的作用是帮助案主重新认识并改变案主的不良行为。

3. 空椅子

"空椅子"是家庭治疗中运用的重要技巧,有时也称"双椅"技巧。它的作用是澄清个人与个人之间的冲突,或者澄清自身内心的冲突。通过"空椅子"技巧,能够从另一个角度让案主看到其真实的冲突以及知道为什么他们会那样去感觉与表现。

六、介入过程

1. 第一次会谈

社工在研究的初期阶段,通过与教师的沟通以及自己的仔细观察,发现丽丽有很多不正常行为,刚开始常常见丽丽自己一人在学校里走来走去,而且总是在刚下课的第一时间走出来。后来一次偶然机会,看到丽丽独自一人在校园的花台上大声哭泣,当时很多同学很冷漠地围观,却没有人去劝解,于是社工上前去把丽丽扶了起来。丽丽当时心里感觉到很温暖,社工认为这是接案的适当时机,于是表明身份,并表示愿意对丽丽所遇到的学习适应问题及困难提供帮助,运用会谈技巧、建立关系技巧、讨论技巧和影响技巧等社会工作专业技巧以及有目的的情感表达、适度的情感介入、非批判的个案工作原则获取了丽丽的信任,与丽丽建立了专业社会工作关系,并约定了下次会谈的时间及地点。

2. 第二次会谈

丽丽表达出目前遇到的学习适应方面的问题,社工帮助案主挖掘其潜能及优势资源来鼓励她。在与丽丽第二次会谈之前,社工和丽丽的老师进行了深入的沟通,表示想运用社会工作的方法帮助丽丽并对像丽丽这样的随迁子女遇到的学习适应问题进行个案工作介入研究,坚守社工"利他主义"的基本精神,为需要帮助的学生提供服务。丽丽的老师也表示很高兴社工提供这样的帮助,希望社工能够真正解决随迁子女的学习适应问题,并愿意提供每周一节课的时间给社会工作者。于是社工在活动课期间与丽丽进行了第二次会谈。会谈的主要内容就是和丽丽共同确定学习适应的具体问题——在转入新学校之后出现的学习困难。丽丽很高兴和社工一起探讨最近遇到的学习困境以及出现的一些困惑。第二次会谈的最后,丽丽主动询问社工,以后是否可以与社工交朋友。

3. 第三次会谈

根据第二次会谈时的约定时间及地点,这次丽丽主动在活动课期间来找社工开展个案。根据个案工作的六大具体介入过程与步骤,本次会谈的主要目的是与丽丽共同制订具体目标与服务计划。社工在与丽丽沟通后,运用案主自决、个别化原则、保密原则与她一起确定了个案工作的目标:(1)主动引导案主逐步和新老师交流,增加师生感情并主动向老师询问不懂的问题。(2)试图从丽丽周围的资源入手,让同学们愿意和丽丽一起学习、互相帮助。(3)纠正丽丽的学习态度,提高学习动力、积极性、主动性。(4)改进案主学习方法,鼓励丽丽课前预习,上课听讲,课后复习。(5)提高父母对孩子的关爱和辅导。

4. 第四次会谈

这次会谈的主要任务是个案实施,是整个个案工作的重要环节。根据与丽丽共同制订的服务计划,这次会谈的主要任务是鼓励她遇到不会的问题主动问老师。通过社工与丽丽的沟通,引导她不要害怕老师,正面看待老师询问的问题。丽丽表示自己很自卑,不敢看老师,怕老师责骂自己。社工告诉丽丽,老师很愿意帮助和指导她。社工通过有目的的情感表达以及适度的情感介入,增加了丽丽的自信心,开始觉得老师并不可怕。与此同时,社工与丽丽的老师进行了会谈,希望丽丽的老师也可以做出改变,积极帮助和关心随迁子女,丽丽的老师表示愿意配合社会工作者去帮助丽丽获得自信。在与丽丽会谈时,丽丽也表示自己有很多学习问题不会也不敢问老师,怕老师责骂自己。母亲意识到问题的严重性,表示愿意做出改变,鼓励丽丽向父亲请教问题,同时会说服丽丽的父亲好好辅导孩子的功课,对丽丽多给予鼓励和表扬。同时,社工向丽丽的母亲说明丽丽在社工介入后学校学习的表现以及变化的过程,丽丽母亲表示很高兴,觉得自己的孩子是可以得到改善的。

5. 第五次会谈

此次会谈的任务是巩固已有的专业关系,并考察丽丽通过一次个案实施的变化过程。社工与老师沟通,老师很欣慰地说,"丽丽在昨天下课期间主动与我说话了"。社工与丽丽会谈,丽丽表示,老师好像不是那么可怕,而且老师好像对其很关心,并表示愿意下次问老师一些不会的学习问题。丽丽的这种变化过程也是对社工个案工作的肯定,社工表扬并鼓励丽丽下次要主动问问题,从而提高学习适应能力。此次会谈的另一个重要任务是挖掘丽丽的家庭资源,希望通过丽丽父母的学习辅导,提高丽丽的学习适应能力。丽丽说,自己转校后,听不懂老师讲课的内容,做作业也总是错,遇到错的问题也不敢问老师和同学,学习成绩显著下滑,回到家里找父亲指导学习时也常受到父亲的责骂。社工对此积极引导丽丽要和家长搞好亲子关系,不会的问题主动询问父母。

6. 第六次会谈

本次会谈的主要任务是和家长进行沟通。社工与丽丽的母亲约好时间和丽丽一起去家里会谈,此次会谈地点选择丽丽的家。社工与丽丽的母亲沟通后,丽丽的母亲表示,自己的教育水平只是小学毕业,加上平时的时间主要还得打工和照顾一家人的生活起居,所以都是丽丽的父亲辅导丽丽的功课。但丽丽的父亲脾气不是很好,打工也很累,回到家后辅导丽丽的作业时总是对丽丽发脾气。久而久之,孩子也不问她父亲问题了。

7. 第七次会谈

社工与案主在这次正式会谈前有过两次见面。两次都是在课间活动时,由于服务计划的需要,应与同学建立良好关系以辅助丽丽学习,进而提高学习适应能力。因此,利用此次机会,社工鼓励案主丽丽积极参与课间活动,和同学一起玩游戏。在得到社工的鼓励后,丽丽勇敢地走到活动地点,但是她并没有参与,只是观看了同学们的游戏。在第二次课间活动时,社工决定利用机会继续鼓励丽丽,这次比较成功,丽丽参与了进来,虽然只是几个简单的动作,但是是进步的表现。所以本次会谈,社工首先鼓励和表扬了丽丽的进步,并且奖励了丽丽两本精美的笔记本。

本次会谈的内容是和同学之间增进同学感情,在学习上互相辅导,共同进步。对丽丽进行积极引导,鼓励丽丽遇到不会的学习问题问同学,并和同学建立良好的朋友关系。在前两次的实施后,丽丽很高兴地表示没问题。通过丽丽的具体变化,可以证明丽丽的学习适应能力有了逐步的提高,自身能够发挥优势,主动询问同学问题。与此同时,由于社工的个案服务,应注重丽丽的依赖表现,向她说明快要结案了,让她有思想准备,不依赖社会工作者。

8. 第八次会谈

根据丽丽的改变及服务计划的需要,此次会谈地点选择在室外。选择在室外的理由是丽丽已经初步成功,并且室外的氛围较为轻松。和丽丽刚一见面,她表现出很轻松的样子,告诉社工,和同学、老师以及家长的关系都很好,他们都帮助了自己很多,现在学习跟得上了,作业也会做了,自己很开心。通过案主丽丽的描述,她已经初步介入成功了。

9. 第九次会谈

这次会谈的时候,丽丽心情有点低落,有生病的缘故,也有因为即将结案依依不舍的原因。社工告诉丽丽,本次会谈是个案工作的最后一次会谈。希望案主再遇到同样的问题时可以自己解决,也就说社会工作秉持的"专业助人,助人自助"的基本原则,最终提高案主自己解决问题的能力。社工与丽丽共同进行过程回顾,分享彼此的感受。对丽丽的进步加以巩固,向她说明在介入的过程中发生的很多正面的改变。介入过程中发生的重要改变是社工重点给予关注的,并巩固其成果,使之保持下去,在结案后还要探讨有关案主的未来发展目标。最后社工与丽丽一起讨论了结案的事情,丽丽认为已经可以听懂老师的讲课内容,按时完成作业,并且学习成绩进步了 15 名,可以结束专业关系了。

七、 效果评估

1. 案主

丽丽告诉社工:"班主任老师和任课老师都叫我起来发言,并且有很多次我都答对了,老师还在课上表扬了我。"可以看到丽丽对自己现在在课上的表现很满意。不仅如此,丽丽表示会做作业了,成绩也提高了。此案中,对于丽丽的学习适应能力的提高是一个过程,不可以要求丽丽"一日千里",教师应对丽丽的进步提出表扬和鼓励。

2. 家长的评估

个案社会工作结案时,丽丽母亲谈到丽丽在家里的表现时,很衷心地感谢社工的专业辅导,并表示,丽丽现在与家长的关系很和睦,父亲责骂丽丽的次数也少了很多,而且丽丽有什么问题都会和父母说。丽丽母亲说,其一,丽丽在课上渐渐跟得上班级同学了,作业的错误也明显减少了,比以前有信心了。其二,丽丽母亲与她父亲协商改变对丽丽的教导方式。听了社工和老师的提议,目前较少责骂丽丽了,而是鼓励和表扬她的进步。

八、 专业反思

第一,注重丽丽外在支持性环境的改善,通过与教师沟通,与家长合作,鼓励参加同学游戏等策略,帮助她提高学习适应能力,改善社会关系。

第二,会谈中注意丽丽的个人变化以及情感的表达。从开始的自己一个人独来独往,到想和社工交朋友,每一个细节都是社工需要记录、比较和分析的。

第三,在结案后注意丽丽的情绪变化,不能让她产生依赖心理,同时已经拥有的学习适应能力应继续保持下去。社工还要对案主丽丽进行一定的跟踪服务。

第四,在向案主申明即将结案时,注意表达情绪以及表达技巧。运用社会工作专业方法和技巧帮助丽丽减少对结案的负面反应。例如经过丽丽的同意,结束个案专业关系,但是社工表示丽丽遇到任何学习困难都可以来找社工,因为社工就是她的好朋友,好朋友本应该互相帮助。

§思考和练习

1. 什么是新市民子女? 其研究的必要性是什么?

2. 新市民子女有哪些问题? 产生问题的原因有哪些?

3. 怎样对新市民子女的城市融入问题进行预防性介入?

§小组讨论

1. 相同地域的新市民子女与留守儿童有无共性?

2. 如何建立新市民子女小组? 活动的注意事项有哪些?

第十四章　残障青少年与社工介入

残障青少年作为一类特殊的青少年群体，比健全青少年面临更多的成长困境，通过了解残障青少年常见的问题，认识到社会工作介入残障青少年群体的必要性，并通过对问题的归因分析，找到相应的专业介入路径。

本章要点

- 残障青少年是社会工作关注的重要群体，残障青少年具有许多特殊性：由于躯体结构、功能的损害（包括视障、听障、智障、肢残、多重障碍等），他们常伴发多种疾病，生理、心理发展相对滞后；知识与技能的获取受到限制，社会化发展相对较低，在生活各方面体验到的困难更大。

- 残障青少年的常见问题有四个方面，包括在心理层面，残障青少年表现为敏感脆弱，存在自卑、依赖、逆反等心理，并存在社会融入差、受教育水平低、就业困难等问题。

- 残障青少年问题的成因是多方面的，由于家庭经济压力过大、心理适应不良、生存环境不佳、人际交往匮乏、周围邻里的异样眼光等，加之社会环境不良，政策层面支持力度不够，综合因素致使残障青少年出现一系列问题。

- 社会工作通过多个角度介入残障青少年：预防性介入可以通过宣传教育培育友善的社会环境，可以通过教育讲座、开展互助会等形式，提高残障青少年家长的教育素质;通过采取危机干预的治疗方法,帮助遇到生活危机的残障青少年家庭,使其能够回到正常的生活轨道;发展性介入可以通过增权赋能,提升残障青少年的自我效能感。

第一节　残障青少年概述

一、残障青少年的概念界定

残障是人类社会存在的一种普遍现象,残障青少年是社会工作关注的重要群体。世界卫生组织于 2011 年发布的《世界残障报告》将残障定义为涵盖残损、活动受限和参与局限的总括性概念。中国国家标准《GB/T26341-2010 残疾人残疾分类和分级》将其界定为身体结构、功能的损害及个体活动受限与参与的局限性。据调查显示,中国目前残障人数达到 8 000 万,其中 7—25 岁的青少年群体占 3 000 万左右。

与健全青少年类似,残障青少年也经历着青春期、心理和社会适应性等方面的剧烈变化,但残障青少年具有许多特殊性,由于躯体结构、功能的损害(包括视障、听障、智障、肢残、多重障碍等),他们常伴发多种疾病,生理、心理发展相对滞后,且知识与技能的获取受到限制,社会化发展相对较低,在生活各方面体验到的困难更大。因此,与健全青少年相比,残障青少年的健康与发展面临更严峻的挑战。

二、残障青少年的常见问题

1. 心理问题

身体的残疾会导致残障青少年的心灵也受到严重创伤,对于大部分残障青少年来说,心理问题可能是残障带给他们最大的问题。负面的心理情绪会对残障青少年未来的工作生活产生消极的影响,甚至会引起自闭症、孤独症等心理疾病。很多孩子会因为心理疾病而拒绝一切社会活动,即使是自己能够办到的一些事情,也会拒之于千里之外。具体表现如下。

(1) 敏感脆弱。

由于青少年对于自身的缺陷极其敏锐,一旦有触碰到他们心灵伤痛的言语或行为,他们都会特别在意。或许因为别人无心说出的一句话而大发雷霆,甚至是做出危及自己或他人生命的事情。因而少开笑颜,不与人交往,不愿露面,情绪低落,这是大部分残障青少年典型的性格特征。

(2) 自卑心理。

残疾青少年因为身体的残缺、行动的不便,觉得自己比正常人低一等,他们往往内心孤独,又不愿表达,缺乏对自我的正确认识。

(3) 依赖心理。

与健全青少年不同,残障青少年对家人有比常人更强的依赖心理。在有身体缺陷之后,他们逐渐失去了安全感,只有亲近的人才能得到他们的信任,有了他人的帮助,才能让他们安心地继续生存下去。

(4) 逆反心理。

有些青少年在变成残障人士之后意志消沉甚至性情大变,他们觉得之所以变成这样,是由于命运的不公,再加上社会中有一些不公平、不公正的现象,让他们变得愤世嫉俗,觉得所有人都是伤害他们的人,从而出现逆反心理,想通过不正当的方法报复每一个人。

2. 社会融入问题

一项有关残障人士生活与休闲娱乐状况的调查显示,"多数残障青少年的休闲生活都处于足不出户的状态,休闲娱乐活动局限于家中,户外休闲活动除了逛公园的参与率超过了 10％外,其他如旅游、参观展馆等活动的参与率都极低","残疾青少年的休闲娱乐活动排在前六位的分别是:看电影电视(64.9％)、一个人

发呆(38.9％)、上网(20.6％)、听广播(16.3％)、到公园玩(12.9％)、看书报杂志
(10.8％)"。值得注意的是,约四成残障青少年把一个人发呆作为自己主要的休
闲娱乐活动之一①,这说明他们休闲娱乐的匮乏与单调。走出家门是残障青少年
接触社会、融入社会的基础,家庭之外的休闲娱乐活动参与率低一定程度上限制
了他们的社会融入。

3. 教育问题

有调查表明,残障青少年的总体失学率较高,其中,智力水平和残疾程度是影
响残障青少年受教育的最大因素。残障青少年主要就读于普通学校普通班,选择
就近择校读书,但有的学校会由于他们的残疾而拒绝让他们入学或者勒令退学等。
有关调查显示,在受教育的残障青少年中,73.3％的人在普通学校普通班随班就
学,21.4％的人在特殊教育学校读书,3.3％的人在普通学校特殊班读书,2.0％的
人自学或者参加自学考试。②总体而言,残障青少年接受特殊教育的比例较低,这
些残障青少年在普通学校中不会受到特殊照顾,甚至会遭受异样的眼光。

4. 就业问题

中国城镇残障人口中,在业的残障人士为 297 万人,不在业的残障人士为
470 万人。15—35 岁残障青年中,有工作的占 17.9％,另有 8.3％的人在家务农。
如果将在家务农视为处于就业状态,那么 15—35 岁残障青年就业率仅为
26.2％,远低于普通青年的就业率。而残障青少年的就业创业和学习帮助的需求
却很强烈。中国青少年研究中心残疾青年发展状况与需求课题组调查结果显
示,16—35 岁群体,就业创业方面的需求极为强烈(39.9％),其次为康复治疗与
培训(24.2％),第三为学习指导需求(10.6％),随着年龄的增长有所下降,第四为
生活照料(8.0％)。③

---

① 段留芳:《调查表明:残疾青少年的总体失学率较高》,中国网教育|中国网,2014 年 12 月 1 日。

② 孙晓云:《六群体研究报告之五:残疾青少年发展状况与需求研究报告》,http://blog.sina.com.
cn/s/blog_475b16640102v4q6.html。

③ 《2006 年第二次全国残疾人抽样调查主要数据公报(第二号)》,http://www.gov.cn/fwxx/cjr/
content_1311943.htm。

另外,残障青少年不仅就业率低,工资收入也低于健全人。就业难是现代社会的普遍问题,正常人就业也面临很多困难,有些企业明文规定不允许招收残障员工,导致有能力的残障青少年被拒之门外。在有些已经就业的残障群体中,大部分都是恪尽职守的,工作也令上级满意,但是工资水平很低,这可能也是他们获得工作的附加条件,但其实即使如此,也有一些残障青少年愿意接受这份工作,因为他们觉得有一份工作能够养活自己,就已经能实现自己的人生价值,也不再去奢求工资高低。

三、社会工作介入残障青少年问题的必要性

现阶段,中国的残障青少年研究数量不断增加,内容不断深入。在社会风险增大和家庭功能弱化的情况下,残障青少年各方面的需求在持续增加,但是需求满足渠道匮乏,需求与需求满足之间难以达到平衡。通过社工的介入,能全面了解残障青少年所遇到的问题,加强其功能康复以促进其社会融合,进一步完善残障青少年健康与发展服务。社工可以运用社会工作专业方法和手段,给予残障青少年真正的支持和帮助,从而改善残障青少年的生存状况,使其顺利成长。此外,大力宣传残障青少年的生存现状、社会需求,将引发社会大众对这个特殊群体的关注,呼吁建立健全残障青少年相关的社会工作服务体系,完善政策保障,使其充分享受社会物质文化成果和社会福利待遇。

第二节　残障青少年问题的成因分析

显然身体残疾是引发残障青少年问题的主要原因,但这不是唯一的原因,良好的心态、友好的社会环境、支持性的照顾体系、完善的福利制度,都是影响残障

青少年问题产生的重要因素。

一、经济压力大

残障青少年治疗无望,并且治疗花费大,增加了残障青少年的精神压力和家庭经济压力。许多残障青少年家庭收入低,无力支付高额的治疗康复费用,半数的有残障人士的家庭,其收入在贫困线以下。农村的残障青少年所占比例更高,全国仅有 35.1％的残障青少年接受过康复治疗。

二、心理适应不良

虽然残障本身可以通过康复治疗有所恢复,但残障青少年往往是身心受创,走不出负面情绪,自暴自弃,缺乏勇气面对未来生活,沉溺于悲伤不公的情绪之中。在价值观层面上,往往缺乏正向思考,对人生持有悲观消极的态度。

三、生存环境不佳

据调查,为残障青少年提供社会支持的群体主要是初级群体,而家庭抚养和赡养残障人等社会弱势群体,主要靠道德和习惯来维系。换句话说,残障青少年群体的社会支持主要依赖于初级群体,尤其依赖于家庭。因此,一旦家庭中有残障人士,该家庭就会在经济上乃至精神上陷入困境。

首先,残障青少年的父母会长期处于低潮期,忽视残障青少年的成长。他们会感到极端的震惊、失望、羞愧、困惑、内疚,还会有挫折感,不愿意接受孩子,并处于长期的悲伤之中,为了他们的问题经常争吵不休,一些父母甚至会抛弃残疾孩子。这一切,都会给青少年带来心理上的压力和伤害。

其次,朋友——残障青少年人际关系匮乏,交际圈小,缺少可以谈心的同龄朋友,不良情绪容易积压,造成心理问题。

最后,邻里常常投来异样的眼光,让残障青少年的心理承受更大的压力。

四、社会环境不良

在社会文化层面,对残障群体还普遍存在社会偏见,社会对这一弱势群体的关爱不够,社会组织在残疾青少年救助方面作用微弱,亟待加强。在这种正式的与非正式的救助之外,残障青少年接受来自社会组织(如慈善组织、社工等)的帮助较为少见,社会工作的专业机构和服务的效果还不突出。

五、政府支持力度不够

虽然颁布了一系列的保障法,但落实并不到位,或者说,虽然受到帮助,但是残障青少年的很多问题并不能得到妥善的解决。残障青少年总体社会保障水平偏低,在未享受低保的残障青少年中,超过一成(11.3%)的调查对象不知道可以申请低保,还有部分人(6.7%)报告其未享受低保,主要原因在于要托关系而其没有人情关系。仅有不到六成的调查对象因为条件不符合而没有享受低保。①

资料 14.1 美国为残障人士提供的社会支持

美国的各种助残设施健全,残障人士能像健全人一样行动自由。他们的轮椅由政府免费提供;市内几乎所有的道路两侧和建筑物通道都辟有"轮椅坡道";有门的地方,一般都设有齐腰高的专用按钮,坐在轮椅上的人正好够得着,只要按下按钮,门就会打开;公交车和校车等都设有轮椅登车升降板,司机只要一按

---

① 孙云晓:《全国六类重点青少年群体研究报告》,http://blog.sina.com.cn/s/blog_475b16640102v4pi.html。

按钮,收拢起来的踏板就会缓缓放下,残障人士可以坐着轮椅上下车;每个公共厕所里都有残障人士专用的卫生间,马桶旁边有把手,空间是普通卫生间的两三倍;在沃尔玛等大型超市里还备有电瓶车,残障人士可以开着电瓶车在商场里购物。

根据美国《康复法案》,雇主不得歧视有能力承担某一工作基本职责的残障人士;残障学生有权利和健全人一样获得"免费的公共教育";政府不得拒绝残障人士参与公共活动、享受公共服务;公众场所、旅店、餐馆、影院等,必须达到残障人士能够进入的标准。

第三节　社会工作对残障青少年的介入

社会工作可以通过多个角度介入:通过宣传教育培育友善的社会环境;通过教育讲座、开展互助会等形式,提高残障青少年家长的教育素质,达到自助和互助的效果;通过采取危机干预的治疗方法,帮助遇到生活危机的残障青少年家庭,使其能够回到正常的生活轨道;通过增权赋能,提升残障青少年的自我效能感。

一、社会工作对残障青少年的治疗性介入

1. 个案工作

个案工作主要是通过一对一的方式,根据每位残障青少年的不同情况和需要,为他们提供个性化的服务。个案咨询的对象可能是残障青少年,也可能是残障青少年家庭中有情绪困扰或心理压力的父母。

(1) 针对残障青少年的治疗性介入。

首先,改变自卑心理,形成正向自我认识。残障人士要改变自卑,须从改变

认识入手,引导残障青少年善于发现自己的长处,肯定自己的成绩;引导残障青少年不再把与他人相比作为衡量自信心的唯一标准,而是学会多与自己比较来获取自信心;引导残障青少年通过使用含蓄、间接的方法对自己的心理产生积极的自我刺激过程,即使自己处于不利地位,也要鼓励自己,增加信心,凡事不应当奢望过高,要从实现微小目标、获得微小满足开始。

其次,鼓励残障青少年与人交往,积极融入社会。残障青少年的心理特别敏感,自身体验的特殊性会导致对社会的错误认知。长期的自闭会使他们越来越不合群,孤独感的体验也就越来越深,这往往会形成恶性循环。应该鼓励残障青少年积极与他人交往,这样能够感受他人的喜怒哀乐,心胸会变得开阔。通过与人的交往,可以倾吐心声,了解他人的长处、短处,在比较中正确认识自己。通过与他人交往,与他们分享个人的生活经验,可促进自卑者的自我转变。残障青少年的交往有一定的障碍,积极的交往可以促进他们认识自己,但消极的交往也促使他们产生自卑。引导残障青少年交往必须注意正面的、积极的宣传。

最后,积极疏导,提高残障青少年抗挫折的能力。许多残障青少年在失败和挫折面前感到无能为力和束手无策。这就需要帮助残障青少年增强对事物因果关系的认识,使他们明白挫折也是人生的宝贵财富,失败可以成为新的努力起点,从而产生"我要去战胜困难"的愿望,逐步形成抗挫心理的态势。在这个基础上,尽可能地组织开展各种类型的主题活动,如通过报告会、故事会等形式介绍名人、伟人、同龄人对待挫折的态度,为残障青少年树立榜样。

(2)针对残障青少年的父母的治疗性介入。

由于残障青少年父母的心理压力和其他方面的负担都比较重,同时这一压力或负担又可能是长期甚至是终生的,因此就很容易产生较大的情绪困扰甚至导致心理疾病,这时就有必要以个案咨询的方式来实施亲职教育。换言之,把改善父母的心理健康水平、改进为人父母的功能作为个案咨询的目标,通过一对一的形式接受亲职教育专家或心理辅导专家的个别辅导,让父母不仅可以增进自我了解,舒缓自我心理紧张,解决个人的情绪与心理问题,又可以学着接纳接受残障子女的现实情况和特点,改变或改善教养子女的态度与方法,达到改善亲子关系的效果。

2. 小组工作

小组社会工作是由社会工作者和小组成员组成的有机联系系统,是在小组成员的互动过程中达成经验分享、相互支持、相互教育与治疗,从而带来小组成员的行为和思维方式的变化。小组治疗的特点着眼于矫治、治疗、人格重建等过程,因此具有再教育和再社会化的功能。社会工作者要学会帮助残障青少年梳理情绪,鼓励他们积极理性思考,寻找积极的情绪情感体验,舒缓压力,进而解决他们在心理、社会和文化等方面的适应不良问题,提升其社会适应能力。

(1) 介入理论。

社会目标模式:该模式反对社会排斥,要求社会整体和谐,强调社会是个人问题的根源,个人问题的解决要通过社会变迁来实现。因此,对于残障青少年,应该强调参与、赋权、提升意识、恢复功能以适应社会变迁。在小组目标上,小组中形成的社会行为互动关系可以提升小组残障青少年成员的社会责任感,以及他们对社会和社会政策的敏感度,帮助他们在小组活动中获得归属感和亲和力,提升对外部环境的自我适应能力,增强其自信心和社会活动能力。在这里,要求社工充分发挥优势视角看待残障青少年,为其增能,整合社会资源,帮助残障青少年有尊严地生活。

发展型模式:该模式把人的发展作为小组社会工作实践的核心,关注残疾人社会功能的恢复与提高,重视人的自我实现而非治疗过程,通过开发人的潜能来找寻解决问题的方式,而不是关注人的弱点。该模式把康复、预防和发展有机统一起来,强调包括残疾人在内的所有人的社会功能恢复,包括三个不断提高的层次,即恢复个人的社会功能,预防个人社会功能的失调,发展个人更加和谐的社会功能。残疾人小组社会工作中,通过发现模式可以帮助残障青少年释放阻碍其完成社会行为的负面情绪,如残障人小组成员的自卑、封闭等情绪,通过小组的归属感,在残障青少年成员之间建立相互支持和接纳的关系,挖掘其潜能,提升残障青少年成员的成就感和认同感,使之意识到自我和他人、社会之间的相互联系,增强其对社会和自我生活的责任感,发挥其功能。

(2)介入策略。

第一,开展小组活动"我的人生简历",引导残障青少年认真地回顾过去的收获和规划未来的目标,帮助其看清自己的轨迹,克服茫然无措的现状,形成面向未来的动力,这是充实生命的保障。同时开展各种形式的生命教育,使其感悟生命的意义和价值,培养健全的人格,拓展与提升生命价值与人生态度,实现个人与环境的和谐发展,由此巩固内在的保护因素。

第二,开展以残障青少年为对象的小组。由于残障青少年的境遇和经历具有一定的同质性,所以以他们为对象开展小组工作,可以通过他们经验的分享,产生情感的共鸣和支持。同时还可以在分享中让组员学习借鉴一些好的认知态度、沟通模式、处理方法等。在与其他组员的接触交流中,提高自身素质和解决问题的能力。社会工作者可以引导残障青少年组成和谐的团体,大家在讲述自己的故事时,倾听与自己家庭相似的同伴的经历,从而引起共鸣,使这个团体实现内在的凝聚,青少年能够发展互助关系、对小组的归属感以及自助和互助的能力,并运用集体力量解决他们个别或共同的问题。

第三,开展以残障青少年家长为对象的小组。可以通过小组过程,将残障青少年家长所面临的主要困境和难题分享出来,社会工作者引导他们讲述各自是如何处理经济压力问题、亲子关系情况、家庭教育情况等方面的问题的,大家一起讨论分析,得出合理的解决办法并鼓励大家学习借鉴,经其他家长的回应得到有效的缓解。成员之间相互支持分担,强化其相互之间的了解与联系,逐步发展成为一个互相照顾的支持网络。

第四,组建残障青少年家长团体,它是由残障青少年家长组织和参与的社会组织,其主要职能是为残障青少年家庭提供社会支持。家长团体的建立可以提高残障青少年家长的科学育儿水平,改善家长与残障青少年的亲子关系,还可以缓解残障青少年家长的心理压力,为残障青少年家长提供教育及心理上的帮助。

通过康复知识讲座、组织残障青少年主题活动及政策引导、康复咨询、转介服务、心理疏导等，为残障青少年家长提供专业指导。同时，团体还可以通过定期组织心理沙龙、心理健康讲座、团体心理辅导等活动，传播心理健康知识，缓解家长们的心理压力，使他们能够积极乐观地对待孩子的教育和康复。

第五，社工要帮助残障青少年构建支持网络，要营造抗逆力提升的外部保护因素。社工将有同样问题的残障青少年组织成为小组，通过各种形式的活动和成员间的互动，让所有成员共同参与，彼此分享经验，互相支持，提升解决问题的能力和社会交往能力，从而形成支持网络，使个人获得成长，重新获得自我认同。

3. 社区工作

社会工作者通过走访残障青少年家庭所在社区的社区服务机构与社区居民，在社区内发现和动员社区内部资源，加强社区对这些残障青少年家庭的理解和支持，改善他们的社区生活环境。为残障青少年家庭提供必要的精神支持和资金援助；开展假期学习站，各社区举办"欢乐学堂"活动，通过学习辅导、知识传授、小组游戏等形式帮助孩子提升自信，锻炼能力，培养对生活的积极态度以及提高学习成绩。社区应该在社工的引导下加大对残障青少年家庭思想和心理状态的关心，同时开展一些丰富多彩的社区活动。社区还应该加强对关爱残障青少年家庭的宣传教育，可以通过残障青少年家庭子女教育讲座、开展互助会等形式，提高残障青少年家长的教育素质，促进残障青少年的健康成长，营造和谐融洽的社区氛围。

二、社会工作对残障青少年的预防性介入

1. 学校方面

残障青少年的总体失学率较高，其中，智力水平和残障程度是影响残障青少年受教育的最大因素。残障青少年主要就读于普通学校普通班，接受特殊教育的总体比例较低。事实上，在普通学校随班就读的残障青少年往往学习效果并

不好。在应试教育的背景下,许多学校默许他们不用参加评估与考核,有些老师对他们也是完全放弃,而这些残障青少年的成绩普遍都很差。

残障青少年是特殊人群,学校应该采取个别化教育。学校社会工作要深入到基层教师教育工作。专门针对残障青少年的特殊教育学校实行小班制,并且有专门的特殊教育老师有针对性地对不同的残障类别进行教学,适合接受特殊教育(在特残学校或普通学校特殊班接受教育)的残障青少年接受特殊教育,更有利于他们的教育和发展。

2. 社区方面

建立健全社区管理制度,完善现有机制并增加政府的支持力度。关注这些残障青少年的家庭状况,通过整合社区可利用资源救助残障青少年家庭具有可行性。中国正处在残疾人事业发展和残疾人社会融合进程的重要时期,研究和建构残障青少年家庭照顾者的社会支持网络并推广可行的模式,对于残障青少年个人发展以及社会化进程将有重要意义。

3. 政策方面

社工要做政策的倡导者,促进政府完善残疾人保障体制,尤其重视法律法规体制的建设。对残障青少年家庭的社会支持应该从社会保障方面多加关照。促进专门设有针对残障人士事务的政府调查和研究部门的建立,并定期或不定期地发表各种报告,使得相关工作的开展更具系统性。促进政府重视出台具有连贯性和承接性,而且覆盖面广、内容丰富、细节具体的相关政策。这也正是中国残疾人事业当前所关注的焦点。

三、社会工作对残障青少年的发展性介入

优势视角的理念所注重的是残障青少年及整个家庭的优势,残障青少年也像普通人一样,是社会上有价值的一员,有着不同的能力、价值观及生活体验,社工应引导残障青少年发挥自己的优势潜能,解决自身的问题。社会工作在评估

残障青少年的能力及需要后,通过治疗性的训练,增强其生活自理能力。致力于为残障青少年的家庭照顾者建立一个互助的社会支持网络。现有的专业社会工作服务包括残障人士的自我照顾训练、家居及小区生活技能训练、工作技巧训练、庇护工场以及一些针对性的家长知识讲座,等等。需要注意的是,让他们自己确定自己的生活目标,自己安排自己的生活,辅导者只为其提供改变的外部条件。社工还应经常对其进行鼓励,鼓励他们将自身的优势发挥出来,将自己的人生目标付诸实践。及时对取得的成绩进行肯定与鼓舞,使残障青少年通过看到改变成果进一步提升自信心。

其次,学校应该给予残障青少年家庭更多的关爱和指导,加强行政协调,专门选派具有相应价值观和人格魅力的教师或者社会工作者面向残障青少年的特殊教育学校开展辅导工作,积极营造和睦的班级氛围,鼓励残障青少年多参加集体活动,增强他们对集体的归属感,消除他们内心的孤独和自卑,愉快地融入班级的学习生活中。

最后,社会工作者应通过倡导,打击大众舆论以及传媒对于残障青少年家庭的排斥和歧视现象,将残障青少年家庭视为一种正常的家庭状态,让子女从小了解其处境并以正常的心态来看待,为他们营造一个和谐融洽的社会环境。

此外,社工应连接残障青少年的各种优势资源,如教师、家长和朋辈等建立关怀性关系,达成不因残障学生有过暴力行为就对其失望,甚至是排斥的共识。从优势资源出发改善环境,客观上为抗逆力的提升营造安全、稳定的环境。

案例 14.1　残障青少年的分析报告

一、基本情况

案主周某,男,18岁,高中文化,目前居住在儿童福利院。智力正常,手部有残疾,但可以用双肢夹着笔写字,并且字写得很好,生活能够自理,十分喜欢唱歌与绘画,小学三年级时曾获得"全区民族团结好少年"荣誉称号。但随着年龄的增长,他的自卑感与自我封闭意识日趋严重,随之产生了低落的情绪,并且对未来感到迷茫,缺乏人生目标。

二、 背景资料

通过查阅案主的基本资料,了解其在儿童福利院的情况,并依据最近对案主状况的多次实地观察资料,对信息进行综合分析。

案主已经就读于普通高中,有一定的文化基础,字写得很漂亮,懂礼貌;喜欢唱歌与绘画,唱歌能够令其感到高兴、放松;有学习新知识的愿望,而且也很愿意去学,经过鼓励会有所进步;生活能够自理,并能与正常人一样生活、学习。

案主虽然生活在儿童福利院,但福利院工作人员对案主的学习、生活方面特别关心,并给予最大的支持;社会上的爱心人士对他也比较关心。

三、 问题分析

第一,性格问题。案主从小就失去了亲人,生活在儿童福利院里形成了较内向、不懂交流、不愿沟通的性格。再者,与福利院工作人员、学校朋辈或师长感情交流缺乏,使他处于非常内向而封闭的环境,很少说话。此外,对周围事物缺乏兴趣,情绪失落悲观。

第二,行为问题。家庭温暖、友情的缺乏以及不丰富的课外生活,使他失去了与他人沟通的机会,在儿童福利院里相对较封闭,又使他减少了人际交流,使他更容易堕入自我封闭的世界。

第三,心理问题。由于身患残疾,再加上从小就生活在儿童福利院,幼小的心灵饱受创伤,自卑、自我封闭、逃避现实、不合群等思想特征在他身上凸显。思想较正常人更为复杂,理压力大,承受能力差。随着年龄的增长,对于现在的生活产生了一种安于现状的心理。对于未来没有明确目标,消极面对人和事,情绪不稳定,悲观失落。

第四,学习问题。由于案主从小生长在儿童福利院,失去父母的关爱与监督,而此时又没有能力自助,于是恶性循环,使他对自己的学习没信心,产生厌学的心情,虽然自己有学好的愿望,却苦于没有好的学习方法和学习环境。

由以上的分析可以看出,周某的性格和心理是其问题的主要诱因,情绪失落悲观是其目前亟待解决的问题,性格方面的缺陷是影响案主长远发展的更深层次的问题。

四、服务目标

短期目标:与案主建立信任、平等的合作关系;倾听案主的需求和愿望;做好福利院、学校、社会的桥梁,对于案主,改进教育方法,多给予温暖;与学校教师和班主任保持联系,及时纠正不良倾向。

长期目标:帮助案主处理行为问题;提高他的自信心,学会沟通与提高交往能力;抵制外界不良因素的影响,树立正确的人生观。

五、介入过程

第一,收集并研究资料,了解案主的生活状态、主要问题,建立专业关系。根据上述干预目标,在个案介入的第一个月,每周保证与案主面谈一到两次,给予案主抒发与宣泄负面情绪的机会,通过对案主的接纳与理解,运用心理联系、多角度探索问题、检索可能的解决方法等危机干预技术使案主以一种相对平和的心态面对当前的危机。

第二,与案主进行交流,改变其就业观念,树立新的人生目标。在案主情绪基本稳定之后,与他讨论进一步改进的可能,鼓励案主积极主动地面对社会和未来,在心理上给予支持,帮助树立未来的目标。

第三,为案主提供参与社会实践的机会,提高其动手能力。与儿童福利院、学校等相关工作人员多方协调,在案主某些特定的时刻给予特定的物质奖励或精神奖励,正面强化其行为,消减案主情绪低落等负面情绪。

第四,邀请案主参加社区的团体活动,增强其与同辈群体交流的能力。运用艺术治疗法,促进案主心理健康。多提供绘画、唱歌的机会。艺术治疗法在西方国家已被广泛运用于心理健康领域,对于失去双亲的孤残儿童的心理健康,艺术治疗将发挥更加重要的作用。

第五,回顾整个过程,巩固几次服务的成果,对案主的努力给予表扬和鼓励,并做好跟踪服务。

六、专业反思

在整个个案服务中,社工对案主进行定期的心理指导,以了解案主的心理发展过程以及变化。引导他走出儿童福利院,多接触社会,多交一些朋友,多与来访儿童福利院的爱心人士接触、交流。

通过这个个案,社工发现:第一,建立良好的专业关系,取得案主的信任,是顺利开展个案的基础。第二,针对性格内向的案主,找准切入点非常重要,而且切入点通常是案主感兴趣的事物。在这个个案中,社工应用了艺术治疗,重点关注案主对于音乐和绘画的热爱。第三,社工要善于运用社会资源为案主服务,比如推荐案主参加就业培训、了解就业信息、联系就职岗位资源等。

本案也存在一些不足:第一,不太容易和案主建立专业关系,虽然社工知道案主喜欢音乐和绘画,但是由于对艺术治疗不是特别熟悉,再加上艺术治疗有治疗流程,需要较长时间,所以一开始助人自助的理念没有体现出来,后来才慢慢有了效果。第二,帮助案主建立社会支持网络,只有案主建立完善的社会支持网络,才能促进其更快地融入社会。社工担心案主的消极情绪还会影响案主的生活,使其陷入自卑情绪之中,使案主之前取得的成果慢慢消退,这需要社工对本案保持适度的关注,分阶段为案主进行心理辅导。第三,社工认为本案的跟踪服务至关重要,在"助人自助"的基础上,还要把握案主的变化,适时提供一些社会资源,这样才能使问题得到深入解决。

§ 思考和练习

1. 什么是残障青少年,研究此群体有何社会意义?
2. 残障青少年容易产生哪些问题?
3. 残障青少年问题的成因是什么?

4. 社会工作如何预防残障青少年问题的产生？

§小组讨论

1. 收集有关残障青少年的相关政策。如何看待这些社会政策以及政策的不完善之处？
2. 分组讨论在对残障青少年进行社会工作介入时应注意哪些事项？

第十五章　单亲青少年与社工介入

　　基于单亲家庭的特殊性,了解单亲青少年的现状及问题,从多个层面理解单亲青少年问题的成因,并运用个案工作、小组工作和社区工作的方法,从社会工作治疗、预防和发展三个层面介入单亲青少年群体,恢复已经处在问题状态的青少年的功能,创建"家庭—学校—社区"支持性环境,预防更多单亲青少年问题的产生。

本章要点

■ 单亲家庭是指由于丧偶、离异、分居、未婚先孕等原因导致构成家庭主体的成员不齐全的家庭。在单亲家庭成长的青少年面临特殊困境,其家庭成因主要是因夫妻离婚、分居或配偶一方死亡或出走。另一种情况是未婚妈妈或未婚爸爸独立扶养儿女。

■ 单亲青少年存在四个方面的问题,包括心理方面、性格偏差、行为不良、性别教育缺失等问题。心理层面包括自闭、自卑、自责、焦虑、妒忌等。

■ 亲子关系的失调、监护人教养方式的失当、社会的评价压力、心理调适能力差等是单亲青少年心理问题产生的主要原因。

■ 社工运用个案工作、小组工作和社区工作的方法介入单亲青少年,从社会工作治疗、预防和发展三个层面全面介入单亲青少年群体,恢复已经处在问题状态的青少年的功能,创建"家庭—学校—社区"支持性环境,预防更多单亲青少年问题的产生。

第一节 单亲青少年概述

如果说肢体残缺给青少年成长带来了许多特殊困境,那么家庭的残缺同样会给青少年成长带来不利的影响。特别是伴随离婚潮的到来,越来越多的青少年在单亲家庭中长大,他们的身心健康和社会适应状况值得社会工作乃至全社会的关注。

一、单亲青少年的概念界定

1. 单亲青少年的定义

所谓单亲家庭是指由于丧偶、离异、分居、未婚先孕等原因导致构成家庭主体的成员不齐全的家庭。在中国台湾地区和日本,单亲家庭必须有一位低于18岁的家庭成员。而单亲青少年是指与父母一方共同生活的年龄处在青少年阶段的单亲家庭的孩子。在现代社会,由于离婚率普遍较高,单亲家庭数量自然增多,单亲青少年群体的规模也越来越大,由于单亲家庭而导致的青少年问题也越来越严重。

2. 单亲家庭的特征

(1) 仅由一位母亲或一位父亲所教养的家庭。还有一种从家庭经济评价角度的定义为:一个收入单位中只有生亲或养亲带着需要抚养的在学或学龄前子女。

(2) 其成因主要是夫妻离婚、分居或配偶一方死亡或出走。另一种情况是未婚妈妈或未婚爸爸独立扶养儿女。所有单亲家庭中,尤以离异单亲家庭给子女造成的危害最大。

(3)一般单亲家庭会给社会带来许多不良效应,譬如,家庭成员的心理压力或青少年犯罪事件。

二、单亲家庭对青少年成长的影响

1. 内在成长方面

(1)自我认知方面。

由于跟父母一方生活,从另一方获得的资源、关注、陪伴时间等都比较少,由此导致他们自我评价偏低,觉得自己是一个失败的人,所以得不到完整的家庭温暖和爱。甚至有的孩子会认为是因为自己而导致父母分离,产生自卑心理,严重影响健全人格的形成。

(2)价值观方面。

在单调冷清的家庭氛围和长期得不到更多关爱的情况下,单亲家庭的子女更容易对自己以及外界抱着一种比较漠然、消极的态度。他们可能会认为自己的遭遇是宿命所致,自己不值得被爱,最终导致缺乏改变不良现状和获得幸福的勇气。

(3)社会行为方面。

自我认知的偏差和较为消极淡漠的人生态度会导致一系列行为的失调。父母作为个体社会化过程中最具影响力的要素,其教养方式对子女具有重要意义。由于家庭性别角色的缺失,单亲家庭的子女在个体性别角色的发展方面更容易出现偏差。一些因为感情不和、经常吵架或家暴而离异的单亲家庭中,子女容易形成暴躁易怒、偏激的性格,情绪管理和调控能力较差,甚至也会继承暴力倾向。

2. 外在环境方面

在家庭中,一方面,由于家庭结构的失调和部分功能的缺失,单亲家庭的子女难以感受到完整和谐的生活氛围。而且单亲的环境致使父母把生活的希望都寄托在孩子身上,给他们带来了沉重的负担。另一方面,由于单亲家庭的经济来源主要由父母其中一方来赚取,所以不得不承受经济上的压力(尤其在单亲母亲家庭,经济压力更大)。在这种情况下,经济物质上的条件较差,使子女成长得不到充分的保证。因此,单亲青少年的生活在物质和精神上都受到一定的压力。在同辈群体中,由于离异的单亲家庭可能会从一个社区或城市搬到另一个社区或城市,而这种流动性则直接影响其与熟悉朋友的交往。

在学校中,由于单亲家庭孩子自身的性格特质与行为态度,在学校中可能会表现出学习能力相对较差、人际交往能力缺失等特点。加之单亲家庭的父母缺少足够的时间和机会与教师沟通,缺乏足够的经济基础支持子女的教育费用,缺乏足够的耐心开展子女的学业辅导,导致单亲青少年对家庭依恋关系的弱化,由此更倾向于寻求同辈的认同与接纳,也接纳了同辈的问题行为模式(常晓宇,2012)。

三、单亲青少年的常见问题

对于尚未成年的青少年来说,家是安全的代名词,是快乐之源,是健康心理人格的发展之端。但单亲家庭因为不健全,导致孩子受到的爱与关注不够,安全感不足,一旦家长没有处理好,就会出现心理困扰,单亲家庭青少年容易出现的心理障碍与行为问题有以下几方面。

1. 心理方面

(1) 自闭。

由于家庭破碎,不愿与人接触,他们对周围的人常有戒备、厌烦的心理,表现出神经过敏的症状,总怀疑别人会在背后议论自己家庭的缺损和父母的离异,认为别人都瞧不起自己,因此不愿向他人敞开心扉,不愿外出活动,不愿与人打交道,表现出孤独、内向的性格特征。面对同伴们和社会的关怀,他们会过于在意,甚至发生误解。久而久之,他们会从人群之中脱离出来,进入自我封闭的空间。

(2) 自卑。

他们会拿自己的现在与过去比,感到自己的处境已大不如前,拿自己与健全家庭的孩子比,自感不如别人家的孩子,因而滋生出自卑的心理,变得胆怯,缺乏自信,缺乏进取和积极向上的精神。

(3) 自责。

自责表现为对个人能力和品质做出偏低的评价,将一切不如意归因于自己不好,对自己所做的事抱有恐惧倾向。由于对自己的评价偏低,因此他们把工作和学习的失败归因于自己的无能,产生不安、内疚、失望等消极的情绪体验,从而导致自己的整个心理失去平衡。久而久之,他们对自己失去了信心,甚至往往对那些稍加努力就可以完成的任务也轻易放弃。

(4) 焦虑。

单亲青少年在他们父母亲离婚的过程中看到的是人与人之间的互相攻击,学习到的是讨价还价、相互敌视,因此,他们对人与人之间的交往缺乏信心,他们的监护人由于家庭缺失而引起情绪失调,极易把这种情绪带到与孩子的交往中,孩子生活在提心吊胆中,要花大量的时间来应付家庭破碎后的家庭关系,对人与人之间的交往感到焦虑,缺乏安全感。所以,他们在众人面前感到不安、敏感,结交伙伴时总怕别人说自己的坏话,被人说了什么总是不开心,在与他人的关系上具有退缩、焦虑的特点。

(5) 妒忌。

单亲家庭的孩子,无论在物质上还是精神上,所能获得的享受一般来说不如健全家庭的孩子,而这些正是每个孩子所渴望的。由于健全家庭的孩子能得到的,单亲家庭的孩子不容易得到,他们的心理就容易从最初的羡慕演变成妒忌、憎恨。在心理上,他们会表现出对父母一方特别依恋,希望能从父母一方获得双倍的回报。在物质享受上,如果他们不能正确对待这种差距,认为别人能得到的,自己也应该能够拥有,就容易导致偷窃等犯罪行为的发生。

2. 性格偏差

单亲家庭的孩子往往因缺少父爱或母爱而导致心理失衡。他们常常感到孤独、忧虑、失望,往往情绪低沉、心情浮躁、性格孤僻。这种心态如不及时矫正,久而久之,就会使孩子性格扭曲,心理变态,严重影响其情感、意志和品德的发展。

3. 行为不良

在一些单亲家庭,孩子成了出气筒,成天处在恐惧和担忧中,没有安全感,这样的长期生活折磨很容易使孩子产生恐惧心理和敌对情绪,对同伴保持距离,自我保护意识过强,敌对情绪很大。单亲家庭的子女常常感到压抑、郁闷、烦躁,心理困扰无处排解。由于压抑太久,一旦爆发出来,能量也就特别大,极易产生极端行为。这种倾向在女孩身上表现为痛哭或离家出走,在一些男孩身上则表现为攻击行为。

由于单亲家庭中的孩子在同伴群体中地位不高,容易成为别的孩子奚落和欺负的对象。然而他们也渴望尊严,渴望被人欣赏,于是在言行上便刻意地表现出与众不同,有时甚至喜欢"对着干",以显示自身的存在价值。

4. 性别教育缺失

在孩子的心理成长过程中,性别角色的学习是一个重要的环节。没有父亲的男孩或没有母亲的女孩,在性别角色的学习中缺乏最直接的模仿榜样,容易形成过激的性别观念,例如特别渴望异性或者特别排斥异性,为未来的婚恋埋下隐患。

第二节　单亲青少年问题的成因分析

单亲家庭未成年子女多因父母的婚变,独自与单身父亲或母亲生活,家庭结构被破坏,亲子关系失调。此时,监护人教养方式的失当、社会的评价压力、孩子心理调适能力差等是导致单亲青少年心理问题产生的原因。

一、监护者教养方式的失当

家庭教育环境与子女性格的形成密切相关。家庭教育对青少年的影响是学校教育和社会教育所不能替代的,单亲家庭的教育方式直接影响着单亲青少年的行为和心理。单亲家庭面临较大的生活和精神压力,使得教养者在对孩子的教育方式上产生偏颇:要么对孩子要求过高,严格过度;要么忙于生计或缺乏责任感,对孩子监管不力;要么对孩子过度溺爱;要么把孩子放在封闭的家庭中进行抚养。这些都易于导致单亲青少年不健康心理问题的发生。

二、学校及社会舆论的压力

出生在单亲家庭的青少年,由于自己与他人家庭情况不同,对周围人的态度比一般人更敏感。周围人的取笑、议论,媒体有意无意的评论,都会对他们的心理造成强烈的冲击,惟恐他人谈起自己的家庭。事实上,青少年往往没有价值评判的标准,他们的是非观是参照周围的人以及社会包括媒体的态度来确定的。学校及社会对单亲家庭存在的歧视和偏见,使单亲青少年的心理压力加重,表现出冷漠、敌对、自卑等情绪。

三、个体自我调适能力的缺失

对于青少年来说,父母离异或先逝等家庭生活的变故是对他们人生的一个巨大的冲击。失去与父亲或母亲在一起生活的权利,甚至失去父爱或母爱,使孩子产生强烈的自卑感、被遗弃感、缺乏安全感等一系列消极情绪。孩子的心理没有成熟,无法去体会父母的生活,无法理解父母的苦衷。幼小的心灵脆弱、敏感,还不具备自我调整的能力,一时还难以面对家庭破损的严酷现实,因而会感到无所适从,这些消极的情感必将作用于孩子与他人的交往,最终影响到他们的人际交往、同伴关系,并影响他们人格的形成与心理的健康发展。

第三节　社会工作对单亲青少年的介入

一、社会工作对单亲青少年的治疗性介入

1. 个案工作

个案工作主要是通过一对一的方式,根据每位单亲青少年的不同情况和需要,为他们提供个性化的服务。发挥个案工作的优势,与单亲青少年积极沟通,疏导他们的消极情绪,排遣他们内在的心理压力,遵从尊重和同感的原则,帮助他们改变对自我和生活的消极感受;同时运用同理心给他们提供精神支持,引导鼓励他们看到自己潜在的优势和资源,客观积极地认识自己,相信自己具有改变的潜力,勇敢地表达自己。

社会工作者应该扮演好倾听者的角色,引导青少年吐露心声,诉说自己真实的想法,讲出自己的故事,减轻心理负担;同时,社会工作者要扮演好使能者的角色,要积极参与单亲青少年的自我认同困境的解析,对他们的进步给予适宜的肯定和鼓励,认可他们的自我价值,鼓励他们发挥自己的优势。

此外,家庭关系是影响人们心理健康的主要因素。通过社会工作者对单亲母亲或者父亲的个案心理辅导,帮助疏通他们的心理情绪障碍,进行积极的自我心理调适,避免陷入子女教育的误区。

另外,冲突理论认为,人类社会的主要冲突是由于资源的短缺。所以,社会工作者应立足于案主的实际情况,通过个案管理的综合手段,帮助他们寻求社会

资源和支持,减少他们的经济压力和心理压力,尽力营造和谐的社会氛围,进而保障单亲青少年的教育环境和条件。

2. 小组工作

(1) 开展以单亲青少年为对象的小组。

由于单亲青少年的境遇和经历具有一定的同质性,所以可以他们为对象开展小组工作,通过他们的经验分享,使他们产生情感共鸣和支持。同时还可以在分享中让组员学习借鉴一些在单亲家庭生活中好的认知态度、沟通模式、处理方法等,并在与其他组员的接触交流中,提高自身素质和解决问题的能力。社会工作者可以引导单亲青少年在讲述自己的故事时,倾听与自己家庭相似的同伴的经历,发展互助关系,实现对小组的归属感以及增强自助和互助的能力,并运用集体力量解决他们个别或共同的问题。

(2) 开展以单亲家长为对象的小组。

通过有目的的小组活动和组员间的互动,帮助小组成员共同参与集体活动。可以通过小组过程,将单亲家长所面临的主要困境和难题分享出来,社会工作者引导他们讲述各自如何处理经济压力、亲子关系、家庭教育状况等方面的问题,大家一起讨论分析,得出合理的解决办法并鼓励大家学习借鉴,经其他家长的回应得到有效的缓解。成员之间相互支持分担,强化其相互之间的了解与联系,逐步发展成为一个互相照顾的支持网络。

3. 社区工作

社会工作者通过走访单亲家庭所在社区的社区服务机构与社区居民,在社区内发现和动员社区内部的资源,加强社区对这些单亲家庭的理解和支持,改善他们的社区生活环境。为单亲家庭提供必要的精神支持和资金援助;开展假期学习站,在各社区内举办"欢乐学堂"活动,通过学习辅导、知识传授、小组游戏等形式帮助孩子提升自信,锻炼能力,培养对生活的积极态度以及提高学习成绩;社区应该在社工的引导下加大对单亲家庭思想和心理状态的关心,同时开展一些丰富多彩的社区活动。社区还应该加强关爱单亲家庭的宣传教育,营造和谐融洽的社区氛围。

二、社会工作对单亲青少年的预防性介入

社工应通过倡导,打击大众舆论以及传媒对于单亲家庭的排斥和歧视现象,将单亲家庭视为一种正常的家庭状态,让单亲青少年从小了解其处境并以正常的心态来对待,为他们营造一个和谐融洽的社会环境。

学校应该给予单亲青少年更多的关爱和指导,加强行政协调,专门选派具有相应价值观和人格魅力的教师,或者通过政府购买社会工作专业服务的方式引入学校社会工作,面向单亲青少年较多的班级开展辅导工作,积极营造和睦的班级氛围,鼓励单亲子女多参加集体活动,增强他们对集体的归属感,消除他们内心的孤独和自卑,愉快地融入班级的学习生活中。班主任定期对单亲家庭进行家访,和家长们谈心,向家长讲清家庭教育的重要性,与家长共同努力,才能培养单亲青少年的健康人格。

三、社会工作对单亲青少年的发展性介入

首先,加强对关爱单亲家庭的宣传教育,可以通过举办单亲青少年教育讲座、开展互助会等形式,提高单亲家长的教育素质,促进单亲子女的健康成长,帮助单亲家长进行相互沟通,达到自助和互助的效果。

其次,注重科学合理的教育方式,将爱和管教适当结合,使孩子得到健康全面的发展。既不要因为怜悯孩子而溺爱娇惯,也不要动辄打骂,要让孩子培养独立意识,适度分担家庭责任,形成坚强的性格。更不要在失去配偶后将孩子当作唯一的精神支柱,对孩子期待过高。家长要注意多和孩子进行交流和沟通,重视孩子情感方面的需要,多给孩子提供精神上的支持,鼓励孩子积极参加集体活动,尽可能地参与社会活动,要主动与人交往,培养健康、开朗乐观的性格。

最后,单亲家长与其子女的社会支持网络日萎缩,因此,增强其权能和提升自我效能感,扩大其支持网络是其发展的重要步骤。单亲家长应注意调动亲戚、朋友中的性别资源,给孩子适宜的影响,让其性别角色得到充分的表现和发展,培养健康高尚的人格,以适应社会生活的需要。

案例 15.1　单亲青少年的分析报告[①]

一、基本资料

案主肖乐,男,小学五年级学生,5 岁时父亲意外去世,跟母亲一起生活,是典型的单亲青少年。他性格古怪,经常与同学打架,成绩不佳。

二、背景资料

案主父亲去世时,他入学半年多,其母亲在一家私营企业工作,一人承担着整个家庭的所有开支。自父亲去世后,案主的表现令家长和老师头疼,成为重点关注对象。人际交往方面:与同学相处不融洽,并由于家庭的缘故,使其格外孤僻,不愿与人为伴,时常一个人坐在座位上,一待就是半天;行为方面:自我控制力差,行为冲动,情绪易激动;学习方面:听课不认真,上课开小差,家庭作业完成不及时,字迹差,学习成绩中等偏上,自认为学业负担重;创伤性经历:一直把父亲去世当作人生最重要的事情,一个人的时候经常想着父亲在的情景,极不情愿与他人谈及自己的父亲。

三、问题分析

第一,案主对父亲去世的事实有着极大的认知困扰和情绪问题。

第二,案主父亲去世,母亲忙于生计,对其关心很少,使他得不到家庭关爱,又怕被人知道自己的家庭情况,因此自我封闭、自暴自弃、自卑、抑郁、孤独、冷漠。

第三,家庭方面:在学校介入案主家庭之前,案主的老师介绍了案主的家庭

---

① 本部分内容参考了刘燕燕:《个案工作基本方法探析——丧偶式单亲家庭子女社会工作介入案例分析》,中国人民大学继续教育学院本科学位论文,2015 年。

情况,并表示案主的问题是其父亲去世导致的,家庭是影响案主目前表现的最重要影响因素。由于案主父亲去世后,家庭情况不断恶化,要彻底帮助他解决问题,需要家庭的支持、配合。

第四,学校方面:案主的生活除了在家里之外,大部分是在学校,而同学、教师等对案主的社会化同样有着重要的影响。因而,学校应该增进对单亲家庭学生的了解,重视单亲青少年所处的困境,引导单亲家庭学生积极乐观面对,对未来充满希望。

学校教师要注意对单亲青少年性别角色的教育,帮助他们建立性别角色认同和规范。对于案主听课不认真、作业完成不及时等情况,教师可以通过组织讨论、游戏等方式进行渗透教育,让他规范自己的言行举止,提高辨别是非的能力,激发学习动力,增强学习自觉性,端正学习态度,培养良好的学习习惯并提高人际交往能力。

四、服务目标

第一,改善人际关系,与案主母亲协商后进行哀伤辅导,治疗矫正偏差行为。

第二,加强案主与同学的相互信任,促进案主的自我了解及同学对他的了解,澄清概念,提升自信。

第三,建立良好的专业关系,帮助案主认识到自身的优点和优势,使案主学会正确认识问题,确定服务目标。

第四,改善案主的人际交往关系,帮助其建立朋辈互助支持网络。

第五,改善案主与其母亲的关系,让他感受到母爱,建立良好的家庭氛围。

五、介入过程

1. 介入理论

(1) 行为治疗法:以减轻或改善患者的症状或不良行为为目标的一类心理治疗技术。

(2) 家庭治疗法:以家庭为对象实施的团体心理治疗模式,其目标是协助家庭消除异常病态情况,以执行健康的家庭功能。

2. 介入策略

(1) 针对案主的问题及时介入,提供心理咨询,协助案主解决问题,并通过与案主的会谈,帮助案主澄清概念,建立人际交往的正确方式,促其融入集体生活、学习中。要彻底地解决单亲青少年的心理问题,必须在学校得到教师和同学的帮助与支持引导,在案主、家庭、学校三者的共同努力、配合、互动下,帮助他走出心理困境。

(2) 加大学校环境的辅导影响。案主处于学龄,自制力严重缺乏,加上单亲家庭的孩子心理情感更为复杂,自闭失衡,使他意志不坚定,易受环境影响,所以对他的辅导是一个长期、多方协同的过程。同时,孩子成长也是一个犯错—知错—改错的过程,当不良行为出现反复现象,必须不断鼓励他坚定意志,克服不自觉因素。

(3) 采取走访慰问、寻找资源帮扶等方式,让单亲家庭的家长和孩子从生活、学习、情感等方面感受到关爱和温暖。社会工作者应引导案主在日常生活中积极主动融入到集体中去,并协助母亲做好哀伤辅导。借助父亲节、母亲节的机会设计游戏同案主母子一起玩,比如角色转换。不管他们的游戏是否成功,都会在一定程度上给他们一定的影响触动,能促使他们更好地关注对方,进一步为母子双方的发展创造一个良好的环境。因此,社会工作者尝试运用能力视角,对案主家庭进行介入服务。

社会工作者可以协助案主增进与母亲的沟通,并协助案主向母亲表达心理感受,使母亲在日常生活中给予更多关心,调整心理情绪,引导孩子对家庭环境有一个正确的认识,从而培养案主正面积极的情绪,协助他接受父亲去世的事实。

(4) 关注单亲家庭增能发展是能力视角辅导的目标之一,社会工作者介入后必须把家庭的现状和未来发展期望联合起来,以更好地维持家庭。在对案主的辅导中,社会工作者以调整整合社会资源、哀伤辅导为主线,在这一过程中,将家庭的经济问题与能力发挥相结合。在后期,社会工作者联合社区工作者为案主的家庭引入更多的社会资源,充分利用现有的社会保障体系,发挥社区资源优势,使他们得到社会的支持。

3. 介入过程

第一阶段：接案，预估。

通过倾听、接纳、尊重、同理心等技巧，与案主建立专业关系，形成彼此信任的关系。面谈过程中，社会工作者应充分扮演好忠实倾听者的角色，引导案主尽情吐露心声，并启发其诉说自己真实的想法，减轻心理负担。此外，与服务对象一起确定服务目标。

第二阶段：面谈阶段。

本阶段主要采用面谈的方式。在面谈过程中，社会工作者扮演好使能者的角色，积极参与案主自我认同困境的解析，及时给予适宜的肯定和鼓励，认可他的自我价值，鼓励他发挥自己的优势，形成自己的认知方式；同时，社会工作者还要扮演好监督者的角色，因为案主很在意自己在别人心中的形象，害怕别人说自己是没有爸爸的孩子，面谈中，社会工作者及时纠正他的偏颇想法，帮助其树立正确的心态。通过专业游戏，让案主学习如何处理愤怒情绪，减少自己的自卑情绪。社会工作者还了解到案主对自己的评价："我觉得自己是个孤儿，在学校、家里都没有人关心；妈妈为了照顾家庭每天上班，辛苦工作，但是每当有话想和妈妈讲，妈妈一直没有时间。很多同学说，我没有以前那么爱笑，以前关系很好的小伙伴都刻意避开我。我不爱参加集体活动，但是对于感兴趣的活动会很积极主动地参加，并且取得了很不错的成绩。"通过案主自己的自我剖析，社会工作者了解到案主是一个好学的人，并且有处理好人际关系的能力，但是在家庭的变故后，父亲的去世使他心里有一定阴影，只有母亲一个人照顾他，某些方面有所缺失，造成心理障碍，使他采取一些不好的方法面对他人。

第三阶段：游戏阶段。

在这个阶段，主要采取团体游戏的方式。通过"握手游戏""爱在指间""我的秘密""角色扮演""小故事，大道理"等游戏，让服务对象在游戏与团队中学习人际交往技巧，学会信任、互助合作，也引导同学们对单亲家庭有正确的认识，同时，在日常生活学习中帮助有困难的单亲家庭同学。

第四阶段:家访活动。

通过几次家庭探访、两场社区活动,改善案主与母亲的关系,让母亲意识到亲子交流沟通的重要性。在家访过程中,运用家庭结构治疗的相关技巧,改善案主与母亲的沟通方式。

第五阶段:结案。

与案主一起回顾服务过程,肯定案主的改变和成长,并给予一定的建议意见。进行结案时,处理好离别情绪,注意移情和反移情,做好跟进工作。学校是案主社会化的重要平台,社会工作者针对单亲青少年的特点,在学校组织开展成长活动,主要引导同学们正确看待单亲家庭情况,并积极主动帮助单亲家庭同学,同时引导案主共同讨论,积极改善与同学的关系,同时将家庭教育与学校环境连接起来。

对于案主这样的单亲家庭,利用社区学校等构筑一个交流平台,为家庭增能和自身发展提供更好的环境。同时,确保单亲家庭正常运行,使案主母亲给予更多关注,让案主自信、乐观、积极地成长。

结案时,案主母亲说案主这次测试得了 95 分,还被评上了"三好学生"。她现在每天都和案主谈心,关注案主的情绪,同时教师对我们的辅导给予了肯定,在学校的人际关系有大进步,案主积极主动地参与集体活动,和同学和睦相处,帮助同学等。

六、效果评估

通过与案主、案主母亲、教师的面谈,与案主同学做活动等,社会工作者为案主提供了消极情感宣泄的机会,通过了解、接纳、倾听、同理、鼓励和积极帮助等会谈技巧,逐步与案主建立起了相互信任的关系;同时,案主母亲积极主动配合社会工作者为案主制订的辅导计划,每天同案主谈心,建立起支持家庭关系,学校教师也很支持此次辅导计划,组织班级同学开展相关活动,对案主的介入较为成功。

七、专业反思

社会工作者可以通过行为治疗方式及时对案主进行鼓励,让案主打破孤立,与同学们一起生活学习,增强学习自觉性,端正学习态度,培养良好的习惯。社会工作者尝试运用能力视角,对案主家庭进行介入服务。社会工作者可以协助案主增进与母亲的沟通,并协助案主向母亲表达心理感受,使母亲在日常生活中给予更多关心,调整心理情绪,引导孩子对家庭环境有一个正确的认识。

由于案主父亲去世后,家庭情况不断恶化,社会工作者可以联合社区工作者或者其他机构人员,为案主家庭提供信息或者其他资源等支持,充分利用现有的社会保障体系,对符合纳入社会保障体系的家庭尽可能给予帮助,充分利用社区优势给予社会的帮助。要彻底地解决单亲青少年的心理问题,需要案主、家庭、学校三者的共同努力、配合、互动,帮助他们走出心理困境。

§思考和练习

1. 什么是单亲家庭,其类型有哪些?
2. 单亲家庭青少年的问题有哪些? 对青少年成长有何影响?
3. 单亲青少年问题的成因是什么?
4. 如何对单亲青少年问题进行治疗性介入?

§小组讨论

1. 单亲家庭的亲子关系对青少年问题的产生有何作用?
2. 模拟单亲家庭常见的亲子冲突的情景,并小组讨论如何应对。

附 录

《美国社会工作者协会伦理守则》(2006年版)

本守则基于专业社会工作者的基本价值,这包括了人类价值、尊严、独特性、利益和机会,同时也基于社会工作的本质,那就是致力促进并培养这些价值。

依据这些守则,社工人员应负起各种情境所要求的道德责任与判断,在提供服务的过程中,不仅要考虑到特殊的道德原则,也要考虑到全部守则及其精神。引用本守则条文时不能断章取义,在现有情境中的道德行为不能只凭社工人员一己的判断,而要靠所有专业人员无私的裁定。

以下所列的道德守则提供社工人员不同角色和关系暨专业功能上不同的责任,这些原则亦作为全国社工人员协会在道德伦理上的评判基础。社工人员要力行守则内的各项规则及接受守则的制裁,也应采取各种方法来阻止、预防和纠正违规行为。最后,当社工人员受到不公正的行为、不当的指控时,应本着正义感给予声援及支持。

一、社工人员应有的行为与态度

（一）品格——社工人员在其能力上应具有高水准的个人操守。

1. 除非行为危害专业责任执行时，社工人员的个人行为如同其他人一样是私人的行为。

2. 社工人员不应参与姑息、不诚实、欺骗、虚伪或假冒等情事。

3. 社工人员对单纯的私人言行及专业和团体的代表应有明确的辨认。

（二）资格与专业发展——社工人员应努力维持适当的专业能力。

1. 社工人员应在具有合格许可或即将获得资格的情况下才可以接受约聘或负起责任。

2. 社工人员对于专业资格、教育、相关经验等不可做错误的陈述。

3. 社工人员不应该让自己个人的问题影响到专业判断和案主的利益。

4. 社工人员应该寻求专业治疗和工作内容、工作量的调整，以保护案主的权益。

（三）服务——社工人员应将社会工作的专业性视为首要的服务目标。

1. 社工人员应该对所承担的、被指派的，或所提供的服务品质与范围负起完全责任。

2. 社工人员应阻止不人道或歧视任何团体或个人的事情。

（四）正直——社工人员的行为应符合职业道德和公正的最高原则。

1. 社工人员对危害专业的行为应予以防止与警告。

2. 社工人员不可利用专业关系来图获个人私利。

（五）学识与研究——社工人员从事研究时须依循学术上的要求。

1. 社工人员从事研究时，需谨慎考虑到对人类所产生的影响。

2. 社工人员从事研究时，需确定参与者是志愿的，且得到他们的同意，对于拒绝参加者不应予以任何剥削或惩罚，对参与者的个人隐私及人格尊严予以尊重。

3. 社工人员从事研究时，需保护参与者使之免受身体或精神上之不安、伤害、危险及损害。

4. 社工人员从事于服务或个案之评估时，只能与直接有关的专业人员在专业目的下进行讨论。

5. 参与研究的资料应视为机密。

6. 社工人员仅能将直接从事学术研究的结果归功于己,而将其他相关的成果归功于别的有关人员。

二、社工人员对案主的伦理道德责任

(六)案主利益至上——社工人员的首要任务便是对案主负责。

1. 社工人员应以挚爱、热忱、果决的态度以及专业技巧及效率为案主服务。

2. 社工人员不得利用专业关系图谋个人利益,或为私人情事有所索求于案主。

3. 社工人员对案主不可因种族、肤色、性别、年龄、宗教、国籍、婚姻状况、政治信仰、精神或身体残障等个人因素而有差别待遇。

4. 社工人员应避免涉入与案主利益产生冲突的关系。

5. 社工人员绝不许与案主发生性方面的行为。

6. 社工人员对案主应提供有关服务性质与范围正确和完整的资料。

7. 社工人员应告诉案主该服务所可能遭受的风险、权利、机会与义务。

8. 为求案主获得最大利益,社工人员应咨询同僚和督导员的意见。

9. 当服务不再需要或不能满足案主的需求或利益时,社工人员应终止与案主的专业关系与服务。

10. 社工人员唯有在不寻常的情况下始得撤销服务,且需予以谨慎地考虑到各因素,同时减少可能的反效果。

11. 社工人员准备终止或中断服务时,应先行告知案主,且需就案主的需要及喜好寻求转介至其他机构,使服务得以继续。

(七)案主的权利和特别考虑。

1. 当案主被合法宣判为无行为能力时,社工人员应保卫其利益和权利。

2. 当其他人合法被授权代表案主时,社工人员也应本着案主的权益与代表人交涉。

3. 社工人员不应有任何有损案主公民权或其他合法权益行为。

（八）机密与隐私——社工人员应尊重案主的隐私，且对于专业服务过程中所获得的资料应予保密。

1. 社工人员只有在不得已的专业理由下，才可以不经案主同意，与其他专业人员分享案主的秘密。

2. 社工人员应清楚地告诉案主关于机密性的限制，也就是所获得的资料可能如何被运用及其目的何在。

3. 社工人员应予以案主合理的方便以取得案主本身的社会服务记录。

4. 当案主提供有关记录时，社工人员应保护其记录中涉及有关他人事务的机密性。

5. 社工人员在录音、记录或有第三者介入观察时，应取得案主的同意。

（九）费用——当确定费用时，社工人员应确定此一决定是公平、合理且相称于所提供的服务，同时也要考虑到案主的负担能力。

1. 社工人员在转介时，不能收受任何财物。

三、社工人员对同僚的伦理道德责任

（十）尊重、公正和礼貌——社工人员应尊重、礼貌、公正和信心对待同僚。

1. 社工人员应与同僚为促进专业的成长共同合作。

2. 在专业关系的交往中，社工人员应彼此尊重对方的信任。

3. 社工人员应创造并维持同僚有效行使专业工作的条件。

4. 社工人员对于同僚的资格、观点、见解及发现应予以尊重，在引用时须以正确的字汇与公正的态度，在评论时采用适当的途径。

5. 在专业实务上，社工人员代替同僚或被替代时，所有作为应考虑到该同僚的利益、特性和名誉。

6. 社工人员不应利用同僚与雇主间的争执获取职位或图谋本身的利益。

7. 社工人员与同僚在处理个案的见解上有冲突时，应寻求调职或仲裁。

8. 社工人员对于其他专业服务人员，应一如社工同僚般予以尊重及合作。

9. 社工人员当身为同僚的雇主、督导或顾问时，应基于同僚们彼此间专业关系的情况予以明确的分担责任。

10. 当社工人员负有雇用、评监其他工作人员的责任时,应依据明确的指标,以公正、慎重和公平的态度来处理。

11. 当社工人员评监雇员、部属或学生的工作成绩时,应让被评监者参与讨论。

12. 社工人员不能利用职位上的权力行使个人利益。

13. 当社工人员知道同事因个人问题、心理社会压力或精神健康的困难阻碍他提供服务时,应该与该位同事谈谈,并帮助他接受治疗。

（十一）与同僚案主的相处——社工人员有责任与同僚案主发生关系时,应本着专业谨慎的态度。

1. 在没有与其他机构或同僚有适当联系前,不得擅自对其所属案主建立专业关系。

2. 当同僚在短期的缺席或因急事而由社工人员代为服务时,替代者对案主应一视同仁予以关切。

四、社工人员对于雇主与服务机构的道德责任

（十二）对机构的信约——社工人员应信守机构的守则。

1. 社工人员应致力于执行服务机构的政策与提升服务品质的过程,以及促进服务效率与功效。

2. 社工人员不得违背社会工作专业人员协会对于安置实习学生标准、设限的要求。

3. 社工人员在服务机构中应防止并消除雇用政策与工作分配的歧视。

4. 社工人员惟有基于达成机构的目标,才可使用机构资源。

五、社工人员对专业社会工作的伦理道德

（十三）维持专业的信度——社工人员应遵守并进而提高专业价值、道德、智识与使命。

1. 社工人员保护并进而加强专业的尊严及信实,对专业的讨论和批评应热烈参与并负起责任。

2. 社工人员对于其他专业人员的不道德行为,需采取适当的行动予以抑制。

3. 社工人员应避免未经许可与不合标准的实务措施。

4. 社工人员对于资格、能力、服务或成就不得做错误的宣介。

(十四) 社区服务——社工人员应将社会工作的服务普及于一般大众。

1. 社工人员应贡献时间与专业技术于促进专业社会工作的充实、扩充,以及有效运用于实际的措施中。

2. 社工人员对有关专业性社会政策的设计、发展、条例和实施应予支持。

(十五) 知识的发展——社工人员在专业实务上应负起认定、发展与充分运用知识的责任。

1. 社工人员应在实务上运用有关社会工作的专业知识。

2. 社工人员对于与社会工作有关的知识应予以检讨,使之符合现代潮流。

3. 社工人员对于社会工作的知识应有贡献,而且与同僚共享研究知识和实务上所得的智慧。

六、社工人员对社会的伦理道德责任

(十六) 增进一般的福祉——社工人员应增进社会的一般福利。

1. 社工人员要致力于歧视的消除,不可因种族、肤色、性别、年龄、宗教、国籍、婚姻状况、政治信仰、精神或身体残障或其他个人喜好、个性、状况及地位而予以差别待遇。

2. 社工人员应确保人人可平等获得所需要的资源、服务和机会。

3. 社工人员应为增进每个人的机会和选择而努力,尤其是对残障者或受压迫的个人或团体。

4. 社工人员应鼓励人们尊重组成美国社会的各种不同文化。

5. 社工人员在大众危急时应提供适切的专业服务。

6. 社工人员应倡导在政策及立法上的改变,来改进社会状况及促进社会正义。

7. 社工人员应鼓励公众参与社会政策与制度的制定。

社会工作综合能力(中级)考试大纲(2018 年版)

通过本科目考试,考察社会工作专业人员掌握和运用社会工作价值观、知识、工作方法,开展专业工作以及指导助理社会工作师的综合能力。

考试内容

一、社会工作的内涵、原则及主要领域

(一) 社会工作的内涵

1. 社会工作的目标

2. 社会工作的功能

3. 社会工作的要素

4. 社会工作者的主要角色

5. 社会工作的发展历程及特点

(二) 我国社会工作发展的基本原则

1. 坚持中国共产党的领导

2. 坚持社会主义核心价值观的引领

3. 坚持以人民为中心的理念

4. 坚持职业化、专业化、本土化的发展路径

(三) 社会工作的主要领域

1. 社会工作的主要服务领域

2. 社会工作领域的扩展

二、社会工作的价值观与专业伦理

(一) 中国和西方福利思想对社会工作的影响

(二) 社会工作价值观

1. 社会工作价值观的作用

2. 社会工作价值观的内容

（三）社会工作专业伦理

1. 社会工作专业伦理的作用

2. 社会工作专业伦理的特点

3. 社会工作专业伦理的内容

4. 社会工作中的伦理难题及处理

（四）社会工作专业守则

三、人类行为与社会环境

（一）人类行为与社会环境的关系

1. 人类需要的层次和类型

2. 人类行为的类型和特点

3. 社会环境的构成要素

4. 人类行为与社会环境的关系

（二）人生发展阶段

1. 人生发展各阶段的生理、心理及社会发展特征

2. 人生发展各阶段面临的主要问题

四、社会工作理论的应用

（一）精神分析理论在社会工作中的应用

（二）认知行为理论在社会工作中的应用

（三）系统理论和生态系统理论在社会工作中的应用

（四）人本主义和存在主义理论在社会工作中的应用

（五）增能理论在社会工作中的应用

五、个案工作方法

（一）个案工作的本质

（二）个案工作的主要模式

1. 心理社会治疗模式的内容及特点

2. 认知行为治疗模式的内容及特点

3. 理性情绪治疗模式的内容及特点

4. 任务中心模式的内容及特点

5. 危机介入模式的内容及特点

6. 人本治疗模式的内容及特点

7. 家庭治疗模式的内容及特点

(三)个案工作各阶段的工作要求

(四)个案工作的技巧

(五)个案管理

六、小组工作方法

(一)小组工作的类型及特点

(二)小组工作的主要模式

1. 社会目标模式的特点及实施原则

2. 治疗模式的特点及实施原则

3. 互动模式的特点及实施原则

4. 发展模式的特点及实施原则

(三)小组工作各阶段的工作要求

(四)小组工作的技巧

七、社区工作方法

(一)社区工作的特点及目标

(二)社区工作的主要模式

1. 地区发展模式的特点及实施策略

2. 社会策划模式的特点及实施策略

3. 社区照顾模式的特点及实施策略

(三)社区工作各阶段的工作要求

（四）社区工作的技巧

八、社会工作行政

（一）社会服务计划

1. 社会服务机构规划

2. 社会服务方案策划

（二）社会服务机构的类型与运作

（三）社会服务机构的领导

（四）社会服务机构的人力资源管理与志愿者管理

（五）社会服务机构的财务与筹资管理

（六）社会服务机构的公信力与公共关系管理

（七）我国社会福利行政体系

1. 我国社会福利行政体系的构成

2. 我国社会福利行政体系的运作方式

3. 我国社会福利行政体系的特点

九、社会工作督导

（一）社会工作督导的对象与功能

（二）社会工作督导的内容与方式

（三）社会工作督导的过程与技巧

十、社会工作研究

（一）社会工作研究的功能

（二）社会工作研究的方法论

（三）定量研究与定性研究的特点及适用范围

（四）具体研究方法

（五）资料的整理与分析

（六）研究报告的撰写

社会工作实务(中级)考试大纲(2018 年版)

通过本科目的考试,考察社会工作专业人员针对主要服务领域和不同工作对象,提供专业服务、处理解决各类复杂问题的能力。

考试内容

一、社会工作实务的通用过程模式

(一) 通用过程模式的基本视角

(二) 通用过程模式的特点

(三) 运用通用过程模式应考虑的因素

(四) 通用过程模式的四个基本系统对社会工作实务的作用

二、社会工作实务的通用过程

(一) 接案

1. 接案阶段社会工作者的主要任务

2. 接案的步骤及核心技巧

3. 影响接案成功的因素

4. 接案应注意的事项

(二) 预估

1. 预估的目的、任务、特点及原则

2. 预估的基本步骤

3. 预估的主要方法

(三) 计划

1. 服务计划的构成

2. 制订服务计划的原则

3. 制订服务计划的方法

4. 服务协议的形式

5. 服务协议的签订过程及技巧

（四）介入

1. 介入的特点

2. 介入的分类

3. 选择介入行动的原则

4. 直接介入的行动及策略

5. 间接介入的行动及策略

（五）评估

1. 评估的目的

2. 评估的作用

3. 评估的类型

4. 评估的方法与技巧

（六）结案

1. 结案的类型

2. 结案的任务

3. 结案时服务对象的反应及处理方法

三、儿童社会工作

（一）儿童的需要及问题

（二）儿童社会工作的特点

（三）儿童社会工作的主要内容

（四）儿童社会工作的主要方法

四、青少年社会工作

（一）青少年的需要及问题

（二）青少年社会工作的特点

社会工作法规与政策(中级)考试大纲(2018 年版)

通过本科目的考试,考察社会工作专业人员在实际工作中运用和执行社会工作法规与政策的能力。

考试内容

一、我国社会工作法规与政策的特点与内容

(一) 社会工作法规与政策的特点

1. 法规的种类与制定过程

2. 社会政策与社会政策运行

(二) 社会工作法规与政策的主要内容

1. 我国有关社会建设的一般性法规与政策

2. 我国促进和规范社会工作发展的法规与政策

3. 我国在社会工作主要业务领域中的相关法规与政策

(三) 社会工作法规与政策和社会工作实践的关系

1. 社会工作法规与政策对社会工作实践的作用

2. 社会工作实践对社会工作法规与政策的作用

二、我国社会工作专业人才队伍建设的政策依据与保障

(一) 加强社会工作专业人才队伍建设的政策

1. 加强社会工作专业教育培训的要求

2. 推动社会工作专业岗位开发和专业人才使用的要求

3. 推进社会工作专业人才评价和激励工作的要求

(二) 社会工作专业人才队伍建设中长期规划

1. 社会工作专业人才队伍建设的战略目标

2. 社会工作专业人才队伍建设的主要任务

3. 社会工作专业人才队伍建设的体制机制与政策目标

4. 社会工作专业人才队伍建设的重点工程

(三) 政府购买社会工作服务的政策

1. 政府购买社会工作服务的主体、对象及范围

2. 政府购买社会工作服务的程序与监督管理

(四) 推进民办社会工作服务机构发展的政策

1. 加快推进民办社会工作服务机构发展的主要目标

2. 完善民办社会工作服务机构管理制度的措施

3. 加强民办社会工作服务机构能力建设的要求

4. 发挥社会工作行业组织功能与作用的要求

5. 建立健全民办社会工作服务机构支持保障体系的要求

三、我国社会救助法规与政策

(一) 社会救助法规与政策的一般规定

1. 社会救助的总体要求

2. 社会救助类型和社会力量参与社会救助的规定

3. 社会救助的监督管理

4. 社会救助中的法律责任

(二) 各类社会救助的法规与政策

1. 最低生活保障法规与政策

2. 特困人员供养法规与政策

3. 受灾人员救助法规与政策

4. 医疗救助法规与政策

5. 教育救助法规与政策

6. 住房救助法规与政策

7. 就业救助法规与政策

8. 临时救助法规与政策

9. 法律援助法规与政策

四、我国特定人群权益保护法规与政策

(一)老年人权益保护的法规与政策

1. 老年人权益保护的主要内容

2. 老年人权益保护中的法律责任

(二)妇女权益保护的法规与政策

1. 妇女权益的主要内容

2. 妇女权益保护中的法律责任

(三)未成年人权益保护的法规与政策

1. 未成年人权益的主要内容

2. 保障未成年人权益的方法

3. 未成年人不良行为和犯罪的预防与矫治

4. 孤儿和流浪未成年人的保护与安置

(四)残疾人权益保护的法规与政策

1. 残疾人权益的主要内容

2. 残疾人权益保障中的法律责任

五、我国婚姻家庭法规与政策

(一)婚姻家庭关系法规与政策

1. 婚姻缔结的法律规定

2. 家庭成员间的权利和义务

3. 婚姻解除的条件、程序与法律后果

4. 婚姻违法行为的法律责任及对受害人的救助措施

(二)收养关系法规与政策

1. 收养关系成立的条件和程序

2. 收养关系的法律效力

3. 收养解除的条件与程序

4. 收养解除的法律效力

(三)财产继承法规与政策

1. 继承的种类及法律关系

2. 继承权丧失、接受和放弃的法律规定

3. 法定继承的范围和顺序

4. 遗嘱继承的法律规定

5. 遗赠和遗赠扶养协议的法律规定

6. 遗产处理的法律规定

六、我国人民调解信访工作和突发事件应对的法规与政策

(一)人民调解法规与政策

1. 人民调解的原则

2. 当事人在调解中的权利和义务

3. 人民调解的程序

4. 调解协议的内容、效力及确认

(二)信访工作法规与政策

1. 信访工作的机构和渠道

2. 信访事项的提出、受理、办理和督办

3. 信访的法律责任

4. 信访制度改革

(三)突发事件应对的法规与政策

1. 突发事件的分级

2. 突发事件应急管理体制与原则

3. 突发事件应对的过程与方法

4. 突发事件应对的法律责任

七、我国社区矫正、禁毒和治安管理法规与政策

（一）社区矫正法规与政策

1. 社区矫正的适用范围、职责分工和保障制度

2. 社区矫正适用前调查评估、交付接收及宣告

3. 社区矫正的主要任务

4. 未成年人社区矫正

5. 进一步推进和健全社区矫正的政策措施

（二）禁毒法规与政策

1. 禁毒工作的总体要求

2. 禁毒宣传教育

3. 毒品管制

4. 吸毒成瘾认定及其检测程序规定

5. 戒毒措施

6. 禁毒的法律责任

（三）治安管理处罚法规与政策

1. 治安管理处罚的种类和适用

2. 治安管理处罚程序

3. 治安管理执法监督

八、我国烈士褒扬与优抚安置法规与政策

（一）烈士褒扬法规与政策

1. 烈士评定

2. 烈士褒扬金和烈士遗属抚恤优待

（二）军人抚恤优待法规与政策

1. 抚恤优待对象的认定

2. 死亡抚恤的具体规定

3. 残疾抚恤的具体规定

2. 社区公共服务

3. 社区社会工作服务和志愿服务

4. 社区便民商业性服务

十、我国慈善事业与志愿服务法规与政策

(一)慈善事业法规与政策

1. 慈善组织

2. 慈善募捐与慈善捐赠

3. 慈善信托与慈善财产

4. 信息公开

5. 慈善事业促进措施

(二)志愿服务法规与政策

1. 志愿服务组织和志愿者的权利与义务

2. 志愿服务活动管理的规定

3. 志愿服务发展的促进措施

十一、我国社会组织法规与政策

(一)社会团体管理法规与政策

1. 社会团体成立登记

2. 社会团体的管理

3. 社会团体的终止

(二)社会服务机构(民办非企业单位)管理法规与政策

1. 社会服务机构(民办非企业单位)成立登记

2. 社会服务机构(民办非企业单位)的管理

3. 社会服务机构(民办非企业单位)的终止

(三)基金会管理法规与政策

1. 基金会的设立

2. 基金会的治理结构

3. 基金会的管理

4. 基金会的终止

十二、我国劳动就业法规与政策

（一）促进就业的法规与政策

1. 促进就业的原则及政策支持

2. 就业服务与就业援助

（二）劳动合同的规定

1. 劳动合同的订立

2. 劳动合同的履行和变更

3. 劳动合同的解除和终止

4. 集体合同、劳务派遣和非全日制用工的规定

（三）工资、工作时间和休息休假的规定

1. 工资分配、支付与最低工资保障制度

2. 工作时间和休息休假的规定

（四）劳动保护与职业培训的规定

1. 劳动保护的规定

2. 职业培训的规定

（五）劳动保障监察和劳动争议处理

1. 劳动保障监察的规定

2. 劳动争议处理的规定

（六）集体协商的法规与政策

1. 集体协商的原则和内容

2. 集体协商的代表和程序

3. 集体合同的规定

4. 集体协商争议的协调处理

十三、我国健康、人口与计划生育法规与政策

（一）公共卫生法规与政策

1. 公共卫生体系建设

2. 疾病预防体制建设

3. 突发公共卫生事件的应对机制建设

（二）医疗服务体制法规与政策

1. 城市医疗服务体制建设

2. 农村医疗服务体制建设

（三）城市社区卫生服务法规与政策

1. 社区卫生服务机构需要具备的条件

2. 社区卫生服务机构的服务对象

3. 社区卫生服务机构的服务内容

4. 社区卫生服务的筹资与补偿机制

（四）人口与计划生育法规与政策

1. 人口与计划生育法规与政策的一般规定

2. 流动人口计划生育的管理办法

十四、我国社会保险法规与政策

（一）养老保险法规与政策

1. 城镇职工养老保险制度的法规与政策

2. 城乡居民养老保险制度的法规与政策

（二）医疗保险和生育保险法规与政策

1. 城镇职工医疗保险制度的法规与政策

2. 城乡居民医疗保险制度的法规与政策

3. 生育保险制度的法规与政策

（三）失业保险和工伤保险法规与政策

1. 失业保险制度的法规与政策

《关于做好政府购买青少年社会工作服务的意见》(2017 年)

为深入贯彻中央党的群团工作会议、《中共中央关于加强和改进党的群团工作的意见》(中发〔2015〕4 号)精神,落实《中长期青年发展规划(2016—2025 年)》(中发〔2017〕12 号)要求,根据《国务院办公厅关于政府向社会力量购买服务的指导意见》(国办发〔2013〕96 号),加快推进政府职能转变,丰富社会工作服务供给,更好满足青少年成长发展需求,现就做好政府购买青少年社会工作服务提出如下意见。

一、政府购买青少年社会工作服务的重要性和紧迫性

青少年是推动经济社会发展的生力军和后备力量。随着经济社会的快速发展,当代青少年在学习生活条件总体改善的同时,在成长发展过程中也面临着新的困难和问题,迫切需要专业化、个性化的社会工作服务。中共中央、国务院印发的《中长期青年发展规划(2016—2025 年)》提出,要把青少年社会工作服务纳入政府购买服务指导性目录,组织实施涵盖重点群体、重点领域、重点环节的青少年事务社会工作项目。《中共中央办公厅关于印发〈共青团中央改革方案〉的通知》(中办发〔2016〕47 号)要求,要推动将青少年社会工作服务纳入政府购买服务支持范围。

建立健全政府购买青少年社会工作服务制度,切实做好政府购买青少年社会工作服务,是加强青少年事务社会工作专业人才队伍建设、推动青少年社会工作服务机构发展的内在要求,是有效满足青少年社会需求、促进青少年健康成长发展的重要举措,是加快政府职能转变、深化公共财政体制改革、促进社会事业健康发展的客观需要,对于创新社会治理、巩固党执政的青年群众基础具有重要意义。

近年来，不少地方围绕政府购买青少年社会工作服务的政策制度、体制机制、方法路径等方面开展了大量实践探索，在拓宽服务领域、提升服务质量等方面取得了明显成效，青少年社会工作在服务青少年健康成长方面发挥的作用日益凸显。但总体看，政府购买青少年社会工作服务仍然存在政策制度不健全、体制机制不完善、规模范围较小等问题，与广大青少年成长发展的现实需求不适应，与中央加快转变政府职能、深化群团组织改革、加强社会治理创新的要求存在一定差距。

各地各有关部门要从贯彻落实中央要求、服务青少年成长发展、促进社会和谐稳定的高度，充分认识政府购买青少年社会工作服务的重要性和紧迫性，以改革创新精神，采取有力措施，深入推进政府购买青少年社会工作服务。

二、政府购买青少年社会工作服务的指导思想、基本原则、工作目标

（一）指导思想

全面贯彻党的十八大和十八届三中、四中、五中、六中全会精神，深入学习贯彻习近平总书记系列重要讲话精神和治国理政新理念新思想新战略，坚持党管青年原则，以照顾青少年特点和利益、优化青少年成长环境、服务青少年紧迫需求、维护青少年发展权益、促进青少年全面发展为根本出发点，以建立政策制度、完善体制机制、培育项目品牌为着力点，以培养使用青少年事务社会工作专业人才队伍、支持发展青少年社会工作服务机构为基础，深入推进政府购买青少年社会工作服务，为加快推进政府职能转变、不断完善现代社会服务体系、切实做好新形势下党的青年群众工作提供有力保障。

（二）基本原则

1. 坚持政府引导，发挥市场作用。加强政府对购买青少年社会工作服务的组织领导、制度设计、政策支持、财政投入和监督管理。发挥市场在资源配置中的决定性作用，通过竞争择优的方式选择政府购买青少年社会工作服务的承接主体，支持引导社会力量有序参与青少年社会工作服务。

2. 坚持需求导向，注重服务实效。以青少年为本，尊重青少年主体地位，把服务与成才紧密结合起来设计实施服务项目。探索建立"自下而上、以需定供"的互动式、菜单式服务方式,推动社会工作服务供给与青少年实际需求有效对接。发挥社会工作的专业性特点,用专业价值创新服务理念,用专业理论深化服务内涵,用专业方法提升服务水平。

3. 坚持机制创新,做好政策衔接。整合各类政策资源,充分发挥政府购买服务对加快培养从事青少年社会工作服务的专业人才队伍的导向性和扶持性作用。支持各地立足实际,积极探索,强化政策衔接,不断创新政府购买青少年社会工作服务的体制机制。

4. 坚持履行责任,正确引领方向。通过政府购买服务,进一步发挥共青团的桥梁纽带作用,将帮助解决青少年成长发展过程中面临的实际困难与加强对广大青少年的政治引领、价值引领相结合,巩固党执政的青年群众基础。加强对青年社会组织的孵化培育和监督管理,支持青年社会组织立足自身优势积极参与政府购买服务,引导青年社会组织沿着正确方向发展,在国家治理体系和治理能力现代化进程中更好发挥作用。

(三)工作目标

以探索和完善政府购买青少年社会工作服务的主要内容、购买方式、标准规范、监管机制、绩效评价和保障措施等为重点,力争到 2025 年,基本建立比较完善的政府购买青少年社会工作服务制度,促进形成与经济社会发展相适应、与青少年社会服务需求相符合的青少年社会工作服务资源配置和供给机制,青少年事务社会工作专业人才队伍初具规模,社会力量参与和提供青少年社会工作服务的氛围更加浓厚,青少年社会工作服务的内容日益丰富,服务水平和质量显著提高,广大青少年思想政治素养和全面发展水平明显提升,堪当实现中华民族伟大复兴中国梦历史重任的有生力量。

三、政府购买青少年社会工作服务的工作内容

(一)明确购买主体

政府购买青少年社会工作服务的主体是承担青少年服务职能的各级行政机

关、具有行政管理职能的事业单位以及纳入行政编制管理且经费由财政负担的群团组织。鼓励政府职能部门加强与共青团的工作协调，支持共青团参与政府购买青少年社会工作服务。

（二）确定承接主体

承接政府购买青少年社会工作服务的主体主要为具备相应能力，且依法在登记管理部门登记或经国务院批准免予登记的社会组织和符合条件的事业单位，以及依法在工商管理或行业主管部门登记成立的企业、机构等社会力量。购买主体要结合拟购买的青少年社会工作服务具体内容，明确承接主体的资质及具体条件，按照规定方式和程序，确定承接主体。各地要结合实际，积极做好承接主体的培育工作。共青团要充分发挥联系青年广泛、组织网络齐全等优势，协助有关部门做好相关工作。

（三）确定购买内容

青少年社会工作服务是以青少年为服务对象，运用科学的、专业的方法，以解决青少年的现实问题和迫切需求为着力点，以促进青少年全面发展、促进社会和谐稳定为出发点的专业服务。政府购买青少年社会工作服务的内容应为符合群团改革方向、适应青少年需求、专业性要求较高的，适合采取市场化方式提供、社会力量能够承接的社会服务，应突出公共性、引导性和保障性并主动向社会公开。根据《中长期青年发展规划（2016—2025 年）》，主要包括青少年思想引导、身心健康、婚恋交友、就业创业、社会融入与社会参与、合法权益维护和社会保障、违法犯罪预防等服务。各地要根据实际，从青少年最基本、最紧迫的需求出发确定购买内容，突出重点，以点带面，逐步拓展购买领域和范围。

（四）制定指导性目录

各地各有关部门要根据转变政府职能的要求，参照政府购买青少年社会工作服务清单（见附件），结合当地经济社会发展水平、青年发展规划和财政预算安排情况，将属于政府职责范围且适宜由社会力量承担的青少年社会工作服务纳入本部门政府购买服务指导性目录，明确服务种类、性质和内容，并在总结经验的基础上,及时进行动态调整。

(五) 完善购买机制

各地各有关部门要按照公开透明、竞争有序、规范便捷、突出成效的原则组织实施政府购买青少年社会工作服务。要建立健全项目申报、预算编报、信息发布、组织购买、项目监管、绩效评价的规范化流程。对于政府集中采购目录以内或采购限额标准以上的项目,按照政府采购法有关规定,采用公开招标、邀请招标、竞争性谈判、竞争性磋商、单一来源等方式确定承接主体,可根据青少年社会工作服务项目的具体内容特点,采取适宜的合同方式。购买主体要按照合同管理要求,加强对服务提供全过程的跟踪监管和对服务成果的检查验收。承接主体要严格履行合同义务,按时完成服务项目任务,保证服务数量、质量和效果。

(六) 规范服务标准

研究规范青少年社会工作服务标准,指导各地明确服务原则、方法、流程、管理、保障等内容,方便承接主体掌握,便于购买主体监管。各地可根据本地实际和项目特点,对青少年社会工作服务标准进行细化和量化,增强可操作性。购买主体要及时对服务标准的执行情况进行梳理,总结经验,推动逐步完善服务标准体系。

(七) 提供资金保障

政府购买青少年社会工作服务经费应当在既有预算中统筹安排。随着政府提供青少年服务发展所需增加的资金,应按预算管理要求列入财政预算。各级财政部门要充分考虑实际财力水平,妥善做好政府购买青少年社会工作服务支出与年度预算、中期财政规划的衔接,保障政府购买服务项目的连续性和稳定性,带动建立多元化的青少年社会工作服务投入机制。支持和引导青少年事务社会工作专业人才重点为生活困难青少年、重点青少年提供专业服务。

(八) 健全监管机制

各地各有关部门要加强政府购买青少年社会工作服务的监督管理,完善事前、事中和事后监管体系,严格遵守相关财政财务管理规定,确保购买行为公开透明、规范有效。购买主体应建立健全内部监督管理制度,按照规定公开购买服务的相关信息,自觉接受审计监督、社会监督和舆论监督。承接主体应健全财务制度,接受和配合相关部门的监督检查,确保资金规范管理和使用。

(九)加强绩效评价

各地各有关部门要建立健全由购买主体、青少年社会工作服务对象以及第三方机构共同参与的绩效评价机制,要注重过程评价与结果评价、短期效果评价与长远效果评价、社会效益评价与经济效益评价相结合。在绩效评价体系中,要侧重服务对象的满意度评价,加大服务对象评价的比重。绩效评价结果要向社会公开,并作为选择购买青少年社会工作服务承接主体、编制以后年度政府购买青少年社会工作服务项目和预算的重要参考依据。

四、做好政府购买青少年社会工作服务的有关要求

(一)加强组织领导

政府购买青少年社会工作服务,是贯彻中央党的群团工作会议精神、落实《中长期青年发展规划(2016—2025 年)》的重要举措,是加强青少年事务社会工作专业人才队伍建设、服务青少年健康成长发展的重要抓手,对于加快政府职能转变、完善现代社会服务体系、推进社会治理体系和治理能力现代化具有重要促进作用。各地各有关部门要高度重视,切实加强组织领导,完善工作措施,逐步推动政府购买青少年社会工作服务制度化、规范化和科学化。

(二)健全工作机制

各地各有关部门要充分发挥实施《中长期青年发展规划(2016—2025 年)》联席会议机制作用,建立健全共青团牵头、有关部门密切配合的工作机制。共青团要发挥牵头作用,推动有关部门根据《中长期青年发展规划(2016—2025 年)》设计实施政府购买青少年社会工作服务项目,协调有关部门研究完善购买内容和指导性目录;民政部门要支持青少年事务社会工作专业人才队伍建设,规范青年社会组织登记管理;财政部门要加强政府购买青少年社会工作服务的预算管理、资金管理、制度设计和监督管理等,推动具有青少年服务职能的有关部门将青少年社会工作服务纳入政府购买服务指导性目录。支持各地创新工作机制,整合工作资源,提升工作成效。

(三)注重宣传引导

各地各有关部门要充分利用各种媒体,广泛宣传政府购买青少年社会工作服务的目的意义、政策措施和有关要求,做好政策解读,加强舆论引导,主动回应社会关切,充分调动社会力量广泛参与。依托线上线下服务平台,积极开展需求调查、计划发布、政策宣传、信息公开等工作,不断提升服务管理水平。定期举办宣传周、推介会、展示会、公益创投等活动,积极推介承接政府购买青少年社会工作服务的社会组织及其品牌项目,交流经验、推广项目,营造良好社会氛围。

附件:政府购买青少年社会工作服务清单

一、青少年思想引导服务

1. 理想信念宣传教育、社会主义核心价值观培育践行;

2. 网络舆情分析和引导支持、网络素养教育服务;

3. 网络文化产品生产服务。

二、青少年身心健康促进服务

1. 社会实践教育和活动支持;

2. 体育、文化教育和活动支持;

3. 心理健康教育和心理咨询服务;

4. 安全保护、自我防护教育;

5. 毒品预防教育和艾滋病防治宣传教育。

三、青年婚恋交友服务

1. 婚恋观和家庭观教育引导;

2. 婚恋交友服务支持;

3. 性健康和优生优育宣传教育。

四、青年就业创业支持服务

1. 就业创业政策宣传解读;

2. 就业创业信息支持等中介服务；

3. 就业创业能力提升和资源链接服务；

4. 就业困难青年援助服务。

五、青少年社会融入与社会参与支持服务

1. 志愿服务培训支持；

2. 公益服务支持；

3. 参与政治生活和社会公共事务支持；

4. 民族融合、国际交往等交流融合教育和活动支持。

六、青少年合法权益维护和社会保障支持服务

1. 政策法规宣传教育；

2. 普遍性利益诉求表达和反馈支持；

3. 教育、就业等权益维护支持；

4. 侵害青少年合法权益行为预防服务；

5. 残疾青少年关心关爱、扶持保障及社会融入服务。

七、青少年违法犯罪预防

1. 法治宣传教育；

2. 未成年人司法保护服务；

3. 有不良或严重不良行为青少年、闲散青少年、流浪未成年人、服刑强戒人员未成年子女、农村留守儿童、困境儿童等重点群体的困难帮扶、心理疏导、行为矫治、监护干预等服务。

八、其他

1. 青少年社会工作政策倡导、研究咨询，青少年社会工作专业人才培训督导以及青少年社会工作服务机构发展培育等间接服务；

2. 政府委托的其他青少年社会工作服务。

参考文献

安伯欣:《父母教养方式、亲子沟通与青少年社会适应的关系研究》,陕西师范大学硕士学位论文,2004 年。

常晓宇:《城市单亲家庭儿童心理发育障碍与社会工作的介入》,长春工业大学硕士学位论文,2012 年。

陈涛:《社会工作专业使命的探讨》,载《社会学研究》2011 年第 6 期。

程虹娟等:《青少年社会支持研究现状综述》,载《健康心理学杂志》2003 年第 5 期。

邓烈兴:《青少年吸毒现象蔓延的社会学思考》,载《网友世界》2012 年第 16 期。

段成荣、周福林:《我国留守儿童状况研究》,载《人口研究》2005 年第 29 卷第 1 期。

段慧兰:《农村小学生家庭教育若干问题的调查研究》,载《湖南城市学院学报》2000 年第 2 期。

方晓义、林丹、Li Xiao-ming:《社会环境危险性与青少年的吸烟行为》,载《北京师范大学学报》2005 年第 1 期。

冯新平:《青少年的"性"问题及其性教育》,载《江苏教育学院学报》2003 年第 6 期。

管林初:《药物滥用和成瘾纵谈》,上海教育出版社 2008 年版。

何雪松:《社会工作理论》,上海人民出版社 2007 年版。

姜佐宁:《反吸毒教育项目在预防青少年物质滥用中的重要作用》,载《中国药物依赖性通报》1995 年第 4 期。

蒋新红:《促进新市民子女城市融入的路径》,载《新闻战线》2015 年第 4 期。

李娜:《婚姻暴力中受虐妇女的社会工作介入》,苏州大学硕士学位论文,2012 年。

李强:《自由主义》,中国社会科学出版社 1998 年版。

李庆丰:《农村劳动力外出务工对"留守子女"发展的影响:来自湖南、河南、江西三地的调查报告》,载《上海教育科研》2002 年第 9 期。

李晓凤:《学校社会工作》,中国社会出版社 2010 年版。

刘成斌、季小天:《青少年吸毒的社会建构及其治理》,载《华中科技大学学报》2015 年第 4 期。

刘燕燕:《个案工作基本方法探析——丧偶式单亲家庭子女社会工作介入案例分析》,中国人民大学继续教育学院本科学位论文,2015 年。

陆士桢:《青少年社会工作》,社会科学义献出版社 2010 年版。

吕青:《社会工作实务》,华东理工大学出版社 2010 年版。

罗伯特·施奈德:《社会工作倡导:一个新的行为框架》,格致出版社 2011 年版。

米尔斯:《儿童青少年社会工作》,华东理工大学出版社 2006 年版。

缪建东:《家庭教育学》,南京师范大学出版社 1999 年版。

奈杰尔·托马斯:《儿童青少年社会工作》,中国人民大学出版社 2010 年版。

全国妇联:《全国农村留守儿童状况研究报告》,载《中国德育》2008 年第 4 期。

全国社会工作者职业水平考试教材编写组:《社会工作实务(初级)》,中国社会出版社 2018 年版。

全国社会工作者职业水平考试教材编写组:《社会工作实务(中级)》,中国社会出版社 2018 年版。

全国社会工作者职业水平考试教材编写组:《社会工作综合能力(中级)》,中国社会出版社 2018 年版。

全国社会工作职业水平考试教材编写组:《社会工作实务(中级)》,中国社会出版社 2007 年版。

任学锋、安家璈:《中国青少年吸烟相关政策因素分析》,载《中国健康教育》2000 年第 4 期。

戎庭伟:《农民工随迁子女在校融入问题及其对策——基于福柯的"权力分析"视角》,载《教育发展研究》2014 年第 6 期。

石丹理、韩晓燕:《青少年正面成长课程 123》,学林出版社 2010 年版。

孙文广:《社会工作倡导》,北京大学出版社 2010 年版。

孙云晓:《全国六类重点青少年群体研究报告》,清华大学第 10 届中国青少年发展论坛,2014 年。

童敏:《社会工作实务基础》,社会科学文献出版社 2008 年版。

王娟:《青少年犯罪的家庭环境因素及其矫正》,载《理论导刊》2007 年第 8 期。

王思斌:《社会工作概论》,高等教育出版社 2006 年版。

王志亮:《美国青少年的酗酒问题及监狱的治疗酗酒方案》,载《青少年犯罪问题》2011 年第 2 期。

吴曦、杨焱、姜垣、冯国泽、南奕:《我国青少年被动吸烟现状及其影响因素分析》,载《中国健康教育》2008 年第 9 期。

辛自强、池丽萍:《社会变迁中的青少年》,北京师范大学出版社 2008 年版。

徐愫:《人类行为与社会环境》,社会科学文献出版社 2003 年版。

姚建龙:《校园暴力控制研究》,复旦大学出版社 2010 年版。

于晶利:《青岛理工大学〈服务学习手册〉》,2017 年。

于晶利:《社会工作概论》,山东人民出版社 2012 年版。

于晶利、杨奎臣:《青少年社会工作实务》,格致出版社 2012 年版。

张婷:《"网上家长学校"现象研究》,载《继续教育研究》2011 年第 2 期。

张燕婷、付佳荣:《高校校园暴力的学校社会工作介入》,载《华东理工大学学报(社会科学版)》2014 年第 8 期。

周轶:《社工题材影视赏析与社会工作实务教学》,载《浙江青年专修学院学报》2012 年第 4 期。

朱眉华、文军:《社会工作实务手册》,社会科学文献出版社 2006 年版。

朱婷婷:《从儿童躯体虐待角度:看中国传统教养方式对儿童心理发展的影响》,载《内蒙古师范大学学报(教育科学版)》2005 年第 4 期。

Weinbeig N.Z. and Glantz M.D., "Child Psychopathology Risk Factors for Drug Abuse: Overview", *Journal of Clinical Child Psychology*, 1999, 28: 290—297.

后　记

　　青少年是推动经济社会发展的生力军和后备力量。随着经济社会的快速发展，当代青少年在学习生活条件总体改善的同时，在成长发展过程中也面临着新的困难和问题，迫切需要专业化、个性化的社会工作服务。尤其是重点群体、重点领域、重点环节的青少年事务社会工作的组织与开展日益迫切。因此，掌握青少年社会工作的理论观点，特别是学习和积累应对新时期青少年问题的基本原则与技巧方法，将理论与实践有机结合，对社会工作专业的学生未来涉足青少年社会工作领域意义深远。本书对当前突出的青少年问题进行归类梳理，阐明青少年社会工作介入的方法与策略，希望能够为青少年社会工作者提供一个由理论到实践的逻辑架构。

　　本书共十五章。前六章主要是基础部分，由我独立完成，重点介绍了青少年社会工作概述、青少年社会工作机构与服务、青少年社会工作相关理论、青少年社会工作基本方法与青少年服务学习等内容。第七章至第十五章为实务应用部分，涉及物质滥用、饮食异常、性问题、受虐、校园欺凌、留守、残障、单亲与新市民等内容，其中前四章由我和刘世颖老师共同完成，后面五章由刘世颖老师独立完成。本书的特点是在青少年问题成因分析与社工介入的基础上，阐明青少年健康成长的意义。问题与干预、预防与发展、政策与倡导，相辅相成，紧密结合。

　　感谢我的同事刘世颖老师的通力合作；感谢格致出版社顾悦编辑的忍耐与包容，由于种种原因书稿拖了太久；感谢青青岛社会工作事务中心社工同仁的帮助；还要感谢蔡玉莹、曲祖琳两位研究生的后期文字校对工作。正是大家的共同努力，书稿才终于交付出版。

　　由于水平有限，书中难免有不少需要改进的地方，希望各位老师和同行不吝赐教。

于晶利

于青岛理工大学

图书在版编目(CIP)数据

青少年社会工作理论与实践/于晶利,刘世颖编著
.—2版.—上海:格致出版社:上海人民出版社,
2019.6(2022.2重印)
社会工作精品教材
ISBN 978 - 7 - 5432 - 3013 - 2

Ⅰ.①青… Ⅱ.①于… ②刘… Ⅲ.①青少年-社会
工作-中国-教材 Ⅳ.①D432.6

中国版本图书馆 CIP 数据核字(2019)第 080894 号

责任编辑 顾 悦
封面设计 路 静

社会工作精品教材
青少年社会工作理论与实践(第二版)
于晶利 刘世颖 编著

出   版 格致出版社
         上海人民出版社
         (201101 上海市闵行区号景路 159 弄 C 座)
发   行 上海人民出版社发行中心
印   刷 常熟市新骅印刷有限公司
开   本 720×1000 1/16
印   张 24.25
插   页 1
字   数 341,000
版   次 2019 年 6 月第 1 版
印   次 2022 年 2 月第 2 次印刷
ISBN 978 - 7 - 5432 - 3013 - 2/C·217
定   价 69.00 元